KB041909

국가, 유학, 지식인

국가, 유학, 지식인

조경란 지음

현대 중국의 보수주의와 민족주의

책세상

| 차례 |

2부 문화적 보수주의, 정치적 보수주의, 그리고 유학

3부 현대 중국의 민족주의와 그 아포리아

4부 중국의 소수민족 문제와 중화민족론

21세기, 중국의 자기인식은 가능한가
—'제국성'과 '근대 극복론'의 유혹

"21세기, 중국의 자기인식은 가능한가?" 이 질문은 지금 이 시점에서 매우 중요하다고 생각한다. 그 이유는 "과연 중국의 세기는 가능한가"라는 문제와 밀접하게 연결되어 있다고 보기 때문이다. 물론 이러한 논리적, 윤리적 연계와 무관하게 중국의 세기는 가능할 수도 있다. 제국의 부상은 우연히 이루어지기도 하기 때문이다. 그렇지만 '인문적 가치'라는 측면에서 본다면 중국의 자기인식이 가능할 때야 비로소 중국의 세기가 유의미할 수 있다고 말하고 싶다. 여기서 '인문적 가치'란 중국 굴기崛起의 역설적인 측면을 읽을 수 있다는 것을 의미한다.

중국의 굴기를 문명의 굴기로 이해하고자 할 때, 역설의 측면에 주목한다는 것은 무엇일까. 그것은 자기 내부의 문제적 상황을 충분히 자각하고, 그 자각을 바탕으로 찬란해 보이는 현상의 이면을 깊이 주시하는 것이다. 좀 더 구체적으로 말하면 중국사회주의 경험과 개혁개방 30년 동안 진행해온 중국식 자본주의의 신화를 반성적으로 성찰함으로써 새로운 출구를 찾으려고 시도하는 것이다. 그런데 이런 시도는 여러 차원에서 책임과 고통이 따르는 작업이 될 수밖에 없다.

이 책은 바로 중국이 1990년대와 2000년대에 진입한 뒤 10여 년 동안 중국의 주류 지식인이 내보인 21세기의 구상과 20세기에 대해 서술한 것이다. 그리고 그 방향에서, 앞에서 말한바 역설의 측면을 놓치지 않으려 노력했다. 나는 지식인 일각에서 일고 있는 중국 전통에 대한 재인식도 중요하지만, 대안이 없는 지금의 현실에서 20세기에 대한 반성적 재인식이 그것 못지않게 매우 중요하며, 이를 통해 현재의 난제를 돌파할 수 있는 가능성을 천착해야 한다고 믿는다. 따라서 이 책이 중국 지식인의 국가와 전통에 대한 구상을 다루는 것이니만큼 이 논의의 배경을 이루는 최신 정보와 그에 대한 내 시각을 드러내 보이는 것이 최대한 독자를 위한 일이라고 생각하게 되었다. 이에 '제국성'과 '근대 극복론'을 키워드로 하여 중국문제를 둘러싼 최근의 핫이슈를 소개, 평가함으로써 이 책의 안내를 대신할까 한다.

일본의 유명 문학평론가 가라타니 고진柄谷行人은 2014년에 출간한 《제국의 구조—중심 · 주변 · 아주변》(青土社)에서 중화제국 시대의 '선한 제국'의 원리로써 미국으로 상징되는 네이션 = 국가의 확대인 제국주의의 원리를 대체해야 한다는 취지의 주장을 폈다. 그가 중국의 제국에 대해 생각하게 된 것은 중국의 문제에 특별히 관심이 있어서가 아니라 중국이라는 제국을 생각하지 않으면 제국 일반을 이해할 수 없다고 봤기 때문이다. 그는 복종과 보호의 '교환'에 따라 통치하는 시스템을 제국의 원리라 일컫는다. 그리고 이를 네이션 = 국가의 연장인 제국주의의 원리와 구분한다.

가라타니 고진의 논지의 핵심은 중국의 제국의 원리로써 서양의 제국주의를 극복한다는 데 있다. 여기에서 우리는 일본과 중국의 '근대 극복'이라는 20세기의 낯설지 않은 그림자를 발견한다. 동아시아발 또는 중국발 '탈근대'의 유혹에서 벗어나기가 쉽지 않은 모양이다. 일본에서의 이러한 일련의 문제의식을 소급해 올라가면 다케우치 요시미竹內好와 만나게 된다. 그 뒤에 형성된 근대 초극론을 일본의 유명한 사상가 고야스 노부쿠니子安宣邦는 '포스트 다케우치론'이라 표현한다. 나는 이와 관련하여 다른 글에서 근대 초극의 인식론적 기제로서 '좌파-오리엔탈리즘'이라는 개념을 제시한 바 있다.

그런데 가라타니 고진의 이러한 작업은 티베트, 류큐琉球(지금의 오키나와), 타이완 등 과거 내속국內屬國과 외신국外臣國을 중심으로 한 조공체제의 역사 기억을 강력하게 환기하고 있는 왕후이汪暉와의 학문적 교감 속에서 나왔다는 점에 주목할 필요가 있다. 최근까지도 중국과 일본의 탈근대 논의는 서로 기대면서 진행해온 측면이 없지 않다. 제국론 또한 그 연장선상에서 볼 수 있는 요소를 포함하고 있다.

물론 이들이 펼치는 21세기 제국론의 배경에는 중국의 경제적 부상이 현실화하면서 '제국의 역사적 회귀' 또는 '중국적 제국의 현전'이 눈앞에 있다는 의식이 깔려 있다. 제국론과 관련하여 중국이 제국인가 아닌가는 시시비비의 대상이 아니다. 중국은 규모나 다민족 구성이라는 점에서 존재 그 자체가 제국이다. 그런 점에서 제국론은 엄연히 그 물질적 기반과 시의성을 지니고 있다 할 것이다. 그리고 근대의 문제를 넘어서기 위해 전통 시기의 제국론으로 올라가 돌파구를 마련하려는 시도 그 자체만으로도 의미가 있다고 할 수 있다.

중국의 근대가 서구 선진국을 따라잡으려는 압축 근대의 모습을 띠고 진행되어왔다는 점에서도 그런 시도는 더욱 의미가 있다. 더욱이 중국의 처지에서는 국가의 민주화 이전 단계에서 그 안정성의 기초를 문제 삼아야 하는 상황이 존재한다. 따라서 중국의 모든 왕조는 다민족으로 구성된 '중화제국의 통일체'를 이루는 것이 제국성을 확보하는 것이었으며 또한 그 자체가 지배의 정당성을 획득하는 길이기도 했다. 지배의 정당성 때문에 모든 중화왕조는 제국성의 유혹에서 벗어날 수 없었던 것이다. 그러다 보니 중국에서는 유파를 불문하고 제국성에 대해 거의 강박 수준의 관심을 보여준다. 자유주의자로 분류되는 쉬지린許紀霖도 신천하주의라는 개념어를 제시하면서 제국론에 참여하고 있다. 한국에서는 '비판적 중국학'을 주도하고 있는 백영서가 그 한계에 대한 비판을 넘어 조공체제론, 문명국가론을 포괄적으로 검토하면서 '주변'의 입장에서 제국론의 현재적 기능을 언급했다.

제국론과 관련해 또 하나 고민해야 할 문제는 "중화제국의 언설 자체가 이민족에 대한 지배 여부나 다민족의 대일통大一統 실현을 내용으로 한다는 점에서 국민국가체제를 본류로 하는 '근대'의 이념과 근본적으로 충돌한다는 점"이다.《제국》의 저자 뮌클러Herfried Münkler에 따르면 패권적 우위와 제국적 지배 사이의 전환은 유동적인데, 패권은 형식적으로 평등한 정치적 행위자들로 이루어진 집단 내의 우세함인 데 반해 제국은 이 최소한의 형식적 평등마저 없애고 약한 국가들의 지위를 종속국이나 위성국으로 낮춘다고 한다. 이런 점을 고려하면 지정학적으로 제국에 인접해 있는 한국으로서는, 그것을 수용하든 거부하든, 제국론은 간단히 흘려버릴 수 없는 문제라고 하겠다.

과거 제국의 전통이 아무리 좋은 것이라 해도 현재의 정치제도와 그 스펙트럼을 통해서만 현실화할 수 있다는 점에 주목하면 과거의 전통은 그 자체로 완결적인 의미를 지닐 수 없다. 마치 중국에서 신자유주의가 자기 혼자 빈부격차를 확대하고 정치 니힐리즘을 양산하고 정치체제를 파괴한 것이 아니라 국가가 제공한 제도적인 틀 아래 자본의 자기 확대 운동으로 나타난 것처럼 전통 시기 제국의 논리도 마찬가지다. 따라서 중국사회의 문제를 논의할 때 전통적인 문화적 요소도 중요하지만, 부패나 빈부격차 같은 문제를 다룰 때는 정치 시스템이라는 사회과학적인 요소를 함께 고려해야 한다.

그런 점에서 제국론에 근거한 중국은 아직은 '상상의 공동체'일 뿐이다. 이 '상상의 공동체'로 '실제의 공동체'를 얼마나 견인해낼 수 있을까. '실제의 공동체'의 민주와 공존의 문제, 즉 공정한 룰을 통한 민주와 공존의 문제를 결코 도외시하는 것이 아니라면, 제국론은 중국의 현실을 추인하고 봉합하는 데 머무르거나 이용돼서는 안 되며, 당연히 현실적인 문제를 제기할 수 있게끔 해야 한다.

중국의 지식인에게도 자기인식의 가능 여부는 20세기에 유행한 '근대 극복론'에 대한 반성적 재인식과 밀접한 관련이 있다. 20세기 '이념의 과잉'을 반성하지 않으면 21세기에 어울리는 사유의 모험은 허락되지 않는다. 그런데 이 '이념의 과잉' 현상은 중국의 주류 지식인의 문제의식에서뿐만 아니라 앞의 가라타니 고진을 포함해 동아시아에서 진보라 자처하는 지식인들 사이에도 여전히 비슷하게 엄존한다. 20세기 내내 그들의 이상으로 군림했던 중국의 사회주의나 일본의 아시아주의가 서구 근대를 극복할 수 있다는 '근대 극복론' 또는 '근대 초극론'의 문제의식이 21세기의 제국론에서도 여전히 나타나고 있는 것이다. 우리가

'이념의 과잉'에 대한 어떤 벽을 깨부수고 낯선 상황으로 나아가지 못하는 이유는 이데올로기의 관성에 젖어 있는 탓인지도 모른다.

거대한 사회적 실험이 실패로 돌아간 20세기에 대한 통절한 반성은 곧 주체의식과 목적의식의 과도함에 대한 반성으로 이어져야 한다. 그런데 지금 그 반성을 가로막고 있는 것은 역설적이게도 중국의 경제성장일 수 있다. 중국의 굴기는 세계 자본주의를 연장해줄 수 있는지는 몰라도 대안이 될 수는 없다. 그것은 중국사회에 문제가 있기 때문이기도 하지만, 대안이 보이지 않는 시대가 되었기 때문이기도 하다. 이런 시대일수록 이 시대의 아포리아를 직시하고 자기를 냉철하게 점검하고 참고 견뎌내면서 또 다른 대안을 모색해야 한다.

대안이 보이지 않으면 그런대로 현실을 받아들이면서 꾸준히 대안을 찾는 작업 자체를 지속한다는 데서 의미를 찾아야 한다. 이를테면 이후를 암중모색하는 가운데 현재 상황을 예의 주시하면서 견뎌낸다는 뜻의 '쩡자挣扎'라는 말이 있다. 이는 자기임을 거부하는 것과 동시에 자기 이외의 것임을 거부하는 '이중의 거부'를 뜻한다. 저항이라는 말이 주로 밖을 향하는 것과 달리, 쩡자는 내부의 자기변혁을 환기한다. 이것이 바로 대안적 근대를 모색하는 주체들의 현존 방식이 될 수 있으며 내적 곤경을 자각하는 하나의 형태일 수 있다.

근대 초극론과 관련해서는, 이제 한발 물러나 자기를 되돌아보는 작업을 통해 자신에게 문제가 없는지를 검토해야 한다. 이제는 의도와 결과보다는 조건과 과정 자체를 문제 삼아야 한다. '태도로서의 미학'이라는 차원으로 물러서야 한다.

나는 이를 한국의 리영희 선생에게서 어렴풋이 발견한다. 그는

1974년《전환시대의 논리》 서문에서 말한바, 아시아와 중국에 대해 '사실'로서 아니라 '가설의 해설자'로서의 역할을 제한한다. 다시 말해 리영희는 중국이라는 인식의 경로를 통해 무엇인가를 해야 한다는 이데올로기적 목표의식이나 집착을 내보이지 않았다. 그는 1991년 어느 인터뷰에서도 다음과 같이 말한 적이 있다. "내가《전환시대의 논리》 등에서 말하고자 했던 것은 휴머니즘이었지 마르크스-레닌주의가 아니었다. (중략) 나는 지금 거대한 역사적 변혁 앞에서 지적 갈등을 겪고 있고 지적 오류와 단견을 겸허하게 수용하면서 좀 더 공부를 하고 싶다. 이미 객관적 검증으로 부정된 부분을 사상적 일관성이라는 허위의식으로 고수하려는 것은 지식인다운 태도가 아니다." 리영희는 지적·사상적 아집에서 벗어나 자유로운 정신을 강조하려 했다. 그는 25년 전에 이미 한국의 지식계를 향해 이데올로기의 과잉과 수단과 목적의 도치현상에 대해 경고했던 것이다. 물론 여기서 리영희가 말하는 휴머니즘이 구체적으로 무엇을 의미하는지는 그 맥락을 좀 더 들여다봐야 한다.

서구의 근대 보편과 중국의 단일권력 사이에서 이러지도 저러지도 못하는 딜레마적 상황을 현재의 동아시아 지식계는 과연 어떻게 돌파할 것인가. 적어도 한국의 지식계는 이러한 딜레마를 깊이 체감하는 가운데 양쪽으로부터 이성적으로 거리를 두면서 자기를 점검하고 자신을 새롭게 모색해나가야 한다고 생각한다. 동아시아 지식인은 이제 20세기의 관성이 되다시피 한 '이념의 과잉'에서 벗어나 현재에 대한 새로운 형태의 문제를 제기하고 그 패러다임의 전환을 준비해야 한다. 중국이라는 나라는 기존에 우리가 알고 있던 것을 해체하고 다시 고민하게끔 하는 심오한 존재임에 틀림없다. 그러나 세상의 모든 것이 평지돌출이 아닌 이상 사회주의 30년, 개혁개방 30년, 즉 근현대 100년을 총체적으로 살피면서, 미래의 중국도 상식적·합리적으로 예측할 수 있어야 한다.

이 책에 실린 글들은 〈현대 중국의 소수민족과 '국민화' 이데올로기〉 한 편을 제외하고는 주로 2008년 베이징올림픽 이후부터 2014년에 걸쳐 쓴 것들을 기초로 수정한 것으로, 주로 현재 중국에서 논의되는 최근의 문제들에 사상적 접근을 시도한 것이다. 유학의 부흥, 문화보수주의와 민족주의, 그리고 소수민족 문제는 당대 중국에서 가장 뜨거운 이슈가 되는 문제들이다. 물론 소수민족 문제는 직접적으로 보수주의의 범주에 들어가지는 않는다. 그러나 중국의 지식인들이 이 문제를 어떻게 처리하고 있는지가 주 내용이기 때문에 오히려 이 주제를 통해 중국 보수주의의 중요한 한 측면을 파악할 수 있다.

이 책은 이 같은 문제들과 관련해 현재의 논의 지형만을 소개하고 분석·평가하는 데 그치지 않고 같은 주제가 근대 시기, 그러니까 1900년대 초·중반까지의 시기에는 어떻게 논의되고 평가되었는지를 같은 장章 뒷면에 배치함으로써 각각의 이슈를 연속적이고 구조적으로 파악할 수 있게끔 구성했다. 이 책의 장점을 굳이 서술하자면, 이 책은 중국을 필자의 호불호에 따라 우연적이고 피상적으로 파악한 것이 아니라 현재의 사상 변화를 객관적으로 이해한 결과물이라 할 수 있다. 이 책에서 분석 대상이 되고 있는 여러 사상가들은 문·사·철뿐만 아니라 사회과학 분야를 포괄한다. 또한 이들은 현재 중국의 사상 지형을 좌우하는 지식인들이며 미래의 중국 지식계를 선도할 주요 사상가들이다. 이 책에서 주로 참고한 《21세기二十一世紀》《개방시대開放時代》《문화종횡文化縱

橫》 같은 중국의 잡지들 또한 중국 사상문화의 지형을 좌우하는 것들이다. 국가, 유학, 지식인을 주제로 한 현대 중국의 보수주의에 대한 이해를 다룬 이 책이 부디 한국의 독자들에게 지금의 중국을 어떻게 바라보아야 하는지, 더 나아가 동아시아의 미래를 두고 이들과 어떻게 대화할 것인지에 대한 방향타 구실을 했으면 하는 바람이다.

끝으로, 이 책이 나올 때까지 도와주신 고마운 분들이 있다. 연세대 국학연구원 여러 선생님들과의 학문적 교류는 중국학을 객관화하는 데 적잖은 힘이 되어주었다. 내용적으로 늘 학문적 지침을 제시하고 구체적인 조언을 아낌없이 해주신 백영서 학장님께 특별히 감사드린다. 또 학문적으로 소리 없이 응원을 보내주신 도현철 국학연구원 원장님께도 고마움을 전한다. 그리고 가족에게도 항상 미안함과 고마운 마음을 품고 있다. 마지막으로, 출판 환경이 녹록지 않음에도 출판을 결정해주신 책세상 출판사를 비롯해, 이 책의 출판을 위해 힘써주신 여러 분께 고마움을 전한다.

2016년 6월

조경란

1부

국가, 유학, 지식인

1장

현대 중국의 유학 부흥과 '문명제국'의 재구축

—

국가, 유학, 지식인

1. '권력-지식 복합체로서의 유학'인가, '비판담론으로서의 유학'인가

중국정부는 1980년대부터 일본과 네 마리의 용으로 상징되는 동아시아 국가들의 자본주의 발전이 유학과 관련 있음을 주목했다. 1990년대에는 유학을 공식적으로 '인가'했으며 2000년대에는 그것을 학제화하고 적극적으로 선양하는 데까지 이르렀다. 유학담론의 활성화는 이처럼 국가의 개입을 배경으로 한다. 즉 장쩌민江澤民 정부에 이어 후진타오胡錦濤 정부에서도 공자와 유학은 다양한 가능성을 함축한 채 상종가를 치고 있으며, 중국이 근대사회로 이행한 이래 가장 행복한 시대를 구가하고 있다고 할 수 있다.

2008년 베이징올림픽에서 목도했듯이, 정부와 지식인은 공자와 유학을 중국이라는 대국의 소프트파워의 근간으로 제시하려 한다. 따라서 지금 중국의 유학 부흥 현상은 지식인의 자각에 의한 '자연발생적'인 것이기 이전에 국가의 '재발견'에 의한 것으로 봐야 한다.[1] 국가에 의해 재발견된 유학은 그 순간부터 순수한 형태로 존재하기는 어려워진다. 왜

---

1 아직 국가의 사상교육 분야에 대한 통제가 전혀 없지 않은 중국의 특수한 정치 상황에서 후진타오 정부가 조화和諧사회론을 정책으로 내건 이래 유학열풍이 훨씬 강해졌다는 점을 감안하면 더욱 그렇다. 조경란, 〈국학열풍… 21세기 '중국의 존엄' 보여줄까〉, 《경향신문》 2008년 8월 20일.

냐하면 중국사회주의 메커니즘의 특성상 국가의 정책이 나온 뒤에는 상업자본, 미디어권력, 그리고 지식인 등이 합세하여 그 정책의 대중화에 동원되는 것이 일반적인 모습이기 때문이다. 이렇게 본다면 유학에 대한 국가의 정책이 전환함에 따라 기존의 유학이 권력-자본-미디어-지식 복합체로서의 유학으로 변신하는 것은 당연한 결과일 수도 있다.

2000년대 들어 유학을 중심으로 한 각종 컨퍼런스, 출판물, 교육기관 등이 부쩍 늘어났고 이에 대한 일반인들의 호응이 적지 않은 것은 이러한 '권력-지식 복합체로서의 유학'에 대한 기획이 어느 정도는 '성공적'이었음을 말해준다. 이러한 성공은 공산당이 지식인과 경제엘리트, 특히 사영기업가를 체제 내로 끌어들이는 포섭전략을 성공적으로 실시한 결과와 무관하지 않다. 사실상 1990년대부터 정치권력, 지식, 자본이 비교적 강고하게 통치연합ruling coalition을 형성하여 노동자, 농민, 자영업자 등 일반 국민을 지배하는 현상이 나타났다.[2]

유학이 부흥하면서 주변화했던 중국 '지식인[士]'이 사회의 전면에 재등장하는 것은 어찌 보면 아주 자연스러운 현상이다.[3] 전통적으로 사士는 유학과 유기적으로 연결되어 천하의 질서를 만들고 유지하는 주체로서 역사적 소임이 주어져 있었기 때문이다. 지식인은 포스트 사회주의 시기, 근대 시기와는 다른 조건에서 '문명제국'의 건설을 위한 주체로서 '자발적'으로 동원되는 상황이라 할 수 있다. '권력-지식 복합체로

---

2 조영남, 《용과 춤을 추자》(민음사, 2012), 228쪽.

3 근현대 중국에서 유교적 지식인은 1905년 과거제도가 없어지면서 1차로 주변화했고, 현대적인 의미의 지식인이 주변화한 것은 1957년 반우파투쟁에서였으며, 문화대혁명 시기에 극대화했다고 볼 수 있다. 지식인은 개혁개방 이후 역사의 전면에 재등장한 셈이다.

서의 유학'에 '새로운 중화문명의 재구축'이라는 중차대한 과제가 맡겨진 셈이다. 이처럼 국가, 유학, 지식(인)이 협력하는 모양새는 '계급중국'으로 표상되는 마오쩌둥毛澤東 시대에는 상상할 수 없는 것이었다.

구체적으로 1990년대에는 유학 관련 컨퍼런스가 문화보수주의자들만의 잔치였다면 2000년대에 유학은 더 이상 이들만의 관심 대상에 갇혀 있지 않게 된다. 특히 2005년 전후로 중국모델론이 등장하고 이 틀로써 개혁개방 30년의 경제성장을 설명하는 것을 넘어 중화문명과의 연결을 시도하면서 유학은 대륙 신유가뿐 아니라 신좌파에게도 없어서는 안 되는 정치·문화적 이념의 근간이 되고 있다. 물론 여기에 명분이 없는 것은 아니다. 현실 자본주의의 대안으로 세계 속의 중국의 위상을 구상해야 하고, 이럴 때 유학은 사회주의의 중국식 패턴과 더불어 그 핵심 이데올로기 역할을 할 수 있다고 보는 것이다.[4]

이에 견주어, 아편전쟁 이후부터 개혁개방 이전까지 근현대 시기 유학의 존재 형태는 어떠했을까. 서양세력이 중국에 진입한 이래 정치적으로는 국민국가, 경제적으로는 자본주의의 형성이 급선무로 인식되면서 '천하'로 상징되는 유학은 부정의 대상이 되었다. 물론 부정의 대상이 되었다고 해서 그 시기 유학의 재구성을 토대로 국민국가를 구축하려는 시도가 전혀 없었던 것은 아니다. 청조 고증학의 연장선상에서 '제자백가의 한 사람으로 격하된 공자' '종교적 인격으로서의 공자' '개

---

4 신좌파에 속하는 지식인 사이에서도 유학을 바라보는 시각 차이는 적지 않다. 신좌파 중에서 유학에 가장 관심을 보이는 학자는 간양甘陽이다. 그는 유학을 중국모델론과 연결시키는 데 매우 적극적이다. 그러나 신좌파에 속하는 주요 지식인 대부분이 정치 구상에서는 그 기저에 유학의 정치 이념을 깔고 있다.

명된 공자' 등 새로운 공자상이 생겨났으며, 이 셋을 종합한 것이 캉유웨이康有爲의 공교孔教였다.[5] 캉유웨이에게 공교는 국민문화의 저변을 형성할 수 있는 핵심 정서였다. 그리고 이 정서는 균질적 국민을 만드는 데 가장 기초적인 것이었다. 국민국가체제가 세계적으로 파급되는 조건에서 청 제국의 국민국가화는 청말清末 사인층에게도 피해갈 수 없는 '시대적 과제'였다.

그렇지만 100년 전의 세기적 전환기에 중국의 근대국가 기획은 시스템 자체의 근본적인 전환을 요구했던 만큼 공자와 유학이 지식의 전부였던 구지식인이 감당하기에는 버거운 것이었다. 따라서 그 임무는 1905년 과거제 폐지 이후 양산된 신교육을 받은 신지식인 집단에게 맡겨질 수밖에 없었다. 신지식인 집단은 근대성의 세계적 파급 속에서 공자와 유학을 시대적 과제와 대척점에 있다고 여기고 근본적인 비판에 나서게 된다. 신해혁명 이후 혁명의 역류 속에서 시작된 1915년 신문화운동은 바로 그러한 문제의식에서 비롯되었다. 이후 중국 근현대 100년 동안 공자와 유학의 운명은 결코 평탄하지 않았다. 공자와 유학은 끊임없이 부浮와 침沈을 반복했다.

위정자의 입장에서 공자와 유학은 정면이든 반면이든 국민정서를 좌지우지할 수 있는 가장 핵심적인 상징이다. 그렇기 때문에 근대 시기 제국의 국민국가화든 오늘날 문명제국의 재구축이든 공자는 핫이슈가 될 수밖에 없다.[6] 개혁개방 이전까지 국가 기획의 주요 흐름이 공자와

---

5 高柳信夫, 〈梁啓超の'孔子'像とその意味〉, 《中國における'近代知'の生成》(東方書店, 2007), 213쪽 참조.

6 이에 대해서는 전인갑, 〈총론 : '공자', 탁고적 미래 기획〉, 《공자, 현대 중국을 가로지르다》(새

유학을 비판하는 방식이었다면, 개혁개방 이후부터는 유학을 긍정하는 방식으로 추진되고 있다. 목적은 같지만 방법이 다른 것이다. 소외하는 방식이든 선양하는 방식이든 공자를 벗어나지 못한다. 그만큼 통치자 시각에서 볼 때 공자와 유학은 활용가치가 크다는 이야기가 된다.

그런데 앞에서 말한 것처럼 국가가 유학을 재발견한 것이고 발견한 목적이 분명한 것이라면 유학과 관련하여 지식인은 두 가지 태도를 취할 수 있다. 하나는 지식인이 중국정부가 구상하는 문명중국이라는 제국적 국민국가의 재구축에 적극 협력하고 국가의 논리를 이론적으로 분식해주는 역할을 자임하는 것이다. 다른 하나는 전통적으로 사士의 이중적인 역할, 즉 과거 사대부층의 관료라는 뜻 외에 도덕적 자각, 천하질서의 개혁자임을 자긍하고 거기에 공헌하는 것을 임무로 했던 측면에 주목하는 것이다. 이러한 사 계층의 전통적인 역할에 주목하여 현재의 지식인들도 국가를 포함한 중국의 시장사회를 비판하는 공공담론으로 유학을 재구조화할 수 있다면 그 담론과 담론 행위가 이루어지는 공간은 저항과 개입, 그리고 새로운 가치를 창출하는 지식의 장場으로 전환될 가능성이 열릴 수 있다. '권력-지식 복합체로서의 유학'이 아닌 '비판담론으로서의 유학'을 말할 수 있는 근거도 이렇게 해서 확보된다. 그러나 현재 중국의 유학담론을 주도하는 대다수 지식인들의 마인드는 후자보다는 전자 쪽으로 기울어 있는 듯하다.

그런데 이런 현상을 이해하는 데서 공산당 정권의 지배라는 어떤 특수한 정치적 상황이 고려사항은 되겠지만 지식인의 사유와 행동을

물결, 2006) 참조.

판단하는 데서 최종 면죄부가 될 수는 없다. 왜냐하면 그렇게 되면 소수이지만 정부와 대립각을 세우고 있는 지식인의 의지와 고통을 차별화하여 평가할 길이 막히기 때문이다.

물론 유학을 중심으로 국가와 지식인의 협력관계가 만들어진다 해도 거기에 유동적인 면이 전혀 없는 것은 아니다. 그것은 국가가 여러 가지 얼굴을 가지고 있고, 지식인 또한 앞에서 말한바 이중적인 성격을 띠고 있기 때문이다. 지식인이 국가에 대해 어떤 자세를 취해야 하는가의 문제는 중국에서 국가를 어떻게 봐야 하는가의 문제와 연관되어 있다. 여기서 중요한 것은 역시 국가가 자본·미디어와 맺는 관계, 그리고 국가가 인민·소수민족과 맺는 관계를 구체적으로 파악하는 일이다.

중국에서 국가는 자본의 에이전트로서 존재하기도 하지만 다른 한편으로는 자본과 협력하여 사적 이익을 취하는 최대 주체이기도 하다. 동시에 시장으로부터의 방어막 구실을 하면서 공공성을 실현하는 주체이기도 하다. 즉 아직까지는 중국에서 국가가 시장을 통제하여 공공성을 방어하는 역할을 전혀 안 한다고 볼 수는 없다. 지식인 또한 전통적으로 국가 통치와 인민과의 관계에서 비판적으로 개입해 대중적 관철을 강화해주는 역할을 해왔는데, 이것은 중국에서 공공성을 실현하는 하나의 방식이었다. 민본적 전통이 강한 중국에서 지식인은 군과 민 사이에서 중개역할을 해왔으며, 치자治者의 범주에 속했던 사대부에게 의견을 묻는 정부 또한 공공성을 실현하는 하나의 모습을 보여왔다. 이런 전통을 생각하면 지식인에게 국가의 사안에 대해 협력할 것은 협력하고 비판할 것은 비판하는 신축성 있는 모습을 기대하는 것에도 역사적 근거가 전혀 없지는 않다고 할 수 있다. 그러나 권력과 지식의 상호작용

속에서 결국 단기적으로는 권력이 전형적으로 이념을 선택하지만 장기적으로는 이념이 권력의 현실을 정당화해주는 경향을 보인다는 점[7]을 인식할 때, 지금 중국의 지식 상황에는 낙관할 수만은 없는 측면들이 존재한다. 실제로 1990년대 이후 중국에서 국가권력이 지식장知識場에 대한 전면적인 통제는 포기했지만, 여전히 국가가 지식계를 향해 국가 이데올로기의 합법성을 제공해줄 것을 요구하고 있던 사실[8]에서도 이 가능성은 점쳐지고 있다.

'권력-지식 복합체로서의 유학'과 '비판담론으로서의 유학'이 있다고 할 때 후자를 염두에 둔다면 중국에서 유학이 왜, 지금 다시 문제가 되어야 하는지 질문해야 하며, 그 질문은 자기전통의 긍정이라는 소극적인 대답을 넘어 좀 더 적극적인 의미를 추궁해야 한다. 그 적극적인 의미는 무엇보다도 먼저 유학으로 중국의 현대사회와 소통할 수 있는지 여부에서 찾아야 한다고 본다. 더 나아가 세계 자본주의가 막다른 골목에 다다른 상황에서, 중국의 유학이 서양 근대의 문제점을 약화시킬 수 있는지 여부도 매우 중요하다. 전자가 가능하다면 후자의 가능성도 열릴 공산이 크다. 이것은 유학과 현대성이 맺는 관계의 문제와도 관련이 있다.[9]

이 장章은 이러한 문제의식 아래 위의 질문을 던지기 위한 하나의

---

7 크리스토퍼 심슨, 〈대학, 제국 그리고 지식생산〉, 브루스 커밍스 외, 《대학과 제국》, 한영옥 옮김(당대, 2004), 30쪽.

8 劉擎, 〈'學術'與'思想'的分裂〉, 《二十一世紀》 2005年 4月, 22쪽.

9 그런데 지금의 유학담론에서 유학을 어떤 고정된 문화가치로서가 아니라 그 기본이념을 바탕으로 한 해석과 실천의 문제로 본다면 이야기는 그렇게 간단하지 않다. 담론 주체의 태도와 관련된 문제이기도 하기 때문이다.

기초작업에 해당한다. 위의 질문을 던지기 위해서는 중국 유학담론의 전체적인 윤곽을 파악해야 하고 이에 대한 나름의 자기 견해가 있어야 한다. 이에 100~150년에 걸친 근현대 시기 동안 중국 유학의 존재형태는 어떠했는가, 즉 국가가 유학을 어떻게 동원했으며 그 사이에서 지식인은 어떤 태도를 취했는지를 비판적으로 검토하고자 한다.

최근의 유학담론을 서술하기 전, 그 '전사前史'로서 20세기의 유학이 어떻게 존재했는가를 국가와의 관계 속에서 간략하게 서술하겠다. 그런 다음 유학이 '공인'된 1990년대 중반부터 현재까지 중심적인 유학담론은 무엇이며 그 쟁점은 무엇인지를 개술한다. 그 바탕 위에서 최근 신좌파가 주도하는 중국모델론에 유학이 어떻게 소환, 활용되는지를 비판적으로 살펴보겠다. 결론에서는 중국이라는 현재적 상황에서 '비판담론으로서의 유학'의 재건을 염두에 두고 몇 가지 구상과 과제를 제시해보겠다.

2. '유학 비판'을 통한 '국민국가' 건설

중국 근현대 150년 유학의 역사는 위정자의 의도에 따라 극심한 부침浮沈을 겪었다. 부와 침 중에서도 침이 우세했으니 전체적으로는 반反유학의 역사였다고 할 수 있다. 반유학의 역사였다는 것은 동아시아의 근대, 중국의 근대가 자기부정의 역사였다는 뜻이 된다.[10] 물론 이는 유

10 여기에는 오리엔탈리즘과 셀프-오리엔탈리즘이 작동했던 점을 부정할 수 없다.

학을 자기정체성과 연결해 사고하는 것이 정당하다고 전제할 때만이 가능하다.

부와 침의 빈번한 반복은 유학이 국가와 무관하게 존재할 수 없었다는 사실을 방증하는 것이 될 수 있다. 잘 알려진 바와 같이 공자와 유학을 중국 현대사에서 최초로 전면적이고 체계적으로 비판한 것은 신문화운동에서였다. 1911년 신해혁명 이후 얼마 안 되어 중국 사상계는 복고 분위기 일색으로 돌아갔다. 명목만 공화정이었지 당시의 사회 분위기는 왕조 체제일 때와 전혀 달라진 것이 없었다. 예컨대 변법운동을 주도했던 캉유웨이는 제자들에게 공교회를 만들어 존공尊孔을 하자고 역설했으며, 잠시 정권을 잡았던 위안스카이袁世凱는 학교에서 공자에게 제를 올리고 유교경전을 읽도록 강제하려 했다.

이러한 작동 불능의 공화국에 대한 환멸은 루쉰魯迅 같은 지식인들로 하여금 절필과 함께 칩거하면서 탁본으로 소일하게 만들었고, 천두슈陳獨秀 같은 진취적인 지식인을 염세적 지식인으로 변화시켰다.[11] 이에 그 무렵 해외유학 경험이 있는 젊은 지식인들이 중심이 되어 이 같은 복고 분위기에 반기를 들고 나온 것이 바로 신문화운동이다. 이 운동에 연속하여 일어난 5·4운동은 현재 정권인 중국공산당의 출발점이다. 중국공산당 창당의 핵심 구성원이었던 천두슈와 리다자오李大釗는 조금

---

11 천두슈는 매우 염세적인 논조로 〈愛國心與自覺心〉(1915)을 썼으며, 이에 대해 리다자오는 〈厭世心與自覺心〉(1915)이라는 제목으로 절망적인 상황에서도 어떻게 실천적 계기를 잡을 것인가를 역설하고 있다. 이 글들의 분위기는 최근 중국 지식인들의 '문화자각'을 주제로 한 글의 논조와 아주 대조적이다. 그때는 약자로서 어떻게 주체를 재구성할 것인가에 초점이 맞춰져 있었다면, 지금은 강자로서 발톱을 보이지 말아야 한다는 일종의 겸손 모드를 요구하고 있다. 이런 식의 내용은 신좌파로 분류되는 장쉬둥張旭東의 글(〈離不開政治的文化自覺〉, 《文化縱橫》 2012年 4月)에서도 발견된다.

차이는 있지만 공자와 유학을 봉건문화의 상징으로 비판한 주요 인물들이다.[12]

그런데 공자와 유학에 대한 중국공산당의 시각은 1930년대 항일 시기에 이르러서는 이전처럼 전면적 부정이라는 견해를 지속하지는 않았다고 할 수 있다. 그 이유는 이 시기에는 전략의 중점이 반봉건半封建에서 반제反帝로 옮겨져야 했기 때문이다.[13] 1938년 마오쩌둥은 "공자에서 쑨중산孫文에 이르기까지 우리는 이 귀중한 유산을 총괄하고 계승해야 한다"[14]고 말한 바 있다. 그의 '신민주주의론'(1940)에서도 전통문화의 비판적 계승을 당의 원칙으로 삼자고 제안한다. 마오쩌둥 외에 류샤오치劉少奇도 문화대혁명(약칭 문혁) 시기에 비판의 빌미가 되었던 〈공산당원의 수양을 논한다〉(1939)에서 마르크스주의 철학을 기초로 하면서도 공자와 맹자의 도덕실천철학을 공산당원의 수양에 적용해야 한다고 주장했다.

그러나 중화인민공화국 성립 이후 이 비판적 계승이라는 입장은 계승보다는 비판에 역점이 두어졌다. 그 시발은 1951년에 벌어진 무훈전武訓傳 비판이었다. 이때는 학술계에서 유학에 대해 유물사관에 입각한 비판적 계승이 하나의 방침으로 제시되었어도 실제로는 이미 자유로운

---

12 이 시기에는 국가의 봉건적 회귀에 유학이 이용되고 있었는데, 신지식인 집단은 이에 대항하여《新青年》등 잡지를 만들어 공공적 담론공간을 만들었다. 이때 청년 지식인들은 계몽이라는 '태도의 동일성'을 통해 봉건적 국가와 그 이데올로기적 토대가 되고 있던 유학을 전면적으로 비판했다. 기존 질서에 대해 비판적이고 독립적인 태도를 보여준 이 시기 지식인의 모습은 그 뒤 중국 근현대사에서 바람직한 지식인의 전범이 되고 있다.

13 石川啓二,〈近現代中國における孔子評價の變遷—民族的アイデンティティの危機に關する研究ノート〉,《東京學藝大學國際教育研究》2001년 3월, 37~45쪽 참조.

14 통일전선의 전략적 목표 아래에서 나온 말인지, 아니면 본질적 존중에서 나온 말인지는 좀 더 따져봐야 할 사안이다.

토론이 힘든 상황이 나타났다.[15] 그 뒤 1956년 초에는 백화제방 백가쟁명의 시대가 되어 학계는 1951년의 상황에 견주어 숨통이 트이게 되었다. 그러나 잘 알려진 것처럼 이 정책을 시행한 결과 정권 비판이 속출하자 약 1년 만에 이 정책은 막을 내리고, 이듬해인 1957년 중반쯤 격렬한 반우파투쟁이 전개되었다. 자유롭게 토론하라는 말을 곧이곧대로 믿고 자기 의견을 허심탄회하게 밝힌 지식인들은 비판을 받고 다시 겨울의 시대로 돌아갔으며, 공자와 유학에 대한 재평가는 일시에 좌절을 맛보았다. 그리고 지식인들 사이에서는 사회주의에 대한 환멸이 확산되었다.[16]

그러나 대약진이 실패하면서 1960년대 초 조정기가 되자 공자와 유학 연구가 부분적으로 부활한다. 각지에서 공자 연구 세미나가 열리고 마오쩌둥의 정적이었던 류샤오치가 예전에 썼던 〈공산당원의 수양을 논한다〉가 단행본으로 출판되는 등 고전 연구가 다시 성행한다. 이때 (훗날) 문혁파로 활동한 관펑關鋒과 유학 연구의 대가 펑유란馮友蘭 사이에 벌어진 논쟁은 유명하다. 공자가 몰락 노예주 귀족계급의 대표인가 아니면 신흥지주계급의 대표인가를 주된 쟁점으로 삼은 이 논쟁은 이론 면에서 문혁을 예고하는 것이기도 했다. 이때 펑유란은 공자가 그 시대로 보면 진보적인 신흥지주계급의 대표였고 고대 사상을 신권神權의 주박呪縛에서 해방해 중국의 역사와 문화에 크게 공헌했으며 공자의 사상은 계급을 초월한 보편적 가치가 있다고 주장했다(이 주장은 문혁 시

15 이에 대해서는 裵毅然, 〈自解佩劍 : 反右前知識分子的陷落〉, 《二十一世紀》2007年 8月號 참조.

16 여기서 공자 재평가가 무산된 탓에 사회주의에 대한 환멸이 확산된 것인지는 검토할 필요가 있다.

기에 존공사상으로 지목받아 자기비판 당했다).

1966년 문화대혁명이 일어나자 공자와 유학은 다시 전면적으로 비판받기에 이르렀다. 류샤오치도 앞에서 말한 논설 때문에 공맹의 길을 가려 한다고 비판받았으며, 마오의 후계자로 공인받고 있던 린뱌오林彪도 비림비공批林批孔[17]이 보여주듯 봉건의 상징이 되어 척결당했다. 심지어 저우언라이周恩來마저 장칭江青에 의해 '현대의 공자'로 지목되어 비판받았다. 어쨌든 이런 일련의 사건들은 공자의 영향력이 마오쩌둥 시대에도 그의 권위를 흔들 정도로 여전히 컸다는 것을 말해주는지도 모른다.

앞에서 말한 바와 같이 중국 내적으로 보면 유학이 중국에서 주목받기 시작한 것은 1980년대부터다. 중국정부는 개혁개방이 시작되면서 동아시아 4대 용龍으로 대변되는 동아시아 근대화 모델에 관심을 두면서 유학의 잠재력에 주목하게 된다. 민간 학계는 공자 연구 세미나를 각지에서 개최하고, 1985년에는 공자가 태어난 취푸曲阜의 취푸사범대학 내에 공자연구소가 설립되고, 1986년에는 전국적인 학술기금인 공자기금회가 만들어졌다. 그리고 1980년대 후반에 오면 평유란, 량수밍梁漱溟 등 신유학new-confucianism의 대가들이 학계의 주목을 받기 시작했고, 홍콩이나 타이완에서 활동하고 있는 유학자들에 대한 평가도 논의 대상이 되었다.

그러나 1978년에 개혁개방이 시작되었다고 해서 1980년대에 들어

17 비림批林은 '비판 린뱌오'인데, 비공批孔이 린뱌오의 봉건성 비판으로 연결된 것이다. 이에 대해서는 김승욱, 〈공자비판의 정치학〉, 전인갑 외, 《공자, 현대 중국을 가로지르다》(새물결, 2006) 참조.

와 당과 정부가 공자와 유학에 대한 분명한 방향성을 곧바로 내보인 것은 아니었다. 즉 민간학계에서 신유학을 둘러싼 담론이 유행했지만 중국공산당이 공자와 유학을 아직 공식노선 속에 명문화한 것은 아니었다. 개혁개방 이후 시행된 경제우선정책으로 '정신오염'에 빠진 중국을 구하기 위해 '중국 특유의 정신문명' 건설을 제시할 때도 중국공산당은 '마르크스-레닌주의의 지도 아래 동서고금 정신문명의 정수를 흡수한다'고 표현하면서 공자와 유학을 아직 구체적으로 거명하지는 않았다. 학교 교육이라는 제도적인 차원에서의 공자와 유학의 복권은 1980년대 중후반부터 대학이나 일부 지식인들 사이에 일기 시작한 유학 붐[18]에 견주면 꽤 늦게 이뤄졌다.

그러나 이 시기에 중국공산당이 유학에 관심이 없었던 것은 아니다. 이때 벌써 내부적으로는 동아시아 '네 마리의 작은 용', 즉 한국·타이완·싱가포르·홍콩의 발전모델에 특별한 관심을 쏟고 있었다. 그 이유 중 가장 주목해야 할 점은 두 가지다. 하나는 '네 마리의 작은 용'은 모두 유교문화권의 구성원이었고, 그중 세 지역은 화인華人 문화권이며, (세 지역 중) 두 지역은 '중국 영토와 분리할 수 없는 일부분'이었다는 점이다. 다른 하나는 중국 민간에서 민주, 법치, 반부패, 반특권, 사회공평과 정의를 요구하는 목소리가 갈수록 높아지면서 최고 지도층은 1980년대 후반 민주화 이전 시기에 아시아 '네 마리의 작은 용'이 권위주의 authoritarianism 정치체제 아래에서 이룩한 경제발전 모델을 대륙에 도입

18 이에 관한 비교적 상세한 내용은《현대중국의 모색》(동녘, 1992) 참조. 이 책은 한국철학사상연구회의 집단 작업의 결과이며 1980년대 중국 인문학자들을 중심으로 진행된 문화열 논쟁 관련 번역과 논문이 함께 실려 있다.

하고 싶어 했다는 점이다.[19]

그러나 유학이 아직 공식화한 것은 아니었다. 그런데 이러한 판세에 전기轉機가 된 것이 바로 1989년 천안문사태였다. 천안문사태로 창당 이래 최대 위기를 맞은 중국공산당은 이제 본궤도에 오르려고 하는 경제성장이 천안문사태 때문에 중단되어서는 안 된다고 판단했다. 이때 중국공산당이 눈을 돌린 것이 바로 공자의 유학을 핵심으로 하는 전통사상이었다. 즉 경제성장과 국가통합에 도움이 될 수 있고 또 중국인에게 자신감을 심어줄 수 있는 것이 무엇인가, 다시 말해 중국인의 정체성이 무엇인가를 고민하는 계기가 역설적이게도 천안문사태라는 국가적 위기를 맞으면서부터 마련되었다고 할 수 있다.[20] 1991년 장쩌민은 〈중국근현대사 및 국정교육의 실시〉라는 글에서 민족적 자존심을 높이는 교육을 실시하라고 지시했다. 그 뒤 1980년대 초까지의 교과서에서 '노예제도의 찬미자'라는 공자에 대한 평가는 크게 바뀌기 시작했다. 정부 차원에서 공식적으로 전통문화의 재평가라는 방침을 내린 것은 1994년이다.[21] 드디어 '중화민족의 우수한 전통도덕 교육을 행한다'는 슬로건이 나온 것이다.

---

19 丁學良, 《중국모델의 혁신》, 이희옥·고영희 옮김(성균관대출판부, 2012), 59~61쪽 참조.

20 산술적으로 봤을 때, 천안문사태의 핵심이 민주주의의 문제라면 공산당은 그 반대편에 있는 것이고, 공산당이 유교를 천안문사태의 해결방안으로 찾아낸 것이라면 공산당이 주목하는 유교는 결국 민주주의에 대응(또는 대항, 아니면 억압)하는 유교 아닐까? 중국의 자신감과 관련하여 공산당이 천안문사태의 대처 방안으로 갑자기 유교를 생각해낸 것은 궁여지책의 측면이 있다는 것을 보여준다.

21 여기서 중국정부가 시장화를 추진하는 개혁을 진행하기 시작한 것이 1994년 초였다는 점을 상기할 필요가 있다. 이에 이어 1997년에 중국 당정은 "비공유제 기업도 사회주의 시장경제의 중요한 구성부분임"을 인정하여 민영경제에 일정한 활동공간을 부여해주었다. 吳敬璉, 〈前言 : '中國模式', 還是過渡體制〉, 何迪·魯利玲 엮음, 《反思"中國模式"》(社會科學文獻出版社, 2012), 2~3쪽.

이렇게 방침을 바꾼 배경은 일단 국내의 통합을 급선무로 인식했기 때문이지만 부수적으로는 해외 화교 네트워크의 협력을 이끌어내는 문제, 그리고 타이완의 통일 문제 또한 고려한 것이라고 할 수 있다. 그러나 유학을 마냥 창도하는 것이 중국공산당에 유리한 것만은 아니다. 대부분의 이데올로기가 그렇듯 중국공산당에 대해서도 유학이 양날의 칼이 될 수 있기 때문이다. 유학을 비판하고 사회주의의 정통성을 인정하면서 출발한 중국공산당은 유학의 합법성 문제를 둘러싸고 고민하지 않을 수 없다. 또한 유학이 합법화하더라도 언제든 핫이슈가 될 수 있는 소수민족 문제를 고려하지 않을 수 없기 때문이다.

3. '유학긍정'을 통한 21세기 '문명제국'의 기획

100~150년 동안 중국의 위정자는 자신의 필요에 따라 유학을 죽였다 살렸다를 반복했지만, 지식인들은 전통과 현대, 중국과 서양의 문명 대립을 어떻게 처리할 것인가를 놓고 꾸준히 논쟁해왔다고 할 수 있다. 그 핵심에는 중국인의 세속과 정신생활 속에 '유학'을 어떻게 재설정할 것인가 하는 문제가 있다.[22] 지금 중국에서 펼쳐지는 유학 논의도 크게는 그 문제의식의 연장선 상에 있다고 할 수 있지만, 이전보다 훨씬 전면적이고 전방위적이라는 차이점이 있다.

유학담론이 사회 전면에 부상한 것은 2004년 후진타오 정부의 조

22 筆談 '人民儒學' 編者按,《文化縱橫》2012年 2月, 72쪽.

화사회론和諧社會論이 나온 이후였다. 조화사회론이 등장한 뒤로 그 이론적 기초를 유학의 조화이론에서 찾으려는 철학계의 부산한 움직임 덕에 이 주제를 다룬 논문이 수천 편 양산되고 철학계가 전에 없이 활기를 띠었던 2000년대 중반의 분위기를 여기서 새삼 기억할 필요가 있겠다. 이는 1990년대의 국학열과는 질적으로든 양적으로든 비교할 수 없는 것이었다.

아래에서는 2000년대에 나타난 유학 관련 담론과 단체 중 주목되는 것들을 선별하여 소개하고, 지면 관계상 이에 대한 간단한 평만을 붙이고자 한다. 우선 시기적으로 유학의 잠재력을 비교적 일찍 파악하고 출발한 잡지가 있다. 바로 《원도原道》인데, 이 잡지는 중국정부가 유학을 적극적으로 평가한다는 방향을 공식적으로 내건 1994년에 창간되었다. 《원도》는 중국의 운명과 유학의 운명을 동일화하여 유학부흥운동을 중국의 굴기崛起로 연결하고자 했다. 21세기 중국의 '시대적 소임'을 자임하고 있는 것이다. 이 잡지는 2012년 현재까지 17집을 냈는데, 재정문제 때문에 출판사를 계속 바꿔가며 출판했지만 무크지로서 명맥을 꾸준히 이어가고 있다.

2005년 장칭蔣慶이라는 학자는 《원도》를 통해 유교중국의 건립을 선언함으로써 각종 매체를 떠들썩하게 했다.[23] 《정치유학政治儒學》의 저자이기도 한 장칭은 중국정치의 정통성을 유학에서 찾아야 한다고 주장한다. 또한 그는 중국은 서구의 민주제도를 초월하여 유가 본원으로

---

23 任劍濤, 〈中國人文與社會科學結構性危機〉, 《二十一世紀》 2009年 2月號, 83쪽. 리쩌허우는 장칭의 주장을 국수의 극단적인 예로 보고 자희태후慈禧太后보다 더 보수적이라고 비판한다. 李澤厚, 〈李澤厚 : 我一直是孤獨的(訪談)〉, 《中國新聞週刊》 2005年 10月 31日, 57쪽.

돌아가야 하며, 유학에 기초하여 중국의 독자적인 정치체제를 만들어야 한다고 주장한다. 그에게 유학은 헌법이나 다름없다. 장칭은 머우쭝싼牟宗三의 심성유학을 배척하고, 현대중국의 정치사회조직 형태에서 유학의 합법성을 부여해야 한다는 이른바 정치유학의 부흥을 주장한다.[24] 그는 '정치유학'의 부흥을 역설하기 위해 손수 '중화문화경전기초교육통본中華文化經典基礎教育誦本'을 만들어 중국유교협회를 통해 10개 형태의 구체적인 유교 부흥 계획을 제시하기도 했다.[25]

이 밖에도 주목해야 할 또 하나의 현상이 있다면《원도》의 주편이기도 한 천밍陳明과 캉샤오광康曉光의 주장이다. 이들은 각각 유교의 공민종교화[26]와 유교의 국교화를 내걸었다. 앞의 장칭을 포함한 이들의 주장은 현재 중국정치의 정통성이나 합법성 문제에서 난처한 지점에 와 있다는 것을 직감하고 민족문화에 기초한 문화제국을 구상하려는 중국정부의 시도와 장기적으로는 합치되는 지점이 있겠지만 당장은 이 양자가 어느 정도는 긴장관계에 있다고 할 수 있다. 예를 들어 장칭의 《정치유학》은 정부의 출판 허가를 받는 데 5년이나 걸렸다. 이 책은 유가의 기본 가치들을 방어하고 그것들이 현재의 중국과 미래의 중국에 적합하다고 주장한다는 특징이 있다. 유가 관련 학술서 중 유학의 본령을 가장 강력하게 주장하는 것으로 알려진 이 책은 중국의 정치적 현상

---

24 蔣慶,《政治儒學》(生活·讀書·新知 三聯書店, 2003). Daniel A. Bell, *China's New Confucianism : Politics and Everyday Life in a Changing Society*(Princeton·Oxford : Princeton University Press, 2008), p. 12 참조.

25 〈關於重建中國儒教的構想〉,《中國儒教研究通訊》第1期(2005) 참조.

26 이에 대해서는 陳宜中·陳明,〈從儒学到儒教 : 陳明訪談錄〉,《開放時代》2012年 第2期 참조. 천밍陳明의 공민유교에 대한 주장은 서론에서 말한 캉유웨이의 공교운동과 비교해볼 만하다.

유지에 암묵적인 도전을 담고 있다고 할 수 있다.

그런데 여기서 우리가 주목해야 할 것은 이러한 유학 관련 운동(주로 장칭)에 문화보수주의자뿐만 아니라 일부 자유주의자들도 동의를 표하고 있다는 점이다.[27] 또한 이런 주장과 운동이 현실성 여부를 떠나 사회적으로 큰 관심을 불러일으켰으며, 실현 가능성을 둘러싸고도 사회적으로 큰 논쟁을 야기했다는 점이다. 이러한 사례들은 아마도 국가 차원에서 유학을 활용하려는 범위를 넘어서기 때문에 어떤 면에서는 국가를 긴장시키고 있다고 할 수 있다. 아직 딱히 어떤 내용이 국가를 긴장시켰는지는 알 수 없지만, 추측건대 현재 중국에서 합법적인 정치질서를 어떻게 건립할 것인가, 정치권력을 어떻게 합법화할 것인가를 고심하는 내용[28]과 관련됐을 가능성이 높다. 이상적인 정치에 의한 이상사회의 실현이라는 선진유학 본연의 가치와 목표[29]에 충실한 내용일수록 중국정부가 긴장할 수밖에 없다는 것은 역으로 중국정부가 나서서 유학 부흥을 선도하는 목적이 유학 본연의 목적과는 거리가 있음을 보여주는 것이라 할 수 있다.

그러나 2016년 5월 필자의 초청으로 연세대학교를 방문해 강연한 《제도유학》의 저자 깐춘송干春松 베이징대 교수에 의하면 위에서 서술한 유학과 국가의 관계는 현재 상황이 많이 변화했다. 그는 《정치유학》이 출판된 2003년부터 10여 년이 지난 2015년 이후 시진핑이 제시한

27 이에 대해서는 緒形康, 〈自由主義の中國化〉, 《中國—社會と文化》(中國社會文化學會, 2009年 7月), 340쪽 참조.

28 蔣慶, 《政治儒學》(生活·讀書·新知 三聯書店, 2003), 33~40쪽 참조.

29 이와 관련해서는 성태용, 〈원시유교의 이상사회론을 보는 오늘의 시각〉, 《정신문화연구》(1986년 여름) 참조.

중국몽에 유학자들이 공개적으로 참여하는 모습을 보여주고 있다면서 장칭이나 캉샤오광의 주장이 현실이 되었다고 평가했다. 그렇지만 여전히 국가와 신유가는 긴장 관계에 있다고 한다. 즉 공산당은 유가를 이용하려 하고 유가는 공산당을 교화하려 한다는 것이다. 그렇기 때문에 여러 가지 면에서 국가와의 긴장이 크지 않은 유파는 오히려 신좌파라는 것이 깐춘송의 주장이다.

중국철학의 합법성 문제를 둘러싼 토론도 2000년대 철학계의 가장 주목할 만한 현상으로 꼽힌다.[30] 중국의 신유가 관련 유명 학자인 정지아동鄭家棟은 서양의 역사를 토대로 형성된 언어체계와 논술방식으로서의 '필로소피philosophy'로 재구성된 '중국철학'의 개념으로 중국의 역사적 문맥과 정신적 토양에서 나온 전통사상을 설명해낼 수 있는지 질문한 적이 있다. 즉 '중국철학'은 단순히 서양철학의 위조품이나 추수자로서가 아니라[31] 진정 중국의 혼백을 가지고 오늘날 인류가 맞닥뜨리고 있는 환경과 그 문제에 대해 뭔가 근본적인 해답을 제시해줄 수 있는가 하는 문제이다.

이는 이제 중국의 토대를 배경으로 도출된 철학이론으로써 중국의

---

30 이 주제는 2003년《學術月刊》과《文匯讀書週報》가 꼽은 학계의 10대 화제에 들어간다. 일본의 니시 아마네西周가《百一新論》(1874)에서 '哲學'을 philosophy의 번역어로 사용했는데, 이때 그는 그것을 동양의 유학과는 구별하여 썼다. 중국에서는 1902년《新民叢報》에 처음으로 철학을 중국 전통사상에 사용하긴 했지만, 중국 전통사상 속에 '철학'이라 일컬을 만한 것이 있었느냐는 문제가 해결된 것은 아니었다. 張汝倫, 〈重寫中國哲學史芻議〉, 彭永捷 주편,《重寫哲學史與中國哲學學科範式創新》(河北大學出版社, 2010), 352쪽. 그러나 지금은 이 질문이 무의미해졌음을 이 합법화 담론은 말하는 것이다.

31 鄭家棟, 〈'中國哲學'及び中國の思想的傳統の現代における難局〉,《中國—社會と文化》2004年 6月, 200~201쪽. 鄭家棟, 〈爲'中國哲學'把脈〉, 彭永捷 주편,《重寫哲學史與中國哲學學科範式創新》(河北大學出版社, 2010) 참조.

사상과 윤리학을 해석하고 서술해야 한다는, 100년 전과는 완전히 역전된 문제의식과 자신감에서 나온 질문이라 할 수 있다. 100년 전에는 후스胡適를 비롯한 유학파가 '필로소피' 개념으로 중국의 역사를 재해석해 국고國故를 정리하려 했다면, 지금은 그 방식에 대한 근본적인 문제 제기가 나오고 있는 것이다. 같은 맥락에서 그동안 잘못 알려진 왕궈웨이王國維, 량치차오梁啓超 등의 초기 시도들도 재평가되어야 할 것이다. 이런 작업은 반드시 필요하지만, 정치적 의도는 최대한 배제한 상태에서 엄밀하게 이루어져야 할 것이다.

2008년에 출판된《공자와 당대중국孔子與當代中國》(천라이陳來·간양甘陽 주편)은 2000년대 유학담론에서 하나의 변곡점이 되는 책이다. 논단 형식으로 진행되고 있는 유학대토론회의 결과물을 묶은 이 책이 중요한 이유는 중국 학계의 주류와 비주류를 통틀어 주목받을 만한 주요 지식인들이 대거 참여하고 있다는 점 때문이다. 이름을 거명하면 알 만한 사람들, 예컨대 간양, 천라이, 왕샤오광王紹光, 왕샤오밍王曉明, 왕후런王富仁, 왕후이汪暉 등 좌파적이거나 비판적인 지식인들도 이 논단에 참여하고 있으며 유학 관련 토론에 결코 소극적이지 않다는 것을 이 책은 보여준다.

이 논단의 원탁토론에서 사회자 류샤오펑劉小楓의 발언이 매우 인상적이다. 그는 중국인이 쓰고 있는 서양중심주의적 안경을 검사해야 한다고 주장하면서, 오디세이의 신화를 예로 들어 설명한다. 타향을 표류하고 난 뒤 고토를 다시 찾아왔을 때, 자신이 익숙하다고 생각했던 것은 이미 낯선 것이 되어 있지만 다른 지역을 표류했던 경험이 고토의 모든 것을 더 풍부하게, 다시 보게 만든다는 것이다.[32] 류샤오펑은 서양중심주의라는 안경, 즉 오리엔탈리즘이라는 안경을 벗고 중국을 다시 보자는 것이며 또한 서구중심적인 안경을 써봤기 때문에 고토의 것을 낯설게도 풍부하게도 볼 수 있다고 말한 것으로 이해된다. 이 발언에서 중국의 전통과 서구문명의 관계를 어떻게 봐야 할 것인가 하는 문제가 매우 중요한데, 인상기적으로는 어디까지나 초점은 고토의 것에 가 있고 다른 지역의 표류 경험은 도구화한다는 느낌이 든다. 여기서 유학과 근대의 문제를 중심에 놓고 보면 근대는 '이성'이 아닌 도구일 뿐이다.

2000년대에 들어 유학과 관련한 여러 가지 붐 가운데 중국고전 열풍을 빼놓을 수 없다. 중국고전을 중심으로 구성된 중국중앙방송의 백가강단百家講壇이 국가와 자본의 비호 아래 공전의 히트를 쳤다. 거기에서 가장 유명해진 이는 단연《논어심득論語心得》의 저자 위단于丹이다.[33] 한국에도 번역 소개된 이 책은 해적판을 포함해 1,000만 부 이상이 팔렸고 '위단 현상'이라는 말까지 나올 정도였으며[34] 비판글도 많이 쏟아졌다.[35] 이 정도의 판매 기록은 문혁 시기 홍바오수紅寶書(마오쩌둥의 빨간색 선집) 이래 없었던 일이다. 마오쩌둥의 책이 의무적인 학습을 위한 '강매'에 의한 것이었다는 점을 감안하면 이 판매 수치는 예사롭지 않

32 陳來·甘陽 주편,《孔子與當代中國》(生活·讀書·新知 三聯書店, 2008), 원탁토론에서 류사오펑의 발언, 486쪽.

33 이와 관련해서는 조경란, 〈동아시아에서《논어》해석과 책임의 문제 : 위단의《논어심득》과 신영복의《강의》〉, 황금중 외,《한국 문화전통과 배려의 윤리》(한국학중앙연구원 출판부, 2015) 참조.

34 미디어를 통한 고전 강연에서 위단이 누리는 인기는 한국의 도올에 견줄 만하다. 그러나 그녀가 비전공자인 이유도 있겠지만, 중국고전에 대한 도올만큼의 자기 구상과 체계를 갖추고 있는 것 같지는 않다.

35 대표적으로 貝淡寧(Daniel A. Bell), 〈《論語》的去政治化—《于丹〈論語〉心得》簡評〉,《讀書》2007年 8月, 46쪽. 벨은 이 글에서 위단의 '논어'가 지나치게 탈정치적이라고 비판한다.

다.[36] 일단 이 판매 부수는 일반 인민의 반향이 적지 않다는 증좌일 수 있다. 그리고 '위단 현상'이라는 말이 나왔다는 것은 분명 위단 개인이 시대를 읽는 '감수성'과 '능력'이 있음을 말해주는 것일 수도 있다.

그러나 이런 현상의 심층을 보기 위해서는 개인의 능력 측면으로만 접근할 것이 아니라 유학을 중심으로 한 국가, 지식인, 자본의 유기적 기획이라는 측면을 빼놓으면 안 된다. '국가권력의 보이지 않는 통제'와 '괴물 자본주의'의 횡행 속에서 박탈감에 빠져 출로를 찾지 못하는 일반 인민들에게 개인의 행복은 마음먹기에 달렸다는 내용을 인문학의 최고 보고인《논어》를 매개로 전달하고, 또 방송이라는 형식을 통해 반복해서 송출했다면 호응이 없는 것이 오히려 이상한 일이다.

지식인과 일반 인민 사이에 일고 있는 공전의 유학 붐 현상에도 불구하고 중국사회에서 현재 도덕적 진공은 공자와 유학보다는 기독교, 화룬궁法輪功, 극단적인 형태의 내셔널리즘 등에 의해 채워지고 있다는 지적이 있다.[37] 중국공산당이 공자와 유학을 학교 교육의 정식 커리큘럼에 넣는 등 공식 부활을 단행하고 있음에도 애초 목표대로 인민의 사회 통합을 이루고 인민이 저마다 중국인으로서의 정체성을 구성할 수 있느냐에 대해서는, 너무 이른 단정일 수도 있지만 그렇게 순탄해 보이지 않는다. 대규모 지식/권력, 민간기업의 복합체가 작동한 유학 복권 시도가 인민의 일상에 얼마나 파급력을 행사했는지는 좀 더 꼼꼼히 조

---

36 이에 대해서는 조경란, 〈현대 중국의 보수주의 문화—신보수주의의 출현과 유학의 재조명〉, 《中國近現代史硏究》 제40집(2008년 12월) 참조.

37 Daniel A. Bell, *China's New Confucianism : Politics and Everyday Life in a Changing Society*(Princeton ·Oxford : Princeton University Press, 2008), p. 8.

사할 필요가 있을 것이다.

그러나 간양의 다음 언급은 유학이 적어도 민간 영역, 특히 대학 사회에서 살아나고 있음을 말해준다. "2010년의 시점에서 보았을 때 최근 10년, 15년의 최대 변화는, 다시 말해 청말 이래 최대의 변화는 중국사회, 중국의 보통 민중, 특히 중국 대학생의 중국문명 전통에 대한 태도에서 근본적인 변화가 발생했다는 것이다. 현재 대학 안에서 예전처럼 중국문명을 완전히 부정해버리는 태도를 취하면 그는 다른 사람들에게 바보 취급을 당한다. 이것은 10년 전에는 상상할 수 없는 일이었다."[38]

대학에서의 이러한 반응은 중국 지식계의 유학 논의 활성화에 힘을 실어주고 있다고 할 수 있다. 유학과 종교의 문제,[39] 유학을 사회주의와 연결해 설명하려는 시도,[40] 자유주의와 유학,[41] 유교의 제도화 문제 등 현재 유학담론은 매우 다양하고 복잡하게 진행되고 있다.

현재 중국의 이러한 유학열풍은 서양의 충격 이후 제1기 신유학이 나온 이래 타이완의 제2기 유학, 해외의 제3기 유학에 이어 대륙의 제4기 유학이라고 일컬어진다. 청중잉成中英은 대륙의 제4기 유학은 주로 현재 중국대륙의 사회 발전과정 속에서 출현한 문제에 대응한 것이라

---

38 甘陽, 〈中國道路還是中國模式〉, 《文化縱橫》 2011年 10月, 83쪽.

39 穐山新, 〈中國における國民國家形成と儒教〉, 《現代中國》 83號(2010), 111쪽. 中島隆博, 〈國家のレジティマシー—と儒教中國〉, 《理想》 682號(2009) 참조.

40 주로 간양의 주장을 의식한 것인데, 그는 마오쩌둥 시대와 덩샤오핑鄧小平 시대 공자의 유학을 신삼통론新三通論으로 이론화하여 '유가사회주의공화국'을 제시했다. 〈中國道路 : 三十年與六十年〉, 《讀書》 2007年 6月, 4~13쪽 참조. 甘陽, 《文明·國家·大學》(生活·讀書·新知 三聯書店, 2012), 33~44쪽에 재수록.

41 穐山新, 〈中國における國民國家形成と儒教〉, 《現代中國》 83號(2010), 111쪽. 中島隆博, 〈國家のレジティマシーと儒教中國〉, 《理想》 682號(2009) 참조.

고 평가한다. 생활유학, 정치유학, 헌정유학,[42] 인민유학 등이 모두 현재 중국사회의 필요에 따른 것이라는 평가다.[43] 요컨대 목하 중국은 유학의 시대를 맞이했으며, 모든 것을 유학의 눈으로 다시 보려고 시도하고 있다고 할 수 있다.[44]

4. 중국모델론과 유학담론

(1) 중국모델론의 기원과 추이

이렇게 유례 없는 전성기를 누리고 있는 유학이 또 다른 단계로 진입한 것은 중국모델론과 연결되면서부터다. 이제 유학은 중국모델론과 결합하면서 문화보수주의자들만의 논의가 아니라 신좌파의 주된 관심대상으로 떠오른다. 오히려 그렇기 때문에 신좌파의 구상에 집중하는 것이 유학담론의 실체에 접근하는 길이다. 어떻게 보면 중국의 사상지형에서는 이미 신좌파와 문화보수주의자들이 중국의 '신주류'가 되었

---

42 이에 대해서는 唐文明의 글이 참고할 만하다. 〈儒教, 憲政與中國 : 一個初步的思考〉, 《中國哲學史研究》 2011年 1月.

43 成中英, 〈儒學復興與現代國家建設〉, 《文化縱橫》 2012年 2月, 97쪽.

44 필자가 파악하기로 중국에서 현재 중국사상 분야에서 가장 주목받는 잡지로는 《개방시대開放時代》(월간)와 《문화종횡文化縱橫》(격월간)을 꼽을 수 있다. 《개방시대》 2011년 6월호에는 "특집 : 유학의 현대전형現代轉型"이라는 주제로 4편의 논문이 실렸고 7월호에는 "유학과 현대사회의 치리治理"라는 주제로 대토론회가 지상 중계되었다. 《문화종횡》에서는 유학과 관련한 문제적 논문이 실리면 몇 달 뒤에는 이를 주제로 4명이 필담을 통해 토론하는 식으로 유학 관련 논의가 심층적으로 벌어지고 있다. 예를 들어 《문화종횡》 2011년 10월호에서는 "유학과 민족주의"를 주제로 4명이 필담에 참여했으며 2012년 2월호에서는 "인민유학"을 주제로 3명의 학자가 필담에 참여했다. 주요 잡지가 이 정도라면 그 밖의 잡지들은 말할 필요도 없을 것이다.

다고 말할 수 있겠다.[45] 세계를 의식하면서 중국을 굴기시키고자 하는 제국적 구상에 대한 집착은 신좌파가 문화보수주의자들보다 훨씬 강하다. 2000년대 중후반에 이르러 신좌파와 국가 사이에 보이지 않는 밀월 관계가 형성된 것은 1990년대와 비교하여 뚜렷하게 달라진 상황이다. 이처럼 유학과 중국모델론이 접속되는 것은 비교적 최근의 일이기 때문에 중국모델론이 시작된 사정과 그와 관련된 여러 논의의 추이를 먼저 서술해야 할 것이다.

중국모델론에 관한 토론이 시작된 것은 2005년 전후다. 규모는 크지 않았지만 한 학술회의에서 신자유주의 견해를 담고 있는 워싱턴 컨센서스Washington Consensus에 대항하는 개념으로 베이징 컨센서스Beijing Consensus가 제시된 바 있다.[46] 이 논의가 계기가 되어 경제발전의 경험뿐 아니라 정치체제의 특성으로까지 범위가 넓어지면서 중국모델론 또는 '중국도로'에 대한 토론으로 자연스럽게 이행했다. 가장 최근에는 중국문명의 문제로까지 확대되어 유학이 적극 가세하는 지경에까지 이르렀다. 2008년에 불어닥친 미국의 금융위기는 이러한 흐름이 더욱 활성화할 수 있는 조건과 환경을 만들어줬다고 할 수 있다. 중국모델론은 그 이론 자체에 대한 타당성 여부를 떠나 대안 패러다임의 성격을 띠면서 이후 주목받게 되었다고 할 수 있다.

---

45 이런 상황을 형식적으로 묘사하면 '극우'와 '극좌'의 결합이라고도 할 수 있을 것이다. 유학을 근간으로 하는 중국의 대표적 문화보수주의자인 샤오공친蕭功秦의 경우 충칭모델을 견학하고 이에 대해 긍정적으로 검토한 것으로 알려져 있다. 이 양자 간에는 상호 공감대가 형성되어 있다는 이야기도 들린다. 榮劍, 〈奔向重慶的學者們〉, 共识网 2012년 4월 28일.

46 이에 대해서는 雷默, 〈北京共識〉, 黃平·崔之元, 《中國與全球化 : 華盛頓共識還是北京共識》(社會科學文獻出版社, 2005) 참조.

알다시피 워싱턴 컨센서스에 문제를 제기하고 베이징 컨센서스에 호의를 표명하고 있는 서양의 유명인으로는 영국의 조슈아 쿠퍼 라모Joshua Cooper Ramo와 미국의 조지프 스티글리츠Joseph E. Stiglitz 등이 있다.[47] 또한 중국모델론자는 아니지만 마틴 자크Martin Jacques나 마크 레너드Mark Leonard 등 영국의 좌파도 이에 대해 매우 긍정적인 태도를 취하는 것으로 알려져 있다.[48] 이들은 중국의 신좌파 계열 지식인들과 일정한 교감을 나누고 있다. 중국에서는 신좌파로 분류되는 지식인들이 이에 대해 적극적인 모습을 보여준다. 특히 왕샤오광, 후안강胡鞍鋼 등 주로 국가주의자로 분류되는[49] 좌파적인 사람들이 중국모델론에 적극적인 반면, 자유주의 시각을 보여주는 지식인들은 비판적인 편이다. 물론 좌파적 입장을 취하면서도 비판적인 사람들이 있는 반면 자유주의자 중에서도 반대하지 않는 인물들이 있기는 하다. 정치, 경제, 문화 전반을 중국모델론과 연결하려는 분위기가 고조되면서 기존의 문화보수주의자들과 신좌파, 그리고 국가주의자들 사이[50]에 친화감이 생성되어가

---

47 汪暉, 〈中國道路的獨特性與普遍性〉, 《上海國資》(2011년 4월 12일). 〈中國崛起的經驗及其面臨的挑戰〉, 국내 논문으로는 장윤미, 〈중국부상과 중국모델론〉(현대중국학회 2011년 춘계학술대회 발표 논문) 참조.

48 기존의 식민적이고 아시아 비하적 오리엔탈리즘처럼 이들의 논의 안에서도 중국과 동아시아의 현실은 결락되어 있다. 이 점에서 이들의 시각을 필자는 좌파-오리엔탈리즘이라고 명한 바 있다(이에 대해서는 조경란, 〈중국의 탈서구중심주의의 딜레마 : '좌파-오리엔탈리즘'과 대안적 근대〉, 은종학 외, 《중국지식의 대외확산과 역류》[학고방, 2015] 참조). 이들은 주로 미국의 대안체제로서의 문명중국에 관심이 있을 뿐 중국 자체의 현실 문제나 중국과 동아시아의 관계에는 관심이 없는 듯하다. 아니, 관심이 없다기보다 이 문제를 생각할 근거나 역량이 없는 것은 아닐까.

49 Joseph Fewsmith, *China since Tiananmen—from Deng Xiaoping to Hu Jintao*—(New York : Cambridge University Press, Second Edition, 2008), p. 141.

50 지금 중국의 정치, 경제 상황에서 국가주의자와 신좌파는(때로는 민족주의자까지도), 주의주장에서 겹치는 면이 적지 않다. 그리고 이들은 상당할 정도의 개인적인 친분을 유지하고 있는

고 있다.

중국모델론을 둘러싼 논의는 매우 복잡하다. 특히 중국의 경제성장이 신자유주의 방식을 따른 결과이기 때문에 이것을 중국모델론으로 정의하기에는 모순적인 요소가 있다는 반론이 나왔다.[51] 그러나 왕후이는 이에 대해 다시 반론을 제기한다. 그는 중국의 경제성장을 신자유주의 자체만으로는 해석할 수 없다고 말한다.[52] 중국이 지금까지 이룬 성과는 신자유주의에 중국이 잘 적응한 결과가 아니라는 것이다. 오히려 그는 그 성과의 요인을 전통적인 경험과 사회주의체제에 의한 자기조절의 결합에서 찾는다. 왕후이는 사회주의 시기에 자립적 국민경제가 형성되지 않았다면 중국의 도시개혁이 이렇게 장족의 발전을 이루지 못했을 것이라고 본다. 즉 1980년대 이후 중국이 실행한 경제조정정책을 막연하게 신자유주의의 범주로 포괄할 수는 없다는 것이다.[53] 왕후이는 오히려 중국 개혁의 위기야말로 신자유주의 정책 유도와 밀접한 관련이 있다고 본다.

일본의 어떤 학자는 왕후이의 이러한 시각에 대해 병근을 중국사회 내부가 아니라 '서구 여러 나라의 개입'이나 '글로벌 자본주의' 같은 '외부'의 존재에서 구한다고 비판한다.[54] 그런 한에서는 출구가 보이지 않기 때문이다. 또한 왕후이의 이런 해석은 중국의 개혁개방 '성과'가 중국사회주의 경험, 그리고 개혁개방 초기 농촌 개혁의 성과와 밀접하게

것으로 알고 있다.

51 당쉐량, 《중국 모델의 혁신》(성균관대출판부, 2012), 36쪽 참조.

52 汪暉, 〈中國道路的獨特性與普遍性〉, 《上海國資》 2011年 4月 12日.

53 汪暉, 《思想空間としての現代中國》, 村田雄二郎 외 옮김(岩波書店, 2006), 서문 참조.

54 梶谷懷, 《日本と中國, '脫近代'の誘惑》(太田出版, 2015), 145쪽.

연관되어 있으며, 더 나아가서는 1990년대에 자신들이 펼친 논쟁도 이런 개혁의 방향에 어느 정도 영향을 주었다는 자평으로 읽힌다.

그러나 자유주의자 중 가장 활동적인 인물 가운데 한 사람인 친후이秦暉는 중국모델론에 매우 비판적이다. 그는 중국모델론이 저임금, 저복리, 저인권에 기초해 있기 때문에, 중국모델론을 주장하는 것은 이 세 요소를 글로벌화하는 것이라고 주장한다.[55] 또 그는 2000년대에 들어선 중국의 개혁방향에 대해서도 그것이 부를 일부에만 집중시키고 격차를 확대시키는 '관제자본주의'라고 비판한다.[56] 우징롄吳敬璉도 만일 중국모델론이 중국 개혁개방 30년의 고도성장을 설명하기 위한 것이라면 그것은 30년 동안의 정치경제의 특성과 무관하지 않다고 주장한다. 그는 중국의 현행 경제체제가 사실상 '반半통제, 반半시장'의 과도적 경제체제이며, 거기에는 새로운 시장경제 요소도 포함되지만 구舊명령경제의 요소가 들어 있다고 본다. 레이이雷頤 또한 신좌파를 겨냥하여 다음과 같이 일갈한다. "중국의 개혁개방이 중요한 이유 중 하나는 바로 국제사회와의 접궤接軌였다. 이에 대해 중국의 신좌파는 일관되게 부정적인 태도를 취해왔다. 그들은 중국이 글로벌한 자본주의체제에 들어간다고 생각했다. 그러면서도 '중국모델'을 주장할 때는 오히려 중국의 30년 동안의 경제 성취를 강조한다. 이는 자기모순이다. 그들은 처음에는 중국 30년의 개혁개방을 부정했지만 지금은 30년 동안의 개혁개방이 '중국

---

55 친후이는 그렇기 때문에 중국은 굴기해야 하지만 '中國模式'은 굴기해서는 안 된다고 주장한다. 秦暉, 〈中國的崛起和"'中國模式'的崛起"〉, 何迪·魯利玲 엮음, 《反思"中國模式"》(社會科學文獻出版社, 2012), 71쪽.

56 吳敬璉, 〈前言 : '中國模式', 還是過渡體制〉, 何迪·魯利玲 엮음, 《反思"中國模式"》(社會科學文獻出版社, 2012), 4~5쪽.

모델'을 만들었다고 강조한다."[57]

신좌파와 자유주의자 양쪽에 일정한 거리를 두고 있는 비판적 지식인 허자오티엔賀照田도 중국모델은 역설적으로 중국 경제의 고도성장과 중앙재정능력의 강화에 따라 뒷받침되고 있다고 비판한다. 그는 이어서 "이러한 모델 아래에서는 경제발전 속도나 중앙재정의 흡수능력이 일단 하강할 경우 중앙의 문제처리 능력도 동시에 감퇴한다. 따라서 '후원신정胡溫新政'의 유효성은 사실 순조로운 발전과 사회에 대한 국가의 과잉 흡수를 전제로 한 것"이라고 지적한다.[58] 사회에 대한 국가의 흡수라는 허자오티엔의 인식에서 그 흡수의 대상에는 지식인도 포함되는 것으로 보인다.

이러한 문제점에도 불구하고 글로벌한 관점에서 중국모델론과 베이징 컨센서스가 제기되고 중국인의 의식 저변을 이루고 있는 유학에 관심을 기울이는 것은 현재의 전 지구적인 경제상황이 위기를 벗어날 가능성이 매우 적어 보인다는 진단에서 비롯된 것이다. 이런 면에서 중국의 신좌파, 즉 왕후이·추이즈위안崔之元·왕샤오광 등이 제도 창신이라는 데 꾸준히 초점을 맞춰 중국의 사회주의와 개혁개방 경험에 주목하고 이를 중국모델론과 연결하는 것은 의미가 있을 수 있다. 이들은 이제 현대 중국의 사유공간이 자신의 경험에 기초한 사유를 만들어내고

---

57 레이이는 "소련과 동유럽이 무너진 뒤 중국에는 중국만이 사회주의를 구할 수 있다고 말하는 사람이 있었다. 그런데 금융위기 이후 중국인 중에는 중국이 사회주의를 구할 수 있을 뿐 아니라 자본주의도 구제할 수 있다고 잘난 척하면서 말하는 사람이 있다"고 비판한 적이 있다. 雷頤, 〈統制經濟在中國具有思想淵源〉, 何迪·魯利玲 엮음, 《反思"中國模式"》(社會科學文獻出版社, 2012), 166~167쪽.

58 賀照田, 〈現代史研究と現在の中國の思想と政治〉, 《中國21》 30호(日本愛知大學, 2009), 245~246쪽 참조.

이론화하여 세계에 발신하는 능동적이고 적극적인 곳이 되어야 한다고 생각하는 것이다.

(2) 중국모델론에 소환된 유학

신좌파 중 현재 중국모델론과 유학을 연결하는 데 가장 적극적인 학자는 간양이다.[59] 그는 최근의 한 글에서 다음과 같이 말했다. "중국도로中國道路[60]의 특징은 본래 다종의 모델[模式]을 포함한다. 그것은 최대의 개방성과 실험성을 띠고 있다. 예를 들어 광둥모델廣東模式·충칭모델重慶模式이 있고 홍콩모델香港模式까지 추가할 수 있으며, 심지어 타이완모델

59 간양의 주장이 과연 현재의 유학담론을 대표할 수 있느냐는 문제가 제기될 수 있다. 이는 유학담론 전체로 보면 타당한 문제 제기다. 그러나 중국모델론이 신좌파 주도로 이루어지고 있고 그중에서도 중국모델론을 유학과 연결하는 데 가장 적극적인 사람이 간양이라는 점에서 그를 비껴갈 수 없다. 그리고 내가 이 글에서 간양의 발언을 많이 인용하는 이유는 그의 논의의 수준과 실현 가능성 이전에 중국 인문학계에서 그가 차지하는 위상 때문이다. 그가 어떤 어젠다를 발표하면 그것이 곧장 중국 인문사회과학계의 논쟁거리가 된다. 이것은 그가 신좌파의 다른 인자들보다 이데올로기라는 장막을 걷어내고 문제를 보는 대담하고 진솔한 눈을 지녔기 때문이기도 할 것이다. 또 그의 논의가 수준이 떨어지는 것 아니냐는 지적에 대해서는 어느 정도 동의하면서도 두 가지 문제를 지적할 수 있겠다. 하나는 중국이든 한국이든 서구이론으로 현란하게 분식한 글이 뭔가 있어 보이는 듯이 느끼는 우리의 주변적 인식과 시각에서 보면 동아시아의 토대에 충실한 투박한 글들은 모두 수준 이하로 보일 수밖에 없다. 다른 하나는 한발 물러나 간양의 논의가 수준이 낮다는 데 동의하더라도 중국을 연구하는 처지에서 그 자체를 중국의 현실로 받아들이고 이들은 왜 이렇게 생각할까, 여기에는 어떤 이유가 있지 않을까라는 가정 아래 이 문제 자체를 연구대상으로 삼아야 한다고 생각한다. 그러나 여하튼 그의 논의는 학문적으로 보면 현실추인적인 요소가 적지 않으며 그런 점에서 지나치게 친국가적이라는 오해를 받을 소지가 다분하다. 이에 대한 비판으로는 조경란, 〈현대 중국의 유학담론과 현대성—複數의 공공성의 발견 가능성?〉 참조.

60 현재 중국의 신좌파 지식인들은 중국모델을 뜻하는 중국모식中國模式이라는 용어를 사용하고 있지만, 이보다는 중국도로中國道路라는 말을 선호한다. 그 이유는 두 가지다. 하나는 이 단어에서 서양의 양화된 사회과학이론의 영향을 부정할 수 없다고 보기 때문이다. 다른 하나는 모델이라는 단어가 복사가 가능하다는 의미를 담고 있기 때문이다. 중국의 신좌파는 중국의 경우를 다른 나라에 적용한다는 것 자체가 불가능하다고 보는 것이다.

臺灣模式까지도 중국모델의 일종이라고 할 수 있을 것이다. 중국은 큰 나라이고 각 지방 사이의 차이가 엄청 크다. 이것은 반드시 강조되어야 한다."[61] 간양에 따르면 중국모델론은 짧은 기간 안에 세 단계를 거쳤다. 첫째, 초기의 중국모델론은 주로 개혁개방 30년 동안의 경제발전을 설명하기 위한 것이었다. 둘째, 그러고 나서 곧바로 전前사회주의 30년과 후後사회주의 30년을 합한 60년을 설명하기 위한 논리가 만들어졌다. 셋째, 60년의 문제는 그 뒤 중화문명의 문제로 변화했다. 따라서 현재 논의의 중점은 결코 30년의 문제, 60년의 문제가 아니다. 이미 그 중점은 중국문명과 서양문명이 정체성에서 얼마나 서로 다른가에 두어져 있다.[62] 이 발언은 그로서는 자신이 내세운 유가사회주의공화국, 즉 신삼통론新三通論이 곧 중국모델론임을 천명한 것이다.

중국모델론은 궁극적으로 중국은 어떤 국가이고 어떤 국가여야 하는가 하는 규범적인 문제 제기로 이어져야 한다고 간양은 주장한다.[63] "중국의 길(중국도로)에 대한 토론은 반드시 중화문명의 아이덴티티를 새롭게 인식하는 것과 결합되어야 한다. 이러한 기초 위에서 '현대화'라는 이 용어는 이제 모두 던져버려도 된다. 당면한 가장 중요한 문제는 바로 중화문명 그 자체를 새롭게 하는 것이다."[64] 좀 투박한 형식이지만

---

61 甘陽, 〈中國道路還是中國模式〉, 《文化縱橫》 2011年 10月, 83쪽.

62 甘陽, 앞의 글, 83쪽.

63 물론 그는 정치적으로는 헌정상 중국공산당 영도 아래 다당합작제와 제도적으로 서로 부합하느냐 아니냐를 말해야 하고, 또 경제적으로는 분배상 상대적으로 평등의 원칙을 보증할 수 있어야 하며, 소유제는 근본문제가 아니라고 말한다. 甘陽, 〈中國道路還是中國模式〉, 《文化縱橫》 2011年 10月, 84쪽.

64 甘陽, 〈中國道路還是中國模式〉, 《文化縱橫》 2011年 10月, 83쪽. 그런데 어떻게 새롭게 할 것인가에 대해서는 구체적인 언급이 없다.

간양은 중국모델론을 유학과 중국(인)의 아이덴티티 형성 문제로 보는데, 이 점이 개혁개방 시기의 중국이 만들어낸 어떤 특수한 정치경제적 유형의 범주 내에서 설명하려는 신좌파의 다른 지식인들과 차별화되는 지점이다.

그런데 여기서 간양이 말한 대로 '현대화'를 던져버려도 되고, 이제 서양에 대응하여 단순히 문화적 정체성을 주장하는 것만으로 근대의 문제가 그렇게 간단히 해소될 수 있을까라는 질문이 제기될 수 있다. 이는 아리프 딜릭Arif Dirlik이 지적한 것처럼 '서양'이 이미 뗄 수 없는 동아시아의 한 부분이 되었기 때문만이 아니라, 그러한 주장들이 새로운 문화적 가면 아래에서 사회적 불의와 억압을 계속 연장하는 데 도움을 줄지 모르기 때문에 지나쳐서는 안 되는 중요한 질문이다.[65] 이는 문명비평이 사회비평과 분리될 때 국가를 포함한 중국사회 내부에 대한 비판을 소실해버리는 불균형을 초래할 수 있다는 뜻이기도 하다.

중국모델론 논의가 질적 전화의 계기를 맞이한 것은 2008년 미국의 금융위기와 베이징올림픽 이후다. 간양은 이를 계기로 좌우를 막론하고 하나의 새로운 공감대가 형성되었다고 본다. 중국 지식인들이 서양모델, 미국모델에 대한 미신에서 벗어나기 시작했다는 것이다. 이것이 간양이 말하는 2차 사상해방의 내용이다. 여기서 중요한 것은 중국이 서방과 미국의 모델에서 해방되었다는 것이다. 그러나 이때 반드시 강조되어야 할 것은 2차 사상해방과 1차 사상해방의 관계다. 만일 1차 사상해방이 없었더라면 2차 사상해방도 불가능했을 것이다.

---

65 아리프 딜릭, 〈역사와 대립되는 문화인가〉, 《발견으로서의 동아시아》(문학과지성사, 2000), 111쪽.

그렇다면 1차 사상해방은 무엇인가. 1차 사상해방의 가장 중요한 성과는 거칠고 단순한 방식으로 서방을 부정 비판해왔던 것에서 해방되어 서방을 대규모적으로 학습하게 되었다는 것이다. 그렇기 때문에 1차 사상해방의 실질은 대규모로 서방을 학습한 것이다. 30년 동안 이루어진 서방 연구는 5·4운동 시기와 비교할 수 없을 만큼 폭넓은데, 이는 중국 유사 이래 처음 있는 일이다. 간양은 이러한 대규모의 서방 학습과 동시에 중국인들이 자신의 실력을 제고하여 서방의 어떤 것이 중국에 유용하고 유용하지 않은지, 서방의 어떤 것이 중국 상황에 맞는지 맞지 않는지를 판단하기 시작했다고 본다.[66]

또 신삼통론 안에서 마오쩌둥의 문혁시대를 과도하게 긍정하고 있다는 문제 제기에 대해서 간양은 다음과 같이 대답한다. "이 문제는 이데올로기의 측면을 배제하고 말할 필요가 있다. 중국이 경제개혁에서 성공을 거뒀는데, 그 원인은 세계의 모든 사회과학이론을 다 동원해도 해석이 안 된다. 1970년대 말부터 1980년대 말까지 서방 학계에서 중국의 개혁과 소련·동유럽의 개혁을 바라보는 다수의 의견은 만일 소련과 동유럽이 성공하지 못하면 중국도 성공할 수 없다는 것이었다. 그러나 중국은 성공했다. 왜인가. 그것은 마오쩌둥과 아주 밀접한 관련이 있다. 마오의 가장 큰 특징은 바로 파괴하는 것이다. 당연히 마오는 파괴와 동시에 중국의 중앙계획경제체제를 완전히 분쇄해버렸다. 중국은 본래 소련식의 중앙계획경제를 본받으려 했다. 그러나 마오는 대약진을 했다. 철저하게 계획경제를 파괴한 것이다. 마오 시대에 대한 평가

---

66 甘陽, 〈當代中国的思想解放〉, 《人文與社會》 2009年 2月; 甘陽, 《文明·國家·大學》(生活·讀書·新知三聯書店, 2012), 125~129쪽.

와 관련하여 어떤 면에서 나는 마오 시대를 부정할 수 없다고 생각한다. 그것은 바로 마오의 평등주의·평균주의 지향 때문인데, 그는 공업화를 농촌에 끌어들이려고 무진 애를 썼다. 비록 대약진은 실패했지만 반드시 이해해야 할 것은 그 뒤 중국의 방향이 그 자체의 독특성을 띠게 되었다는 것을 우리가 알게 되었다는 것이다. 여기서 중요한 것은 왜 소련과 동유럽은 못했는데 오히려 중국은 했는지 그 이유를 찾아낼 수 있는가다. 이것이 내가 생각하는 하나의 사유 방향이다. 이것은 결코 이데올로기에서 출발해 말한 것이 아니고, 문제 그 자체에 대해 어떻게 의문을 푸느냐 하는 측면을 말한 것이다."[67]

간양의 이러한 주장에 대해 중국 지식인사회 일각에서는, 특히 1980~1990년대 간양의 사상적 지향을 아는 사람들 사이에서는 그의 신삼통론이 중국의 현실정치와 모종의 관계가 있지 않을까 하는 의구심을 드러낸다. 이에 대해 간양은 "내 입장과 정부의 입장이 딱 맞는다면 지지 못할 것이 무엇인가"라고 응수한다. 그는 이어서 "현대사회의 지식인들이 아주 경계하는 것은 권력의 노예가 되는 것이다. 그러나 현대사회에서 가장 큰 권력은 반드시 정부라고만 할 수 없으며, 재계이거나 미디어다"라고 대답한다.

그런데 이 대답에는 강력한 문제 제기가 나올 수 있다. 즉 딩쉐량丁學良은 말하기를 중국모델은 서로 교직된 세 가지 하위체계로 설명할 수 있는데, 그것은 정치적으로는 권력(right가 아니라 power)구조와 사회적으로는 사회통제, 경제적으로는 통제된 시장경제로 구성된다고 했다.

---

67 甘陽, 〈當代中國的思想解放〉, 鳳凰衛視 "世紀大講堂" 강의 원고, 《人文與社會》2009年 2月.

중국사회는 이러한 세 축에 따라 움직이는데, 레닌주의에 기초한 일당 집권의 원칙과 사회통제 시스템,[68] 이 두 축은 세 번째 축인 통제된 시장경제의 정치환경과 사회보장인 셈이다. 즉 시장경제로부터 신선한 피와 공기를 흡입해 각종 물질적 자원을 얻는 것이다. 따라서 딩쉐량은 이 세 축 사이의 역동적인 상호융합, 상호의존 과정에서 완벽한 중국모델을 구축했다고 본다.[69]

이런 시각을 견지하는 학자들은 그 밖에도 적지 않은데, 우징롄도 중국경제는 국가 부문state sector이 여전히 자원 배치에서 주도적인 작용을 한다고 보고 있다. 그는 국유경제가 경제활동 총량에서 결코 우세를 차지하지는 않더라도 그것은 여전히 국민경제의 중요한 부분國民經濟的命脈, commending heights을 통제하고 있다고 주장한다.[70] 이러한 주장은 앞에서 정부나 당보다 재계와 미디어가 더 큰 권력을 쥐고 있다고 한 간양의 주장을 무색하게 만든다.

유학의 사유양식과 관련해 간양의 다음 언급도 적지 않은 논란을 불러올 수 있다.

"내 친구 중 경제학자가 있는데, 중국 전통을 매우 싫어한다. 그런데 그는 공자에게는 몹시 고마워한다. 왜냐하면 공자가 없었으면 자기 아들이 효도하지 않았을 것이라고 생각하기 때문이다. 이처럼 생활 속에서 유학이 이렇게 작용하는데도 사람들은 그것을 잘 모르고 있다. 중

---

68 중화인민공화국의 사회통제 시스템은 국가 공식기구에서 독립되어 있지는 않지만 이것을 훨씬 능가한다. 丁學良, 《중국 모델의 혁신》(성균관대출판부, 2012), 82쪽.

69 丁學良, 앞의 책, 78~96쪽 참조.

70 吳敬璉, 〈前言 : '中國模式', 還是過渡體制〉, 何迪·魯利玲 편, 《反思"中國模式"》(社會科學文獻出版社, 2012), 4쪽.

국에 몇천만 명의 해고자가 있었는데, 그때 정부는 돈이 없어 이 문제를 해결할 수 없었다. 그런데도 큰 문제가 발생하지 않았던 이유는 형제자매나 친척이 서로 도왔기 때문이다. 사회적 불만이 폭발하지 않는 까닭은 그것이 꽤 완화되기 때문이다. 완화의 기제가 정부가 아니라 가족관계다. 이것은 유가가 오랜 세월에 걸쳐 형성한 문화관념과 사회구조에 대한 그것의 영향 사이에 큰 관련이 있다는 것을 말해준다. 만일 이것을 분명하게 하지 않으면 사회 전체의 환경 속에서 결락된 고리가 어디에 있는지 알 수 없다. 유가는 이상일 뿐 아니라 현실 속에서 많은 실제적인 작용을 한다. 다만 우리가 그것을 무시할 뿐이다. 가정의 구조, 친척의 구조는 여전히 중국사회에서 매우 관건적인 것이며, 이런 구조가 없으면 중국 경제개혁은 일찍이 양극화되어 많은 문제가 발생했을 것이다."[71]

이 발언은 국가가 감당해야 할 일을 가족이 감당하는 것을 아주 당연한 듯이 여기고 이것을 유학과 연결하고 있다는 점에서 실로 놀라운 주장이라고 할 수 있다. 이는 어떤 면에서 "국가적 동원(경제발전상의 가혹한 내부 모순이 분출되거나 분출되려 하는)을 위해 충효를 그렇게나 강조했던" 박정희 시기 어용학자들의 말을 상기시킨다. 따라서 이 발언은 보기에 따라서는 유학이 친체제적으로 활용된 사례가 될 수도 있을 것이다.

그러나 간양은 사람들이 의식하진 못하지만 유학이 상상 이상으로 현실에 많은 작용을 한다는 점을 강조하려 한 것이다. 그리고 이것을 어

---

71 甘陽, 〈中國道路還是中國模式〉, 《文化縱橫》 2011年 10月, 85쪽.

떻게 이론화할 것인지 고민해야 한다는 것이 간양의 문제의식인 듯하다. 다분히 자신의 '유가사회주의 공화국'을 의식한 발언이며 공리주의적 발상으로 보이긴 하지만, 그럼에도 현실의 중국사회에서 '사유양식으로서의 유학'은 그리 간단한 문제가 아니라는 것을 암시한다.[72]

이와 관련하여 사토 신이치佐藤愼一의 "유학적 제도 아래에서 중국인에게 역사적으로 축적되어온 사고나 행동의 반응 패턴은 거의 무자각적이기 때문에 오히려 유학의 자각적 부정이 행해진 뒤에도 여전히 지속될 가능성이 높다. 5·4와 문혁의 유학 부정을 경험한 뒤에도 의연히 남아 있는 의식이야말로 행동양식의 수준인 것 같다"[73]는 발언은 되새겨볼 필요가 있다. 그리고 간양은 원형 그대로의 유교가 전승傳承되지는 않을지라도 정치이념의 유교적 존재형태는 계승되고 있다는 점[74]을 역설하려 했던 것은 아닐까. 이 문제와 관련하여 중국에서는 정치권력과 일상생활 속의 자아가 어떻게 구성되는지를 꼼꼼히 살펴야 하지만, 앞에서 간양은 유학의 사유양식이 중국에서는 이미 아비투스나 습속이라는 차원을 초월해 있다는 말을 하고 싶었던 것이 아닐까.

중국모델론이 주목받을 수밖에 없는 이유 가운데 중국이라는 규모의 문제를 빼놓을 수가 없다. 중국의 국가규모 자체가 전통과 근대, 개

---

72 그렇더라도 간양에게서 좀 더 강화되었으면 하는 요소는 유가사상을 공화주의적으로 향상했으면 하는 것이다. 즉 유가사상을 내세워 문화적 동질성을 주장하는 것을 넘어 공적 삶에 대한 인공적인 감정으로 나아가야 한다. 공화국은 하나의 정치질서이며 생활방식이고 하나의 문화다. 따라서 유학의 공화주의적 천착이 요구된다. 이에 대해서는 모리치오 비롤리, 《공회주의》, 김경희·김동규 옮김(인간사랑, 2006), 176~182쪽 참조.

73 佐藤愼一, 〈儒教とナショナリズム〉, 《中國—社會と文化》 4호(1989), 35쪽.

74 민두기, 〈전통사상과 현대중국의 이해〉, 《중국근대사론》(지식산업사, 1976), 106~107쪽.

발과 생태, 상품화와 대안적 삶 등의 문제를 동시에 고민하지 않으면 존속이 불가능한데, 현재 세계 자본주의 역시 이러한 전환점에 놓여 있다고 할 수 있다.[75] 이런 상황에서 중국모델론은 중국이라는 대국의 발전에 관한 성찰과 전망으로만 끝나는 것이 아니라 세계 자본주의에 대한 성찰과 전망으로 이어진다. 자유주의자들에게는 2000년대의 이러한 논의들이 하나의 유행에 불과한 것처럼 보일 수도 있지만 문명사적으로는 그렇게만은 볼 수 없는 점들이 있다. 이것이 중국모델론이 우려와 기대를 동시에 받고 있는 이유이기도 하다. 《베이징의 애덤 스미스》의 저자 아리기Giovanni Arrighi가 기대했던 것처럼 중국이 과연 역사적 자본주의의 악순환에서 벗어나 새로운 세계질서의 틀을 만들어낼 수 있는 가능성이 있는가.[76]

나는 물리와 심리 모든 면에서 오리엔탈리즘과 서구 패권이 지배하는 현재의 지식구도가 평등해지기를 희망하며, 그 역사적 소임에서 중국은 자유롭지 않다고 생각한다. 이 점에서 신좌파를 포함해 중국모델론에서 의미를 찾고자 하는 지식인들의 움직임은 역사적인 의의가 있다고 하겠다. 그리고 이는 기존 자본주의적 현대성의 문제점을 지양할 수 있는 대안체제의 등장과도 관련될 수밖에 없다. 이런 점에서 중국의 대안체제 형성은 중국만의 문제가 아니라 세계적인 의미를 획득한다고 할 수 있다.

그러나 그럼에도 이 문제는 낭만적으로 접근해서는 안 된다. "공산주의는 리얼리즘에 의해서가 아니라 아이디얼리즘에 의해서, 유물적

---

75 장윤미, 앞의 논문, 3쪽 참조.
76 조반니 아리기, 《베이징의 애덤 스미스》, 강진아 옮김(길, 2009) 참조.

전망에 의해서가 아니라 정신적 약속에 의해서 진전되었다"[77]는 래스키의 혁명 일반에 대한 통찰을, 상황은 다르지만 중국모델론에 참여하고 있는 지식인들이 다시 한 번 되새겨볼 필요가 있다.

조건과 환경이 아무리 충족된다고 해도 중국모델론 자체에 내적 정당성이 없다면 그것은 적극적인 의미를 얻기 힘들며, 따라서 오래 지속될 수 없다고 본다. 미국의 모델을 극복하기 위한 대안을 찾는 것의 중요성은 아무리 강조해도 지나치지 않지만, 그 대안이 진정한 대안이기 위해서는 중국 내부의 문제 자체에 대안적일 수 있어야 한다. 내부의 대안이 될 수 있다면 당연히 글로벌한 대안이 될 수 있을 것이기 때문이다. 중국 내 다수 인민의 행복과 인권을 방기하고서 외부의 대안이 된다는 것 자체가 난센스다. 안과 밖은 따로 갈 수 없다. 그러므로 나는 앞에서 언급했던 신좌파와는 조금 다른 층위에서 문제를 제기한 친후이나 허자오티엔의 주장에도 귀를 기울이면서 동시에 유학을 어떻게 변혁적으로 재구성할 것인지 고민해야 한다고 생각한다.

5. '비판담론으로서의 유학'의 재건을 위해

공자와 유학이 행복한 시대를 구가하는 것과는 대조적으로 유학담론이 이루어지는 장소인 현재의 중국은 온갖 사회문제로 몸살을 앓고 있다. 빈부격차 문제, 부패문제, 인권문제 등 온갖 문제를 신문지상에

---

77 Harold Joseph Laski, *Communism*(1927), 245쪽 ; 마루야마 마사오, 〈래스키의 러시아혁명관과 그 추이〉, 《현대정치의 사상과 행동》(한길사, 2007), 285쪽에서 재인용.

서 거의 매일 목도할 정도로 중국의 인민 다수는 결코 행복하지 않은 듯하다. 급기야 중국의 비판적 지식인의 입에서 "중국은 전통이 유구하고 사회주의를 경험했는데도 왜 이렇게 가장 문제가 많은 '자본주의' 사회가 되었는가"라는 자조 섞인 질문이 나올 수밖에 없는 상황이 되었다.

자기긍정의 문화이든 문명사적 전환이든 문명제국을 재구축하기 위해 국가의 기획 아래 발견된 것이 유학이고, 이러한 측면을 지식인이 동의하고 분식해주는 역할을 자임하는 것으로 자기 역할을 한정하지 않는다면, 여기서 유학과 관련하여 다른 질문이 필요하다. 물론 근현대 시기 동안 지속적으로 부정되어왔던 유학이 이제 와서 긍정되는 것 자체를 우리가 부정적으로 바라볼 필요는 없을 것이다. 그러나 유학은 분명 근대 시기로 들어오면서 그 효력을 상실했던 역사가 있다. 그렇다면 그것이 왜 쇠락했으며 지금의 중국에서 왜 다시 살아나야 하는지, 현재의 중국이라는 시공간에서 유학이 재맥락화하려면 그 조건을 다시 물을 필요가 있다. 그리고 이 물음에 대해 답을 궁구할 때는 앞의 비판적 지식인의 문제의식이 들어 있어야 한다.

결론에서는 서론에서 말한 '비판담론으로서의 유학'을 재생하기 위한 최소한의 조건을 제시하고 과제를 제안하는 것으로 갈무리하려 한다.

첫째, 지금 유학이 부흥하는 상황에서는 그것이 쇠락했던 원인과 비판받았던 원인을 엄중하게 따져 물어야 한다. 왜냐하면 쇠락은 부흥의 원인과 배경이 되었을 수도 있기 때문이다. 또한 쇠락한 원인이 유학 외부에만 있는 것이 아니라 유학 자체의 내인과 외인이 상호작용한 결과라고 가정한다면, 그 내인과 외인을 탐구하는 것은 부흥 원인을 탐구하는 데도 적지 않은 시사점을 줄 것이기 때문이다. 따라서 비판이든 선양이든, 쇠락이든 부흥이든, 그 이유를 모두 정치적인 것에서만 구하는 것은 타당하지 않다. 즉 근대 시기 유학이 해체된 이유가 단순히 외인에 따른 것인지 아니면 그 자체 내용과 구조에서 비롯된 것인지, 또는 양자의 상호작용에 따른 것인지 세밀하고 귀납적으로 검토해봐야 한다는 뜻이다.[78] 이는 서양에서 후기구조주의자들이 근대적 거대 담론이 안고 있는 현실 은폐체계를 폭로함으로써 자기 해체의 과정을 겪어온 것과 달리 전근대 시기의 유학은 자기 해체의 과정을 '자발적으로' 경험하지 못했기 때문에라도 반드시 필요한 작업이다.

둘째, 중국에서 유학을 재담론화하여 거기에서 어떤 새로운 가치를 창출하려 한다면 유학을 전면적으로 비판했던 신문화운동의 유학 비판과 어떻게 연결할 것인가 하는 문제, 그리고 사회주의 시기 유학이 타자화하는 과정, 특히 문화대혁명 시기에서 벌어진 일련의 문제들은 반드시 짚고 넘어가야 한다. 사회주의 시기의 사상개조운동과 반우파투쟁, 대약진운동, 문화대혁명에 관한 가공할 진실을 다룬 적지 않은 연구 논문들은 사회주의 시기에 포함과 배제의 기준이 매우 자의적이고 부자연스럽게 이루어져왔다는 것을 여러 층위에서 말해주고 있다.[79] 유학과 지식인이 부정된 것도 긍정되는 것도 같은 정권 아래에서 일어나는 일이라는 점을 의식할 때, 당분간은 그 역사를 청산하기가 쉽지 않으리라

78 이에 대한 자세한 논의는 劉擎, 〈儒家復興与現代政治〉, http://www.aisixiang.com/data/56401.html(검색일 2016년 6월 8일) 참조. 그런데 지식인들이 쇠락과 부흥을 받아들이는 방식에는 일종의 '역설'적 교훈이 들어 있다. 예를 들어 앞의 2장에서 말한 중국 근대 초기의 리다자오와 지금의 장쉬둥의 '자각'에 대한 접근방식은 너무 다르다.

79 裵毅然, 〈自解佩劍：反右前知識分子的陷落〉, 《二十一世紀》 2007年 8月號. 같은 호에 실린 王思睿, 〈'主動右派'中的修正主義者〉; 林蘊暉, 〈高幹右派：反右中的黨內'戰場'〉; 王友琴, 〈從受難者看反右和文革的關聯：以北京大學爲例〉 등 참조.

는 점을 고려하더라도, 상식을 갖춘 중국인이라면 유학을 타자화했던 '과거에 대한 이의제기' 없이 유학이 부흥하고 있는 현실을 선뜻 받아들이기가 쉽지 않을 것이다.

앞의 두 항목이 선행 작업이라고 한다면, 다음으로 '비판담론으로서의 유학'이 재구성되기 위한 조건과 방법을 생각해봐야 한다. 이를 위해서는 유학이 체제 이데올로기가 되기 이전 공자의 선진유학으로 돌아가 그것이 포함하고 있는 양가성에 주목해볼 필요가 있다. 오늘날 중국의 맥락에서 유학을 개혁적으로 재해석하는 것이다. 유학을 국가와 자본과 분리해 이것들을 견제하고 비판함으로써 기득권을 제한하는 사회이념, 21세기적 대동사상으로 거듭나게 하는 것이다. 이는 전통 시기 사 계층이 망천하亡天下와 망국亡國을 분리해서 인식했던 접근방식과도 관련이 있다. 즉 천하를 문화적 주체로 삼는 중국적 질서를 강력하게 환기하는 것이다. 그랬을 때 오히려 유학은 비판담론으로서 꾸준한 생명력을 유지할 수 있다.

그 사례로 신영복의 《강의》를 생각해볼 수 있다. 그는 《논어》를 인간관계론의 보고寶庫로 바라본다. 공자가 인간관계를 근본적으로 변혁하려 했다는 것이다. 이 점에서 신영복은 《논어》를 《자본론》에 버금가는 혁명서로 다룬다. 또 하나의 사례로 이우재의 《이우재의 논어 읽기》가 있다. 이 책에서 저자는 공자를 당시 상황에서 백성을 위한 정치를 내세우고, 새로운 기준에 따른 신분질서를 세우려 했던 개혁적인 사상가로 조명한다.[80] 이와 비교하여 앞에서 말한 위단의 《논어심득》은 우

---

80 성태용, 〈차분한 논어 읽기, 튀는 논어 읽기〉, 《창작과비평》 2001년 봄호, 391쪽. 이상적인 정치에 의한 이상사회 실현이라는 측면은 유교의 가장 근본적인 관심 가운데 하나다. 이는 통치를

선 '탈정치화한 인문주의'라는 점에서 비판성이 탈각되어 있다. 위단에 따르면 개인의 행복과 불행은 순전히 너와 나, 즉 개인이 마음먹기에 달려 있으며 사회관계나 공동체의 성격과는 무관하다.

마지막으로, 유학담론 주체들은 유학의 '절대적 보편성의 와해'가 역설적으로 '보편화의 진전 가능성'을 열었던 역사적 경험을 다시금 상기할 필요가 있다. 예를 들어 중국의 한대 유학은 1차적으로 수당隨唐을 거치면서 도가와 불교에 위기의식을 느끼자, 그에 대응하여 송대의 신유학neo-Confucianism으로 개선된 것이다. 근대 시기의 신유학은 서양의 침략이라는 공전의 위기를 맞아 서양철학을 참고해 유학의 현대화를 추구한 결과 탄생한 것이다. 송대의 주자학과 근대 초기의 신유학은 모두 위기를 타개하기 위한 것이었다는 점에서 보편성의 확대는 어떤 역사적 위기를 만났을 때 이루어진다는 사례를 보여준다.

이에 견주어 지금의 중국에서 유학은 서론에서 말한 것처럼 서세동점 이래 가장 행복한 시대를 맞고 있다. 중국의 경제성장과 미국의 금융위기라는 객관적 조건과 계기는 그 어느 때보다 현재의 유학과 지식인에게 자기중심성을 재구축하라고 유혹하고 있다. 이러한 조건과 계기는 유학담론을 활성화하는 좋은 조건을 만들어주었지만, 반대로 유학 자체의 내용과 구조를 풍부하게 하는 데는 부정적으로 작용할 가능성이 크다. 왜냐하면 지금 중국에서 유학은 오히려 국가권력과 지식인의 비호 아래 (이론적인 측면에서) 패권적으로 발전될 소지가 적지 않기

담당할 사 계층이 감당해야 할 몫이고, 따라서 수기修己와 치인治人은 불가분의 관계를 맺고 있으며 어느 한쪽이 우선권을 가질 수 없다. 성태용, 〈원시유교의 이상사회론을 보는 오늘의 시각〉, 《정신문화연구》 1986년 여름호 참조.

때문이다. 결과적으로 중국 지식인들이 좋아하는 '왕도王道', 즉 보편성을 축소할 개연성은 그만큼 커졌다고 할 수 있다. 송대와 근대 초기에는 '유학의 현대화'를 추구했다면, 지금은 '현대의 유학화'를 의도하고 있다고 할 수 있다. 전자는 자기 개혁을 통해 '보편화의 진전 가능성'을 확보하려 한 데 반해, 후자는 자기 긍정을 통한 '절대적 보편성의 확장'으로 나아갈 가능성이 크다고 할 수 있다.

유학담론이 '현학顯學'이 되었다고 하지만 현재 중국의 상황에서 무엇보다 중요한 것은 지식인 자신은 물론 유학의 역할에 대해서도 그 한계를 정확히 직시하는 것이다. 그것은 지식환경이 변화했다는 차원만을 말하는 것이 아니라 담론 주체의 타자의식과 관련된 것이다. 자기 의견을 공식적으로 낼 수 없는 계층, 소리 없는 의견이 유학담론과 지식인을 어떻게 생각할지를 의식해야 한다는 뜻이다. 지식인들만의 유학도 아니며 유학만의 중국도 아니기 때문이다.

2장

중국의 유학담론과 복수複數의 공공성

—

문혁 시기 비림비공의 유학과 현재의 유학

1. 왜 '복수의 공공성'인가

1990년대만 해도 유학은 문화보수주의자들의 전유물이었으며 다른 유파들의 적극적인 관심 대상이 아니었다. 그러다가 2000년대로 들어오면서 유학은 유파를 막론하고 거의 모든 지식인의 관심 대상이 되었다. 중국의 거의 모든 지식인들이 자기 사상을 구상하는 데서 이제 유학이 기본이 되어야 한다고 생각하게 된 것이다. 100년 전에는 유학을 비판하지 않으면 시대에 뒤떨어지는 것으로 빈축을 샀지만, 이제는 유학을 비판하면 시대에 뒤떨어지는 것으로 여겨지고 있다. 좌우를 불문하고 사상계가 유학을 자기 사상의 '공통배경共同底色'으로 삼은 것인데, 혹자는 만일 이러한 상황이 지속된다면 앞으로 유학좌파, 유학우파 또는 유가적 마오파, 유가적 자유주의파라는 용어가 출현하리라 예견하기도 한다.[1]

2000년대에 유학이 붐을 일으킨 현상의 배경에는 2003년을 전후하여 나온 후진타오 정부의 조화사회론, 2008년 미국의 금융위기, 그리고 베이징올림픽의 성공적 개최라는 일련의 정치·경제 정책과 집단 경험이 존재한다. 물론 더 깊은 배면에는 유학을 바탕으로 한 '계급중국'에서 '문명중국'으로의 전환이라는 거대한 국가 기획이 깔려 있을 가

1 秋風, 〈文化强國, 除了復興儒家別無它路〉, http://www.aisixiang.com/data/60221.html(검색일 2013년 2월 26일).

능성이 높다. 유학 부흥 현상이 일어난 구체적인 배경은 다음과 같다.

첫째, 중국정부는 이제 마르크스주의 이데올로기로는 더 이상 국가 통합은 물론 국가 지배의 정당성을 보장할 수 없다고 여기게 되었다. 사회주의 시기 중국에서 국가의 정통성은 마르크스주의 이데올로기에 따라 유지되어왔다. 그러나 개혁개방 이후 중국정부는 사회 통합을 위해 사회주의 이데올로기에만 호소하는 것이 한계에 다다르면서 국가 정통성의 기초를 변화시켜야 했다. 여기서 국가에 의해 '발견된' 것이 바로 유학이다. 이제 유학은 제국의 내러티브로서 중국정부의 주목 대상이 되었으며, 국가 정당성의 근간으로 자리매김해가는 중이다. 청말 유학의 천하관이 근대적 민족주의 형성에 장애가 된다는 이유로 부정의 대상이었다면, 국가 정통성의 기초를 다시금 마련해야 하는 포스트 사회주의 시기인 지금에 와서는 똑같은 이유로 긍정의 대상이 되고 있는 것이다.

둘째, 이미 세계 경제대국이 된 중국은 이제 일반 인민의 차원에서도 자기 문화유산을 긍정할 차례가 되었다. 유학열풍 현상에는 무엇보다도 중국의 경제성장이라는, 공전의 변화된 배경이 깔려 있다는 점을 주시해야 한다. 유학열풍을 1990년대 이후 중국경제의 발전에 따른 전 민족적 자신감과 문화적 자신감의 반영이며 민족정신과 윤리도덕의 재건을 향한 민중의 강렬한 요구라고 해석하는 천라이陳來의 말은 틀리지 않는다.[2] 중국에서는 근현대 100년 동안 공자와 유학의 부침浮沈 현상이 극심한 가운데 전체적으로 반反유학의 역사, 자기부정의 역사를 경험했

2 陳來, 〈孔子與當代中國〉, 《讀書》 2007年 11月, 16쪽.

는데[3] 이제 일반 인민의 차원에서도 자기 문화를 긍정할 차례가 된 것이다.

셋째, 세계 자본주의의 총체적 위기가 점점 가속화하는 가운데 중국 지식인이 전통적으로 지니고 있던 구세의식이 재현再現되었다. 서양 모델이 생명을 다해가고 있는 지금, 다시 제국으로 부상하고 있는 중국이 새로운 문명 패러다임을 구상해야 한다고 생각하는 것은 어찌 보면 당연할 수 있다. 이는 중국의 다수 지식인들에게 문명사적 전환이라는 발상과 연결되어 '중국모델론'에 집중하게 만들었다.[4] 2008년 미국의 금융위기와 베이징올림픽은 이런 발상을 굳히는 계기를 제공해주었다고 할 수 있다.

이처럼 크게는 경제성장을 배경으로 유학은 다시 주목의 대상이 되었다. 어떤 면에서 보면 중국의 경제성장은 동서양을 둘러싼 논의의 지평을 고르게 하는 역할을 했다고 할 수 있다. 그리고 경제성장을 바탕으로 100년 동안 부정되어왔던 유학이 긍정되는 것 자체를 부정적으로 바라볼 필요는 없는 것 같다. 중국에서 유학이 거론되는 맥락은 자기부정에서 자기긍정으로의 전환이라는 것 자체만으로도 중대한 의미가 있을 수 있다. 왜냐하면 그 전환 속에는 오리엔탈리즘에 의해 주조되어온

---

3 이런 점에서 보면 장제스의 국민당이 유교의 통제적 성격을 이용해 권력 강화를 기도한 것은 중국 근현대사 전체로 보면 오히려 예외적인 일이라 하겠다. 민두기, 〈중공에 있어서의 공자비판과 진시황의 재평가〉, 《중국근대사론 I》(지식산업사, 1976), 234~235쪽 참조.

4 이 문제와 관련해서는 서양의 좌파들이 미국 자본주의의 문제점을 중국에 투사하는 방식으로 사유하면서 문명사적 전환을 말하고 있으며, 이러한 움직임이 중국 내 문명론자들의 입지를 강화해주는 측면이 없지 않다고 본다. 그러나 문명비판은 반드시 현재의 중국사회에 대한 사회비판과 함께할 때만이 그 허구성을 벗어날 수 있다. 이에 대해서는 조경란, 〈중국의 지식(인)은 대안이 될 수 있을까〉, 《현대 중국 지식인 지도—신좌파·자유주의·신유가》(글항아리, 2013) 참조.

'자기 오리엔탈리즘'에 대한 비판적 재인식이라는 의미가 들어 있을 수 있기 때문이다.

그러나 이것만으로 유학을 소환하는 필요·충분조건이 될 수 있을까. 더구나 일부 지식인들이 중국모델론 안에 유학을 포함시키고 그것을 서구적 근대의 대안으로 삼고자 한다면 여기서 한발 더 나아간 질문이 필요하다. 자기긍정의 문화든 문명사적 전환이든 문명제국을 재구축하기 위해 국가의 기획 아래 '발견'된 것이 유학이고, 이러한 측면을 지식인이 동의하고 분식해주는 역할을 자임하는 것으로 자기 역할을 한정하지 않는다면 중국의 지식인들은 여기서 유학과 관련하여 좀 더 진전된 질문을 해야 한다. 즉 중국에서 유학을 왜 소환해야 하는지, 유학을 토대로 무엇을 할 것인지, 그리고 어떻게 할 것인지를 따져 물어야 한다.

물론 중국의 지식인들이 이런 질문을 전혀 하지 않은 것은 아니다. 그러나 경제가 예상외로 급속히 성장하면서 중국 지식인들은 현실적으로 이런 질문과 토론을 소화할 여유가 없을 뿐 아니라 그럴 필요성을 점점 느끼지 못하는 것 같다. 사실 중국에서 유학과 관련된 미래 구상은 벌써 아주 다양한 형태로 나타나고 있으며, 앞으로도 계속 그럴 것이다. 예컨대 장칭蔣慶의 정교합일의 유교국가 건립, 간양甘陽의 통삼통通三統, 치우펑秋風의 유가헌정주의와 자유주의 유가 등 앞에서 말한 것처럼 이제 지식인 사이에서 유파와 관계없이 자기 사상을 유학을 근간으로 재구성하려는 움직임이 유행처럼 번지고 있다.

현재의 유가담론은 경제성장을 배경으로 나왔으며, 실제로 유학은 '중국모델론'을 구성하는 하나의 부분으로 경제성장의 분식에 동원되는 측면이 강하게 읽히고 있다. 그러다 보니 유학은 다양한 해석 가능성을 안고 있는 복수의 유학이기보다 다시 체제유학으로 변질할 가능성이 농후하다고 할 수 있다. 특히 중국모델론이 중국정부의 지지를 받으면서 그것이 담론공간에서는 다른 의견을 억압하는 기제로 작동할 가능성이 점점 커지고 있다. 이러한 기제는 결과적으로 유학담론의 성격을 동일화하는 방향으로 몰아갈 소지를 안고 있다. 현재의 이러한 유학담론에서는 강도는 조금 다르지만 문화대혁명 시기 '비림비공批林批孔'에서 나타났던 유학 비판과 비슷한 형태의 상황적 동일성이 오버랩되고 있다.

이에 이 글은 위와 같은 생각을 토대로 '복수plurality의 공공성'을 키워드로 하여 유학담론 주체들의 태도를 문제 삼으려 한다. 여기서 필자의 우려와 관심은, 문혁 시기 비림비공에서 학문이 정치에 종속되는 형태로 진행되었다고 했을 때, 사후에 그러한 학문 행태가 자각적으로 비판되지 않는다면 언제 또다시 그때와 비슷한 사태가 재현될지도 모른다는 데 있다.

현재의 유가담론은 많은 부분 문혁 시기의 비림비공식의 권위주의적 획일주의에 따라 복수성이 허용되지 않는 동일성의 지반 위에 자본주의적 획일주의가 수용되면서 이전의 획일성이 한층 강화되는 형태로 진행되고 있다고 할 수 있다. 따라서 앞으로 유학담론이 타자성과 윤리성에 의해 견제받지 않는다면 본의 아니게 다른 의견을 배제하고 주변화를 유도할 가능성이 있다. 구체적으로 말하면 현재 지식인의 담론에서도 다시 한 번 다른 의견이 묵살될 가능성이 짙다는 것, 또한 자기 목소리를 낼 수 없는 계층 — 민과 夷(소수민족) — 의 의견이 근본적으로

누락될 가능성이 있다는 점이다.[5]

여기서 복수의 공공성이란 한나 아렌트에게서 빌려온 개념이다. 공동체와 비교했을 때 공공성은 균질한 가치로 채워진 공간이 아니다. 공공성은 복수의 가치, 의견 '사이'에서 생성되는 공간인데, 거꾸로 말하면 그러한 '사이'가 상실되는 곳에서는 공공성이 성립되지 않는다. 따라서 공공성은 어떤 동일성identity이 제패하는 공간이 아니라 차이를 조건으로 하는 담론의 공간이다.[6] 이러한 담론의 공간은 가치 대립의 계기를 저버리지 않기 때문에 다의적 공간이 될 수 있다. 따라서 동화와 배제의 기제가 작동되는 닫힌 공간이 아니다.

필자가 이 장에서 복수의 공공성이라는 개념으로써 중국 유학담론의 조건과 태도를 문제 삼으려는 이유는 중국에서 일단 '주류'가 되면 유력한 이론이 되어 비판이 허용되지 않았던 문혁 시기의 역사적 전례가 있고,[7] 지금도 독립된 '지식공동체'가 성립되지 않았다는 상황인식과도 관련이 있다. 또 유학이 현대사회에서 사회윤리로서가 아니라 체제와 결합되었을 때 극권체제의 독재성을 강화하는 쪽으로 작용할 가능성을 배제할 수 없다고 보기 때문이다.[8]

이 장은 유학을 중심으로 한 중국의 정치질서와 사회질서를 새로이 구성하고자 한다면 정체성과 역사성, 그리고 윤리성의 문제를 그 태

5 쑨리핑은 중국사회를 다원사회가 아닌 단절[斷裂]된 사회로 표현한다. 쑨리핑, 《단절》, 김창경 옮김(산지니, 2007), 32~35쪽 참조. 여기서 단절은 계층 간의 격차에 따른 단절을 의미한다.

6 사이토 준이치, 《민주적 공공성》, 윤대석 외 옮김(이음, 2009), 27~29쪽 참조.

7 문혁 시기 학문이 정치에 종속됐던 것을 예외적인 사태로 봐서는 안 된다. 그렇게 되면 누구의 책임도 아니게 되며, 성찰 자체가 성립되지도 않기 때문이다.

8 幹春松, 〈知識, 制度和儒家在現代社會中的生命力〉(陳壁生과의 對話錄), 《制度儒學》(上海人民出版社, 2006), 322쪽.

도의 문제와 심각하게 고려해야 한다고 주장한다. 그 토대 위에서 현재의 유학담론과 문혁 시기 담론의 문제점을 살펴보되, 문혁 시기의 유학 비판에서 복수성의 결여가 성찰적 담론화의 과정을 거치지 않음으로써 현재의 유학담론에 어떤 문제점을 발생시킬 수 있는지를 합리적 우려의 차원에서 서술하고자 한다.

2. 유학 불러오기에서의 정체성, 역사성, 윤리성

유학담론 주체들이 전통 사상을 현대사회에 가져오려 할 때는 어떤 요소들에 주목해야 하며 그 이유는 무엇인지, 그리고 어떻게 소환할 것인지를 근원적으로 물어야 한다. 전통 불러오기에서 또 다른 자기중심성과 동일성의 재구축에 목적을 두는 것이 아니라 그 기존의 동일성을 해체하고 '윤리적' 새로움을 궁구하는 데 있다고 한다면, 그 자체로 복수의 공공성에 의미를 부여하고 있는 셈이다. 왜냐하면 복수의 공공성은 기존에 통용되어온 합의를 비판적으로 해체하고자 하는 곳에서 성립하기 때문이다. 여기서 윤리적 새로움이란 반드시 유학에 없는 것을 외부에서 가져와야 한다는 의미도 있지만, 또한 기존에 있는 것을 새롭게 해석하는 과정에서 발견되는 것일 수도 있다.

복수의 공공성 시각을 바탕으로 유학담론의 태도를 문제 삼기 위해서는 기존의 전통 소환방식과 그 문제점을 먼저 거론해야 한다. 전통의 소환과 관련해 전통 중에서 어떤 것을 소환하느냐도 중요하지만 어떤 방식으로 소환하느냐 하는 문제도 그에 못지않게 중요하다. 유학담론을 주도하는 지식인들이 전통을 소환하려는 경우 암묵적으로 정태적인 문화정체성을 전제하기 때문이다. 그렇기 때문에 전통을 소환하되 결과의 불확실성까지를 예상한 해체와 재구성을 감당할 마음의 준비가 되어 있는지가 매우 중요하다. 이런 태도 자체가 복수의 공공성과 통하며, 실제로 다른 의견이나 중국 내부의 주변과의 소통 문제와도 관련이 있다.

전통의 소환방식에서 근대성의 대안이 될 만하다고 하여 전통이라는 바다로부터 어떤 개념을 무작위로 맥락 없이 가져오기만 하면 된다는 식의 단순한 접근법은 재고해야 한다. 예컨대 인정, 화和 개념, 민본주의, 인정, 도통, 천리, 대동 등등 이른바 유학에서 중요한 핵심 개념을 맥락 없이 가져와 서양의 것을 초월할 수 있다고 주장하는 방식은 문화본질주의에 빠지기 십상이다. 물론 이러한 방식이 전혀 가치가 없는 것은 아니다. 그러나 이런 방식을 받아들인다 해도 이들 개념이 현대성의 문제점을 극복한 논리인지를 어떻게 증명한단 말인가. 근대성의 정치논리가 정치규범을 정초하기 위해 인간의 본원적 속성(이성, 덕치, 보편화의 원리)에 근거해왔다면[9] 이러한 전통 개념들은 오히려 근대성의 논리에 가깝다고 봐야 하지 않을까.

설사 이것을 해석의 문제라고 치자. 유학을 오리엔탈리즘을 벗겨내고 순수하게 보는 작업은 유학을 연구하는 과정에서는 필요하지만 "어떤 이데올로기든 특정한 현실이라는 장에서 검증하는 절차를 거치지 않고 사회적 문맥을 빼버린 채 사상의 역사적 진화나 발전을 도식화하

9 홍성민, 《문화와 아비투스》(나남, 2000), 223~224쪽.

는 것"은 비역사적이기 때문에 일정한 위험성을 수반한다. 더욱이 중국의 역사에서 천리나 대동 같은 개념들은 야누스적인 성격을 보여주었다. 이것이 담지한 평등사상 때문에 사회개혁의 논리로 동원될 수 있지만, 때에 따라서는 같은 평등의 사상이 동일성을 강화하는 논리로, 또는 억압의 논리로도 사용된 전례가 있다.

따라서 중국에서의 유학담론을 대안담론으로 취급하려 할 때 서구의 근대를 송두리째 부정하는 태도나 중국과 동아시아의 전통은 모두 근대성을 탈각한 것으로 보는 견해는 낭만적인 반근대주의로 함몰되기 십상이다. 중국학 또는 동아시아학을 하는 데서 서양중심주의를 극복한다는 명분 아래 중국중심주의로 빠지는 것은 십중팔구 문화본질주의에서 벗어나지 못한 데서 비롯된 경우가 적지 않다. 이러한 문화본질주의에 입각한 중국론이나 동아시아론은 긴장성과 균형감을 갖춘 학문이기보다는 하나의 믿음의 단계로 진입한 경우가 허다하다.[10]

이런 측면에서 중국의 문화정체성을 논의할 때는 신중한 태도를 취해야 한다. 이는 쇠락했던 유학을 왜 다시 살려야 하는가 하는 질문과 매우 깊은 상관관계가 있다. 그리고 이는 또한 유학을 다시 어떻게 살려야 하는 문제로 연결된다. 물론 여기에서 '유학이 중국문화의 근본'이기 때문에 '정통의 지위'를 회복해야 한다는 것[11]이 현재 유학담론 주체들

---

10 '방법으로서의 중국'이나 '방법으로서의 아시아'는 물론이고 '실체로서의 중국'이나 '실체로서의 아시아'로 접근하고자 할 때도 동과 서, 이론과 실천 사이에서 긴장과 균형을 유지할 수 있는 학문적 시야가 필요하다.

11 장칭도《政治儒學》(生活·讀書·新知 三聯書店, 2003)에서 이 점을 기본 전제로 하고 있으며, 최근에는 츄펑秋風이 이런 문화본질주의적 시각을 아주 강하게 내보이고 있다. 〈文化强國, 除了復興儒家別無它路〉, http://www.aisixiang.com/data/60221.html(검색일 2013년 8월 5일).

대부분이 암묵적으로 전제하는 사항이다.

그러나 '중국이란 무엇인가'라고 했을 때 과연 그렇게 간단히 '유학이라는 하나의 동일한 문화'로 정체성화할 수 있을까. 이는 얼핏 명백해 보이지만 학문적으로는 기나긴 토론을 요하는 문제다. 왜냐하면 유학은 중국문화에서 꽤 중요한 부분을 차지하지만 정통 지위를 차지하는 것은 아니기 때문이다. 더구나 문화 전통의 본질은 영원히 불변하는 것이 아니다. 어떤 문화도 중심과 주변, 정통과 이단, 통일성과 다양성, 내부와 외부, 연속과 단절 등 내재적 텐션tension을 포함하고 있다.[12]

이제 닫힌 소공동체가 아니라 열린 공동체의 재구성을 염두에 둔 유학담론이라면 맹자의 소공동체뿐만 아니라 양주와 묵적이 주장하는 '개인주의'와 '겸애주의'를 받아들여야 한다. 앞에서 말한 것처럼 열려진 공동체는 정통과 이단, 내부와 외부 사이의 텐션이라는 기본조건 속에서 존재해야 하기 때문이다. 따라서 중국문화의 근본을 유가에 귀속시킨다면 이것은 일종의 문화본질주의적 오류를 범하는 것이다.

스튜어트 홀에 따르면 정체성은 우리를 둘러싼 문화체계 속에서 재현되거나 다루어지는 방식과 관련하여 형성되고 끊임없이 변형되는 것이다. 그것은 생물학적으로 정의되는 것이 아니라 역사적으로 정의된다. 스튜어트 홀은 완전히 통합되고, 완성되어 있고, 확실하고 일관된 정체성이란 환상이라고 본다.[13] 그렇다면 문화정체성이 위기, 탈구, 파편화하고 있는 시대에 유학 논의의 합리적인 형태는 어떤 식으로 가능

---

12 劉擎, 〈儒學復興與現代政治〉, http://www.aisixiang.com/data/56401.html(검색일 2013년 8월 5일).

13 스튜어트 홀, 〈문화적 정체성의 문제〉, 《모더니티의 미래》(현실문화연구, 2000), 325쪽.

할까.

문화본질주의에 빠지지 않는 방식으로 유학담론을 펼치고자 한다면 거기에는 역사성과 복수성이라는 계기가 들어가야 한다. 그리고 그 담론 안에는 현실의 문제와 그 현실을 규정하는 가장 가까운 역사적 사건에 대한 비판이라는 계기가 들어 있어야 한다. 이 점에서 담론은 현실과 역사에서 결코 자유롭지 않다.

현재 유학담론의 태도와 관련해서 보면 가장 가깝게는 문혁 시기 비림비공에서 나타났던 유학 비판의 문제점을 그냥 지나칠 수 없다. 그것을 어떻게 처리할 것이냐에 대한 비판적 시각이 없다면 지금의 유학담론 과정과 결과에서 열린 공공성으로서의 복수의 공공성을 기대하기는 힘들다고 본다. 유학에 대해 하나의 관점만을 허용했던 문혁 시기 비림비공의 유산이 사유의 방식, 또는 아비투스의 측면에서 성찰적으로 극복되지 않는다면 담론상에서 획일주의가 다시 나타나지 말라는 법이 없기 때문이다. 오늘날 중국의 일부 지식인들 사이에서 '다른 의견'을 내는 데 불편함을 느낀다는 발언이 나오고 있는 상황[14]을 고려할 때 이 문제는 쉬이 넘길 일이 아니다. 복수의 가치가 상실되는 곳에서는 열린 공공성이 성립될 수 없기 때문이다.

어떤 새로운 규범을 만들어가는 데서 역사성과 복수성複數性에 근거할 때 자의성에 제약을 가할 수 있다. 그리고 자의성이 제약된 공공적 구상력에 의해서만 제대로 된 새로운 정치 차원을 회복할 수 있다.[15] 역사성을 바탕으로 규범과 언어를 보는 것은 이것들이 근원적으로 복수

14 劉擎, 〈誰在乎西方模式〉, 《新世紀》 2011年 第19期.

15 中島隆博, 《惡の哲學》(筑摩書房, 2012), 196~197쪽.

성을 지녔다는 점을 승인하는 것이기도 하다.

3. 권력과 소비사회 —'단수의 공공성', 문혁 시기 비림비공의 유학담론

중국의 자본주의적 개혁개방은 극단적으로 말하면 '전체주의' 위에 소비사회의 획일주의가 더해진 격이다. 단순화하자면, 문혁 시기의 권위주의적 획일주의에 따라 복수성이 허용되지 않는 동일성의 지반 위에 소비사회의 획일주의가 수용되면서 이전의 획일성이 좀 더 강화되었다고 볼 수 있다. 권력과 자본이 결합하면서 다른 의견이 존재할 밖의 공간이 없어진 것이다. 세계를 하나의 관점으로만 설명하는 전체주의 이데올로기가 복수성을 파괴하는 것은 두말할 나위도 없다.

그런데《인간의 조건》에서 한나 아렌트가 지적한 바와 같이 전체주의와 함께 현대 사회에서 더 문제가 되는 것은 소비사회의 획일주의다. 절대적인 이데올로기의 균일화는 그래도 복수성의 여지를 남겨놓는다. 거기에서 복수성이 사라지는 것은 권력에 의한 것이기 때문에 비자발적인 측면이 있다. 따라서 권력이 약해지면 복수성은 어느 정도 회복될 여지가 있다.

그러나 소비사회의 획일주의는 다르다. 거기에서는 공통세계 자체에 대한 관심이 사라지고 그에 대한 판단을 회피하는 냉소주의가 관점의 축소를 초래한다.[16] 게다가 아렌트가 말한 것처럼 소비사회에서 획일주의는 대중을 결집시키고 관계시키고 분리시키는 힘을 잃었다. 공공생활이 약해지고 공통적으로 연결되어 있다는 느낌이 희미해질 때, 우리는 전체주의적 해법을 제시하는 대중정치에 빠질 위험이 높다.[17] 중국의 경우 국가가 자본과 결합하여 근대화를 성공시켜야 하는 조건에서, 국가는 유학에 그 이론적 분식의 한 축을 당당해줄 것을 요구한다.

그렇다면 문혁 시기 비림비공에서 유학은 어떤 식으로 다루어졌을까. 비림비공 운동과 현재의 유학담론을 떠올려보면 유비되는 점이 적지 않다. 비판과 부흥이라는 방향에서는 전혀 반대인 듯하지만 복수성의 부재라는 측면에서는 동일하다. 비림비공 운동은 린뱌오林彪 사건으로 인해 마오쩌둥의 권위가 흔들리면서 린뱌오를 공자와 연결해 비판한 운동이다. 물론 비림비공의 목적은 살아 있는 저우언라이周恩來를 비판하기 위한 것이었다는 사실은 잘 알려져 있다.

비림비공 운동에서 법가가 진보적이고 유가가 보수적이라는 견해를 취한 마오쩌둥은 비림을 비공과 연결해야 한다고 주장했다. 이를 위해 마오는 공자를 비판하고 진시황을 옹호하는 내용의 〈봉건론을 읽고 궈郭 노인에게 바치다〉라는 시를 발표했다. 더구나 사회주의 초기에 사상개조운동과 반우파투쟁이 진행되던 무렵 사회 분위기는 이미 어떤 이질의 것도 허용하지 않고 단일화를 향해 치달았다. 유학을 비판하는 마오의 시는 문혁 시기 전 사회의 사유방식을 결정짓는 하나의 계기가 되기에 충분했다. 물론 이해관계가 서로 잘 맞아떨어졌던 사인방의 적극적인 지지와 실행 또한 있었다.

이런 상황에서 1973년 8월 7일 자《인민일보》에 마오쩌둥의 지지

16 사이토 준이치,《민주적 공공성》, 66~67쪽 참조.
17 마이클 샌델,《왜 도덕인가》(한국경제신문, 2010), 166쪽.

를 받는 중산대학 역사학과 양룽궈楊榮國라는 학자의 논문 〈공자 — 완고하게 노예제 사상을 옹호한 사상가〉가 실리면서 비림비공은 시작되었다. 이후 이와 비슷한 분위기의 논문들이 뒤를 이었는데, 마오와 특수한 관계였던 량수밍梁漱溟 외에 거의 모든 학자들은 서슬 퍼런 사회주의 권력 아래에서 유학과 공자에 대해 동일한 의견을 내놓을 수밖에 없었다. 비림비공은 몇 달 만에 끝났지만, 동일화를 향해가던 그러한 사상적 분위기는 오히려 반역 감정을 생성시킴으로써 마오쩌둥에 대한 또 다른 이단사조를 낳는 조건을 만들었다. 그러나 사상적 차원에서 하나의 정해진 의견만 허용했던 당시 상황에서 다른 의견, 이단은 곧 박해의 다른 이름이었다.

이에 견주어 지금의 유학담론은 어떨까. 중국의 개혁개방은 사회주의 국가권력은 그대로 유지한 채 자본주의를 도입한 것이다. 여기서 국가와 자본주의는 대립관계가 아니라 공생관계에 있다. 이 말은 이전에는 권력이 담론의 획일성을 초래하는 주요인이었다면 지금은 자본이 그렇다고 딱 잘라 말할 수 없다는 뜻이다. 지금은 오히려 권력과 자본, 그리고 미디어가 하나가 되어 획일성을 강화한 형국이라 할 수 있다. 사회주의 시기를 경험하면서 지식인의 습속화한 자기검열 기제는 이제 자본과 미디어로 인해 자발적인 차원을 좀 더 강화시키고 있다고 할 수 있다.

이제 권력은 자본과 공생관계에 있기 때문에 그 둘을 서로 구분하기가 힘들어졌다. 자본과 공생관계이면서도 그것을 좌지우지할 수 있는 국가권력은 이전과 같은 단순한 권력이 아니다. 자본과 분리하는 것 자체가 불가능한 권력은 이제 지식인을 동원하기가 훨씬 수월해졌다.

이런 상황에서 지식인이 독립적인 자기 의견을 낸다는 것은 쉬운 일이 아니다. 지식인은 이제 정치적 권력관계뿐만 아니라 경제적 권력관계에도 관심을 두어야 하기 때문이다.

내가 앞 장章에서 지식인이 자발적으로 동원되어 만들어진 '국가-지식 복합체로서의 유학'을 지적한 것도 이런 문제의식의 연장선 위에 있다. 이러한 유학은 자본과 결합한 국가의 단계적 구상에 철저하게 복무하고 있다. 개혁개방 이후 유학담론에서 유학은 자본의 활성화에 얼마나 기여할 수 있느냐에 초점을 맞춰 막스 베버의 기독교에 대항한 '대항담론'을 만들어냈다. 그것이 이른바 유교근대화론이며 지금은 중국의 사회주의 경험과 한데 묶여 '중국모델론'으로 개량되었다. 유학은 1905년 과거제가 폐지되면서 체제에서 이탈한 이래, 지금처럼 행복한 적이 없었다. 중국의 근대 100년 동안 겪은 갖은 수모를 모두 상쇄하고 남을 정도이다.

그러나 조금 다른 각도에서 보면 경제성장을 배경으로 한 유학담론, 특히 중국모델론 안에 포함된 유학은 '문명중국'에 정향되어 있다는 면에서 이미 그 해석의 방향에서 복수성이 거세되어 있다고 할 수 있다. 문혁 시기의 유학담론도 그 방향은 다르지만 마찬가지다. 두 시기의 유학담론은 겉으로는 전혀 다른 것 같지만 담론공간에서 다른 의견을 허용하지 않는다는 측면에서는 똑같다고 할 수 있다. 비자발적이든 자발적이든 모두 '복수의 공공성'과는 거리가 있는 것이다. 문혁 시기에는 권력의 동일성이 지배했다면 개혁개방 이후에는 권력에 자본이 결합함으로써 한층 구조화한 동일성으로 변모했다.

이러한 동일성은 상층부터 하층까지 이해관계의 위계hierarchy를 만들어 계층화한 부패구조를 형성하는 데 이론적으로 도움을 주고 있으며, 그것은 이미 시스템화한 지 오래다. 견해가 다른 사람들이 자기 생각을 온전하게 펼칠 수 없는 곳에서 복수성을 담보한 사유라는 것이 과연 가능할까. "공공성은 '진리'의 공간이 아니라 의견의 공간이다."[18] 공공성이 진리의 공간이고자 할 때 그것은 이미 공공성이 아니다. 여기서 진리는 권력과 자본의 진리일 뿐이기 때문이다.

4. 타자성과 윤리성—'복수의 공공성' 회복을 위하여

문혁 시기에 파사입공破私立公이라는 '윤리'로 통용되었던 공동체에서 사私는 공公이라는 국가의 동일성에 근거하여 폭력적으로 부정되었다.[19] 문혁 시기에 부정당한 사는 전체의 이익에 방해가 된다고 여겨지는 개인의 욕망으로서의 사였을 것이다. 그렇지만 다른 각도에서 보면 이 사는 어떤 특정한 사안에 대한 의견이 다수의 타인들과 다른 자일 개연성이 높다.

예를 들어 비림비공 운동에서 펑유란馮友蘭은 정치적으로 박해받은 인물로 알려져 있다. 펑유란은 자서전에서 비림비공 운동이 일어났을 때 자기가 여러 사람의 표적이 될 것이 두려워 두 편의 글을 준비했다고 한다. 그는 "내가 군중과 더불어 공자를 비판하고 공자를 존숭하는

18 사이토 준이치, 《민주적 공공성》, 69쪽.

19 첸리췬이 '57년학'을 주장하는 맥락도 민간 차원에서 파사입공에 대한 저항이 있었다는 점에 주목하자는 것이다. 《망각을 거부하라》(그린비, 2012) 참조.

이를 비판한다면 아무 문제가 없을 것"[20]이라는 생각으로 썼다고 밝히고 있다. 평유란 같은 유명 학자조차, 아니 유명 학자이기 때문에 더 그랬을 수도 있지만, 다른 의견을 낸다는 것은 학자로서의 생명은 물론이고 자신의 물리적인 생명마저 위태롭게 하는 일이라는 것을 감수해야 했다. 이 글의 주제는 당시의 사상가들을 평가하는 것은 아니지만, 국가의 폭압적인 권력 탓에 의견을 개진하기가 자유롭지 못한 상황에서 평유란을 자기주장을 관철하지 못한 지조 없는 학자로 평가한다면, 이는 대진戴震이 말하는 '이로써 사람을 죽이는[以理殺人]' 격이나 다름없다고 해야 할 것이다.[21]

이처럼 내부에서 의견이 다른 타자를 제거한, 파사입공적으로 동일화한 공동체는 대내적으로는 전제주의와, 대외적으로는 군중민족주의 정서와 결합되기 쉬운 구조를 만들 가능성이 높다.[22] 사유가 아닌 복종만이 허용되는 사회의 강요된 일체감은 강권통치의 토대를 만드는 데 그치는 것이 아니라 국민 일반에게 강권통치로 인한 심각한 내상內傷을 남김으로써 반드시 역사적 대가를 치르게 되어 있다는 점이 더 큰 문제일 수 있다.

의식 측면에서 문혁에 대한 즉자적 반발력으로 진행된 개혁개방 시기에는 거꾸로 공이 부재한 사가 긍정되었다. 즉 파공입사破公立私가 포스트 사회주의의 '윤리'가 된 것이다. 여기에서 공과 사는 무엇일까.

---

20 펑유란, 《펑유란 자서전》, 김시천 외 옮김(웅진지식하우스, 2011), 313~317쪽 참조.

21 周質平, 〈氣節與學術〉, 《二十一世紀》 2001年 8月號, 96쪽.

22 사회주의 시기 내내 서구 선진국을 추월하자는 '낭만적'이고 조급증적인 구호는 바로 이런 정서 위에서 군중에게 먹혀들어갈 수 있었다.

공은 인간의 존엄성이나 세계에 대한 관심을 의미할 수 있다. 사는 혁명의 열정을 비웃으며, 도덕을 능멸하고 돈을 버는 행위와 부자가 되는 것을 의미할 수 있다. 문혁 시기의 극단적인 공과 개혁개방 이후의 극단적인 사는 단순한 자리바꿈이며 동전의 양면이다. 극단적인 공이 비극이라면, 그것이 뒤집힌 극단적인 사는 희극이다.

전前 시대에 대한 반발심이 성찰을 동반하지 못하면 그것은 단순히 보복성에 머무를 뿐 새로운 시대의 가치를 생산할 수 없다. 이런 점에서 개혁개방 이후에 형성된 중국의 '괴물 자본주의'는 심리적으로는 '문혁의 복수'의 결과라 할 수 있다. 인간관계에서 존엄이 처참하게 짓밟히는 것을 경험한 사람들은 개혁개방 이후에도 선불리 그것을 말하기 힘들고, 그렇기 때문에 일정한 청산작업 없이 존엄성을 회복하기는 힘들다. 이 점에서 파사입공이건 파공입사건 인간의 존재와 행위의 조건으로서는 모두 문제가 있다. 그런 곳에서는 인간의 조건으로서의 복수의 공공성을 기대하기 힘들다.

결국 여기서 중요한 것은 타자의 초월성이다. 앞에서 말한 것처럼 에마뉘엘 레비나스가 '윤리'와 '타자'를 말한 것은 결국 타자를 동화의 대상으로 본다거나 정복 가능한 대상으로 보지 않는다는 의미이다. 이는 서구적 근대의 주체중심주의에 대한 비판이기도 하다.

아렌트에 따르면 "사유를 내적 대화로 파악한다면 사유 자체가 일종의 공공공간이다. 왜냐하면 복수의 이질적 '자기'가 존재하지 않는다면 대화는 성립되지 않기 때문이다. 그리고 그러한 내적 대화를 가능하게 하는 것은 현실의 타자와의 대화이다. 타자의 사유를 접하고 그것에 의해서 사유 습관이 흔들릴 때 우리의 사유는 시작된다."[23]

따라서 다른 것을 접하고도 내적 갈등이 없다는 것은 사유의 부재를 뜻한다.[24] 타자와의 대화를 통해 결과적으로 자기중심성도 넘어설 수 있는 새로움과 만나게 되며, 그것은 내적 사유를 통해 가능하다. 사유 자체를 불가능하게 한다는 점에서 파사입공과 파공입사는 동일하다고 할 수 있는데, 이는 근원적으로는 타자성과 윤리성의 결핍에서 비롯된다.

그런데 사유의 부재는 다른 식으로 표현하면 사유의 상실이다. 아렌트에 따르면 사유의 상실은 예컨대 아돌프 아이히만처럼 어느 특정한 사람에게서만 일어날 수 있는 특이한 일이 아니다. 아렌트는 아돌프 아이히만의 '사고 상실'—자립적인 사고와 타자의 처지에 서서 행하는 사고의 누락—을 '악의 평범성the banality of evil'이라는 표현을 사용해 극대화하고 있다.[25] 즉 악의 평범성은 아이히만의 경우에만 나타나는 것이 아니라 인간이 사고를 상실하면 언제든지 누구에게든 보편적으로 나타날 수 있다는 것을 말하고자 했다. 더 나아가 아렌트는 어떤 일에 대한 자신의 생각과 판단을 멈추는 순간 어떤 인간이든 악한 사태를 초래할 수 있다는 것을 강조하고자 했다.[26]

---

23 사이토 준이치, 《민주적 공공성》, 47~48쪽. 자기 변화의 계기로서의 타자라는 문제는 중국의 맥락에서 매우 중요하다. 중국에서는 밖에서 무엇이 '왔다'는 말만 들릴 뿐 그 행방이 묘연해진다는 루쉰의 유명한 말은, 중국에서는 자기와 다른 타자가 자기 변화의 계기가 되지 못한다는 점을 비판적으로 지적한 것이다.

24 같은 맥락에서 사유가 시작되는 시점을 다케우치 요시미는 저항이 시작되는 것으로 본다. 그는 사유가 정지되는 것과 전향을 연결한다. 〈중국의 근대, 일본의 근대〉, 《다케우치 요시미 선집1》(휴머니스트, 2011) 참조.

25 사이토 준이치, 《민주적 공공성》, 67쪽.

26 조경란, 《현대 중국 지식인 지도—신좌파·자유주의·신유가》(글항아리, 2013) 6장 가운데 '5. 신좌파의 충칭모델 구상과 그에 대한 비판들' 참조.

이 점에서 문혁 시기의 이른바 대비판·대변론과 같은 주장을 재검토할 필요가 있다. 대비판과 대변론, 대자보 등이 자기와 의견이 다른 자에 대한 언어독재였다는 지적도 있고 보면,[27] 문혁 시기의 비림비공을 비롯한 여러 형태의 비극적인 사태는 바로 자신의 생각과 판단의 정지를 강요당했거나 또는 집단 주체의 사고 상실에서 초래된 것이라 할 수 있다.

논리를 조금 비약하고 사회주의 시기라는 점을 감안하더라도 이는 예교사회에서 다수자와 의견이 다르다는 이유 때문에 '악인'으로 표상된다는 루쉰의 지적과도 통하는 면이 있다고 할 수 있다. 루쉰의 이 지적은 체제 이데올로기가 된 유가문화와 어떤 식으로든 관련이 있다고 생각한다. 이렇게 본다면 문혁이 공식적으로는 유학을 타자화했지만 문혁 시기의 토론 과정에서는 오히려 이단을 허용하지 않았다는 것, 또한 그동안 온존되어온 유학의 사유양식에서 벗어나지 못했을 수도 있다는 것을 상기시킨다.[28]

물론 이단을 허용하지 못하는 어떤 사유양식을 유학 자체의 사유양식으로 보는 것에는 무리가 따를 수 있다.[29] 이단이 허용되지 않는 경우는 유학이 어떤 정치적인 목적, 즉 체제를 강화하거나 정치적 적대자를 비판하기 위해 그것을 동원했을 때 주로 나타난다. 따라서 유학은 체

---

27 첸리췬, 《내 정신의 자서전》(글항아리, 2012), 13쪽 참조.

28 조경란 〈중국 지식의 '윤리적' 재구성의 가능성—유학 '부흥'과 '비판'의 정치학에서 아비투스의 문제〉, 《중국근현대사 연구》 61집(2014년 3월) 참조.

29 중국의 지성사에도 다른 사례들이 존재한다. 장빙린章炳麟이나 루쉰 등이 당시의 사건과 논쟁에 개입하는 방식에서 우리는 적지 않은 힌트를 얻을 수 있다. 이들은 그 무렵 사회적으로 공유된 정론正論이나 공리公理를 의심하는 태도를 통해 오히려 복수의 공공성을 실현하고 시대를 뛰어넘는 보편성을 획득할 수 있었다고 할 수 있다.

제유학과 비판유학, 즉 복수의 유학으로 접근할 필요가 있다. 필자가 앞 장에서 '국가-지식 복합체로서의 유학'과 '비판담론으로서의 유학'을 구분한 이유도 바로 이런 취지에서였다.[30]

그러나 복수의 유학으로서 접근하여 비판담론으로서의 유학을 운위한다 해도 유학을 현대사회에 맞게 재구성하려면 새로운 타자성과 윤리성의 발굴이 필요하다고 생각한다.[31] 유학은 중국의 전 역사를 통해 발전, 변화해왔지만 기본적으로 춘추전국 시기의 소공동체를 바탕으로 형성된 철학체계라고 보기 때문이다. 따라서 유학을 현대적으로 다시금 맥락화하려면 자기 해체와 재구성의 과정이 필요하다. 이때 자기 해체와 재구성의 과정에서 타자성과 윤리성을 중심으로 한 '발견'과 '발굴'이 있어야 한다. 왜냐하면 앞에서 말한 것처럼 '타자'가 자기중심적인 질서를 넘어서는 새로움과 관련이 있다면, '윤리'는 그 새로움의 해악을 막는 것과 관련이 있다고 보기 때문이다.[32]

여기서 타자와 윤리가 강조되는 맥락은 자기중심성과 전체론을 넘어서기 위한 것이다. 여기에 대해 레비나스는 '타나'와 '초월'을 그 답으로 내놓는다. 자기중심성에 대한 타자의 우위, 전체론의 내재성에 대한 초월의 강조다. 타자 자체가 초월적이며, 초월은 타자를 통하는 것이기 때문이다. 우리는 그러한 초월적 타자와의 관계를 받아들임으로써 자기중심성과 전체론의 위험에서 벗어날 수 있다.[33]

---

30 이에 대해서는 이 책의 앞 장 참조.

31 현대 신유학에서 이런 문제들과 관련한 고민을 얼마나 진척시켰는지에 대해 필자는 아직 자세히 논할 능력이 없다. 따라서 이 문제는 앞으로 꾸준히 살펴봐야 한다고 생각한다.

32 문성원, 〈해체와 윤리〉, 《해체와 윤리》(그린비, 2012), 109쪽.

33 문성원, 〈해체와 윤리〉, 《해체와 윤리》, 110~111쪽.

개혁개방 30년의 과정 속에서 드러난 다양한 사회문제, 즉 정치와 경제의 부조화 문제, 경제성장에 따른 가치관의 혼란이라든가 빈부격차 등의 문제에 대해 유학담론의 주체들은 어떤 시각을 취할 것인가는 곧 타자의 문제이기도 하다. 여기서 타자란 중국 내부의 인민, 소수민족 등을 가리키겠지만, 외부적으로는 동아시아의 다른 나라일 수도 있고 중국을 바라보는 시각이 다른 동아시아의 대중일 수도 있다.

현재 중국사회에서 가장 '보편적인 타자'는 자신의 장소를 얻지 못하고 추방당한 사람들이다. 계층으로 보자면 그들은 농민공일 것이다. 한나 아렌트는 "추방당한 사람들에게 사회가 줄 수 있는 최대의 고통은 그로 하여금 자기 존재의 현실성과 존재 의의를 의심케 하여 그 자신이 스스로를 봐도 비실재non-entity의 위치로 환원하는 것이다"[34]라고 말한 바 있다. 이들은 자신의 존재를 부정하고 그것을 내면화하기 때문에 자신들이 배제되는 것에 저항할 기초를 상실한다. 즉 그들은 사회적으로 자신들이 기입될 공간을 찾을 수 없다. 아렌트에 따르면 "어느 누구도 지금껏 살았고 현재 살고 있으며 앞으로 살게 될 다른 누구와도 동일하지 않다는 방식으로만 우리 인간은 동일하다. 이 때문에 복수성은 인간 행위의 조건인 것이다."[35]

문혁 시기 비림비공에서 비롯된 지식인의 집단적 트라우마는 지금도 중국 지식인의 의식 속에 남아 있을 가능성이 높다. 그 트라우마는 아직까지 지식인에게는 비정상적인 심성을 생산하는 기제로 작동되고 있다 해도 과언이 아니다.[36] 류칭평이 주장한 것처럼 중국 현대사상의

---

34 H. Arendt, "The Jew as Pariah : A Hidden Tradition," in *Jewish Social Studies*, No.6(1944), p. 114.
35 한나 아렌트,《인간의 조건》, 이진우·태정호 옮김(한길사, 1996), 57쪽.

큰 맥락에서 보면 문혁 때문에 발생한 모든 것을 심각하게 반성하지 않는 한, 중국인의 심령心靈은 진정 개방성과 현대성을 향해 나아가는 기점을 마련하지 못할지도 모른다.

여기에서 류칭펑은 문혁 연구의 두 가지 전제조건을 제시한다. 그것은 첫째, 문혁에 관해서 말하지 않고 침묵하는 다수가 여전히 있다는 사실을 무시하거나 잊어서는 안 된다는 것. 둘째, 그것은 중화민족의 역사가 반드시 총체적으로 성찰해야 할 일부분이 되었다는 것이다.[37] 이 말은 문혁 연구가 정치권력과 학문권력 때문에 제한을 받고 있으며, 또한 문혁은 아직 완결되지 않은 사건으로 그 트라우마는 지금까지도 중국인의 사유를 심각하게 제한하고 있다는 의미일 것이다.

이제 문혁은 복수성이라는 측면에 초점을 맞추어 적극적으로 연구되어야 한다. 그럴 때에만 중국의 유학담론은 물론이고 유학과 사회주의의 결합, 그리고 그것을 기초로 형성되고 있는 중국모델론도 아무 사심 없이 학문적·분석적으로 운위할 만한 조건이 만들어질 수 있을 것이다.

---

36 후현대 이론으로 문혁을 재구성하려는 서방 학자들의 시도 또한 대다수 중국인이 경험한 문혁과는 꽤 거리가 있다는 사실을 드러내준다. 역사에서 자원을 탐색하는 일이 아무리 중요하다 해도, 당시 현지인의 감각과 기억을 무시하는 역사왜곡을 감행하면서 진행하는 자원 탐색은 문제가 있다. 이에 대해서는 조경란, 〈중국 주류지식인의 과거대면 방식과 문혁담론 비판〉, 《사회와 철학》 29집(2015년 4월) 참조.

37 劉青峰, 〈編者前言, 對歷史的再發問〉, 劉青峰 편, 《文化大革命 : 史實與硏究》(中文大學出版社, 1996), vii~xi쪽.

5. 약자의 기입공간으로서의 '복수의 공공성'

유학담론의 태도와 관련하여 앞에서 나는 유학담론이 이루어지는 조건과 맥락, 그리고 토론과정에서 담론 주체들이 보여주는 태도가 유학담론의 내용만큼이나 중요하다고 했다. 왜냐하면 그 태도에서 이미 방향성이 규정되기 때문이다. 그러니까 내가 이 장에서 상정하는 공공성은 기본적으로 유학담론에 참여하는 주체의 사유방식으로서의 공공성이고 태도로서의 공공성이지, 어떤 규범적 공공성을 상정해놓고 그것을 기준으로 공공성을 논한 것은 아니었다. 그러니까 여기서 말하는 공공성은 자기중심성을 해체하는 공공성, 전체론적인 것을 해체하는 공공성을 뜻한다. 그것을 나는 '복수의 공공성'이라고 이름 붙였다.

21세기 세계자본의 총공세 속에서 거기에 맞설 민족과 국가의 형태가 어떤 식으로 변화를 겪을지는 알 수 없지만, 분명한 것은 자신의 기입공간이 없는 약한 집단이 배제되지 않을 수 있는 또 다른 새로운 원리가 필요하다는 점만은 분명하다고 생각한다. 여기서 약자집단이 희생당하지 않는 새로운 원리를 복수의 공공성이라고도 할 수 있을 것이다. 유학담론이 사회주의와 자본주의의 문제점을 모두 경험한 상황에서 21세기의 새로운 공동체 형성을 위한 담론이기를 포기하지 않는다면 복수의 공공성은 중요한 가치라고 할 수 있다. 약자의 의견이 박탈당하거나 공동의 관심사로 의견을 나눌 수 없는 단일한 공간에서는 약자로서 개인들의 의견은 고유한 하나의 존재로서 세상을 풍부하게 해주는 요소가 아니라 하나의 잉여적 의견일 뿐이다.

중국에서 대일통의 정치가 차차 성숙해가던 한대에 '독존유술獨尊

儒術'의 이데올로기적 일원화가 확립된 이래 관원 선발제도와 유가사상 사이에 점차 고정된 관계가 만들어졌다. 이러한 고정된 관계의 성숙한 형태가 바로 과거제다. 유가가 정치 참여를 독점하면서 유가와 정치가 결합하고 제도적으로도 보장되었다.[38] 이때부터 유학은 순수할 수가 없게 되었다. 즉 체제와 결합하는 순간부터 유학은 동일화를 향해갈 운명을 배태하게 된 것이다.

그러나 20세기 이래 전통적인 사회 구조와 제도가 해체되고 유학과 제도의 연계가 멈추면서 현대의 유학은 객귀游魂가 되었다.[39] 그리고 유학이 객귀가 되면서 지식인의 위상도 심각하게 흔들리게 되었다. 사실상 중국의 근현대 100년은 중국 지식인이 유학과 함께 자기 정체성에 위기를 느끼고 자기 정위定位에 혼란을 겪은 시기이기도 하다. 그렇지만 이제 유학은 경제성장을 배경으로 국가의 지지 아래 중국모델론이라든가 소프트파워 구상 등 또 다른 자기 구상에 몰두할 수 있게 되었다. 그러나 이 자기 구상이 제대로 방향을 잡지 못한다면 유학은 국가를 계도하는 것이 아니라 국가에 이용당하는 하나의 도구로 전락하고 말 것이다.

경제성장을 배경으로 하여 '역전의 역전'을 경험하면서 중국의 유학담론은 역설적으로 타자성과 윤리성이 탈각당할 위험에 놓여 있다. 유학은 중국의 경제성장을 이론적으로 분식해주는 방식으로 국가와 또 다시 결합하고 있다는 의구심을 자아내고 있다. 그러므로 담론상에서 복수의 공공성이 유지되지 않는다면 중국 지식(인)의 미래는 어두울 수밖에 없을 것이다.

---

38 幹春松, 〈1973年的梁漱溟和馮友蘭〉, 《制度儒學》(上海人民出版社, 2006), 274쪽.

39 余英時, 《現代儒學論》(上海人民出版社, 1998), 230~233쪽.

2부

문화적 보수주의, 정치적 보수주의, 그리고 유학

3장

1990년대 중국 신보수주의의 탄생과 유학의 재조명

1. 중국의 보수와 진보, 어떻게 이해할 것인가

중국의 현재를 공부하다 보면 다른 전공자들로부터 중국에서 도대체 진보와 보수, 좌파와 우파를 가르는 기준이 무엇인지, 한국이나 다른 나라들과 같은지 다른지 하는 질문을 종종 받는다. 말하자면 비사회주의국가에서 진보와 보수를 구분하는 기준이 사회주의 중국에도 그대로 통용되느냐 하는 것이다.

이 문제를 설명하려면 중국에서 좌우를 구분하는 방식이 다른 나라와 달리 조금 복잡하고 유동적이라는 사실을 인지할 필요가 있다. 즉 중국이라는 정치지형과 지식지형의 특수성과 복잡성 속에서 진보와 보수의 아포리아를 잘 간파해야 한다. 물론 자본주의 사회든 사회주의 사회든 자본에 대해 어떤 시각을 취하는지가 가장 큰 기준이 된다. 즉 자본주의에 비판적인 시각을 취하면 진보이고 그 반대이면 보수다. 따라서 중국에서도 일단은 자본주의를 반대하면 좌파이고 그 반대이면 우파다.

그러나 좌파가 진보이고 우파가 보수이냐라고 했을 때, 거기에 대해서는 그 반대일 수도 있다는 것이 최근 중국학계의 중론이다.[1] 왜냐하면 중국 같은 경우 아직 국가가 가장 막강한 주체로서 자본을 좌지우지하지만, 그러는 한편에서는 국가와 자본이 결코 적대 관계가 아니기

---

1 方可成·龔方舟,《了解“左派”“右派”—圖解政治：中國的左派VS右派》(政見CNPolitics.org, 2012).

때문이다. 중국에서 국가는 자본을 통제하면서 동시에 그들과 이윤을 공유하는 이중적인 모습을 보여주고 있는 것이다. 그러므로 중국에서 좌파이면서 진보적이기 위해서는 자본은 물론 국가에 대해서도 비판적이어야 한다. 그러나 중국 신좌파의 경우 국가는 생략한 채 자본만을 비판한다. 국가를 비판하는 것은 오히려 자유주의자(특히 자유주의 좌파)들이다. 이와 같은 현상은 중국이 굴기崛起할수록 심해지고 있다고 할 수 있다.[2] 이러한 기본적인 이해를 토대로 중국의 신보수주의를 논의해보도록 하자.

중국에서 급진[激進][3]과 보수 논쟁[4]을 촉발한 위잉스余英時에 따르면 보수는 현상을 유지하고 변화시키지 않으려는 것이고, 급진은 현상에 만족하지 못하고 그것을 타파하려는 것이다.[5] 물론 이는 매우 일반적인 정의에 불과하지만, 어쨌든 이를 기준으로 보면 중국에서는 개혁개방이 시작된 1970년대 말의 시점에서는 사회주의 체제를 유지하려는 쪽

---

2 이와 관련한 최근의 논의는 필자의 〈중국에서 신좌파와 비판적 지식인의 조건—왕후이의 '중국모델론'과 21세기 지식지형의 변화〉, 《시대와 철학》 2013년 봄호 참조.

3 중국에서는 보수주의conservatism의 대립 개념으로 진보 개념the idea of progress 대신에 격진주의激進主義, radicalism라는 용어를 쓴다.

4 이 논쟁의 과정과 참여한 논문의 대강을 소개하면 다음과 같다. 1988년 9월 , 위잉스가 홍콩의 중원中文대학에서 〈중국 근대 사상사에서의 진보와 보수中國近代思想史上的激進與保守〉라는 제목으로 강연했다. 여기서 그는 "중국 근대 사상사는 하나의 급진화 과정이었으며 급진화의 최고봉은 문화대혁명이었다"고 말했다. 이에 대응하여 1992년 4월 푸단復旦대학의 장이화姜義華는 홍콩에서 발행한 잡지《21세기二十一世紀》에 〈진보와 보수 : 위잉스 선생과의 논의激進與保守 : 與余英時先生商榷〉를 발표했다. 장이화의 논문이 발표되자 위잉스는 다시《21세기》에 〈중국 현대 사상사에서 진보와 보수를 다시 논함再論中國现代思想中的激進與保守〉이라는 제목의 글을 실었다. 《21세기》는 이때부터 '보수와 급진'에 관한 대규모 논쟁의 진지가 되었으며, 1997년에는 보수주의 관련 특집을 마련하기도 했다.

5 余英時, 〈中國近代史思想史上的激進與保守〉, 《知識分子立場—激進與保守之間的動蕩》(時代文藝出版社, 2000) ; 姜義華, 〈激進與保守 : 與余英時先生商榷〉, 《二十一世紀》 1992年 4月號.

이 보수이며 그것을 변화시키려는 쪽이 진보였다고 할 수 있다. 당시 보수주의 세력은 구질서를 공고히 하고[華國鋒] 자본주의로의 평화적인 변화를 추진하려는 세력[鄧小平]을 경계하는 등 비교적 선명하게 이데올로기 대립과 투쟁의 자세를 취했다.[6] 1980년대까지는 이런 구도가 진보와 보수라는 양대 구도로 통했다고 볼 수 있다. 지식계도 거의 후자를 지지했으며 개혁의 풍향계 역할을 했다는 것이 일반적인 평가이다.

그러나 1990년대에 들어 상황이 변화한다. 지식계의 사상과 정부의 이데올로기가 점차 절충하거나 타협하기 시작했다.[7] 이는 1989년 천안문사태 이후 1992년 남순강화를 기점으로 중국정부의 자본주의적 개방이 강화되면서 지식계의 내부 분열과 이합집산이 이루어진 결과였다. 이 과정에서 신보수주의neo-conservatism라는 용어가 등장한다.

1980년대(말)에 나타난 하나의 경향이 신권위주의new-authoritarianism라면, 1990년대에 출현한 것은 신보수주의이다.[8] 그 직접적인 계기가 된 것은 천안문사태의 충격이었는데, 이 충격이 중국의 개혁 과정을 재고하게끔 유도했다고 할 수 있다. 사실 신권위주의라는 개념이 중국 지식계에서 탐구되기 시작한 것은 천안문사태가 일어나기 한참 전인 1986년이다. 그 뒤 몇 년이 지난 1989년 상반기 몇 달 동안은 중국의 신문과 잡지들의 모든 지면이 신권위주의와 이와 관련된 이슈를 둘러싼 토론으로 채워질 정도였다. 그 무렵 '엘리트 민주주의' 등 다양한 견해가 나

---

6 張靜, 〈"新保守主義"學術取向〉, 《二十一世紀》 1997年 2月號, 19~20쪽.

7 왕차오화, 〈90년대 중국사상계의 정신〉, 왕샤오밍 외, 《고뇌하는 중국》, 장영석·안치영 옮김(길, 2006), 30쪽.

8 Fewsmith, Joseph, *China since Tiananmen-from Deng Xiaoping to Hu Jintao*(New York : Cambridge University Press, 2008[2001]), p. 83.

오기는 했지만, 그중에서도 지식계의 일반적인 견해는 중국이 개혁하고 있는 특별한 단계에서는 경제개혁을 추진하고 전면적인 시장화를 이끌어갈 힘 있고 권위 있는 중앙정부를 갖출 필요가 있다는 것이었다.[9]

1990년대 신권위주의 연구의 1인자이기도 했고, 최근 문화보수주의 관련 연구에서도 두각을 나타내고 있는 샤오공친蕭功秦에 따르면 급진 자유주의에 문제를 제기하면서 1980년대 후기에 출현한 것이 신권위주의라 할 수 있다. 이 사조는 점진, 안정, 개명전제를 지렛대로 하는 질서를 주요가치로 삼는다. 신권위주의는 개명전제적 통치 아래 사회가 발전해야만이 민주와 현대화를 실현할 수 있는 조건을 만들 수 있다고 본다.[10] 자유주의와 신권위주의의 입장 모두 중국에서 자유민주가 실현되어야 한다는 점에서는 동일하지만 그것을 실현할 방법과 경로에서 차이가 난다는 것이다.[11]

이러한 신권위주의에 대한 인식은 천안문사태의 충격 이후 신보수주의에 대한 확신으로 발전한다. 신보수주의는 과학과 민주를 강조했던 계몽주의 사상에 대한 거부와 개혁에 대한 국가주의적 접근의 필요성을 재확인하는 과정에서 나타났다. 여기서 신보수주의는 구좌파의 전통적인 보수주의와 '급진적 개혁가들'(문화적으로 다큐멘터리 〈허상河殤, River Elegy〉[중국을 상징하는 황하가 죽었다는 뜻]과 경제적으로 민영화 옹호

---

9 Fewsmith, Joseph, *China since Tiananmen-from Deng Xiaoping to Hu Jintao*, pp. 84~85.

10 蕭功秦, 〈當代中國六大社會思潮的歷史與未來〉, 馬立誠, 《當代中國八種社會思潮》(社會科學文獻出版社, 2012), 297쪽.

11 蕭功秦, 〈當代中國六大社會思潮的歷史與未來〉, 《當代中國八種社會思潮》, 298쪽. 덩샤오핑과 자오즈양趙紫陽의 기본적인 분기가 '당-국가 권위체제'를 견지할 것인지 아니면 '신권위주의'를 바탕으로 중국에서 민주정치를 실현할 것인지 사이에 있었다고 할 수 있다. 첸리췬, 《모택동 시대와 포스트 모택동 시대(1949~2009)》 하, 연광석 옮김(한울, 2012), 317쪽 참조.

로 요약되는) 사이에서 중도를 찾아야 하는 것을 뜻했다.[12] 그러니까 신보수주의는 현대화 추진 주체로서의 중국공산당과 그 노선을 떠받치는 이데올로기라 할 수 있으며, 그런 점에서 애초부터 국가주의적인 색채를 띠고 출발할 수밖에 없었다고 하겠다. 또한 신보수주의 노선을 택한 공산당은 대중을 향한 광고와 통제에 여지없이 대중문화를 활용한다.[13]

이러한 신보수주의의 대두는 장기적으로는 새로운 좌파의 출현을 예고하는 것이기도 했다.[14] 이에 따라 1990년대 중후반부터 지식계의 사상 지형은 신좌파/신우파, 그리고 중간 자유파 등 '고전적'인 형태의 스펙트럼을 보여주기 시작했다고 할 수 있다.

2000년대에는 중국공산당의 정책 기조가 좌경화 경향을 보이는 가운데 사회 분위기는 오히려 문화적으로 보수화가 강화되었다고 볼 수 있다. 중국정부는 1980년대 중반부터 마르크스-레닌주의를 대체할 사회 통합 이데올로기로서 민족주의와 유교 윤리의 잠재력에 주목해왔

---

12 Fewsmith, Joseph, *China since Tiananmen-from Deng Xiaoping to Hu Jintao*, p. 88.

13 중국에서 신보수주의가 등장하는 시기에 대중문화가 성장한 것은 결코 우연이 아니다. 이는 미국의 경우도 거의 같은데, 대중문화 영역 자체가 우리의 일상을 지배하는 정치적 영역으로 변모했음을 뜻한다. 즉 중국과 미국에서 모두 대중문화가 기득권 집단의 치부를 가리면서 대중을 통제하는 효과적인 수단이 되었다(미국의 경우는 정희준·서현석 외, 《미국 신보수주의와 대중문화 읽기》[책세상, 2007], 8~9쪽 참조). 따라서 일상의 최전선에까지 신보수주의가 침투하는 국면을 파악하기 위해서는 신보수주의의 정치적인 측면과 함께 사회 문화적인 측면에 주목해야 한다. 이런 측면에 주목하여 중국에서 문화 연구를 선언한 유익한 글로 왕샤오밍, 〈'대시대'가 임박한 중국—문화 연구 선언〉, 왕샤오밍 외, 《고뇌하는 중국》, 장영석·안치영 옮김(길, 2006) 참조. 왕샤오밍은 이 글에서 특히 1990년대 중국의 가장 중요한 비밀이 집중되어 있는 '신흥 부자' 계층을 파헤치려면 사회생활 곳곳에 침투해 있는 '새로운 이데올로기' 분석이 필수라고 주장한다. 여기서 말하는 '새로운 이데올로기'와 신보수주의는 여러모로 겹치는 면이 있는 것 같다.

14 1997년 왕후이의 글, 〈중국 사상계의 현황과 현대성 문제〉가 초고 형태로 지식인들 사이에서 읽히다가 발표됐는데, 중국 지식계는 이 글을 신좌파의 입장 선언으로 간주했다.

다. 1990년대에는 정부의 이런 기조 속에서 유학 관련 민간기관이 출현했으며, 신유학을 아시아적 가치와 연결해 논의하는 것이 낯설지 않게 되었다.

이 같은 추세는 2004년 후진타오 정부의 조화사회론和諧社會論의 등장으로 사상문화적으로 유학이 공식적인 시민권을 획득하면서 새로운 국면을 맞고 있다고 할 수 있다.[15] "마오쩌둥 시기에 박물관에 보관되어 있던 공자가 다시 거리로 나와 활보하게 되었으며" 현재는 유학을 중심으로 하는 국학 열풍이 도가 지나치게 거세지고 있다는 진단이 중국 학계 내부에서조차 나오고 있는 실정이다.[16] 이런 상황을 고려해본다면 간양甘陽의 말대로 중국사회는 1980년대 말 시작된 급진주의에 대한 비판적 사조에서 출발하여 날이 갈수록 보수주의로, 심지어는 극단적 보수주의로 향하고 있는 것처럼 보인다.[17]

그렇다면 지금의 중국이라는 구체적인 상황에서 이러한 신보수주의 현상을 어떻게 이해해야 할까? 그리고 이를 둘러싼 디테일한 측면들을 놓치지 않기 위해 고려해야 할 점은 무엇일까?

첫째, 이 글의 첫머리에서 말한 것처럼 다른 나라들에서 보여주는

---

15 후진타오 행정부의 조화사회론 제시는 문화적으로는 유학을 활성화하는 계기가 되지만, 경제정책 면에서는 균형발전 전략을 선택한 것이며 실업 문제와 농민공 문제 등을 어느 정도 완화하고 있다는 점에서 장쩌민江澤民 시기와 다르다.

16 이런 종류의 대표적인 글로는許總, 〈"國學"的定位與文化選擇的"度"〉, 《中國文化研究》, 夏之卷(2)(2007) 참조.

17 甘陽, 〈反民主主義的自由主義還是民主的自由主義〉, 《二十一世紀》 1997年 2月號, 4쪽. 간양은 21세기에 들어와 앞에서 언급한 것처럼 '유가사회주의공화국'을 주장하는 등 '중국모델론' 선양에 적극 나서고 있다. 따라서 그의 1990년대 주장과 2000년대 주장은 중국 지식지형의 전체 스펙트럼 속에서 다르게 평가될 수밖에 없다. 이 장章에서 그의 주장이 불일치하게 보이는 이유는 그 때문이다.

보수와 진보라는 단순 구도를 기준으로 하여 중국 사상계의 스펙트럼을 파악하기에는 적지 않은 무리가 따른다. 외부인들이 가장 혼란스러워하는 것 가운데 하나가 중국에서는 좌파가 보수파로, 우파가 진보파로 인식되는 역전 현상이다. 게다가 이러한 역전 현상으로 다 설명되는 것도 아니다. 이는 중국사회주의의 역사 경험 때문이기도 하다. 그렇기 때문에 중국에 신보수주의가 출현한 지 시간이 꽤 흘렀음에도—본론에서 구체적으로 다룰 것이다—중국 내에서조차 무엇을/누구를 신보수주의/신보수주의자로 볼 것인지에 대해 지식계의 공통된 합의가 이루어지지 않고 있다. 이것은 중국 사상계의 지형이 그만큼 복잡하다는 뜻이기도 하지만, 기존의 중국사회주의의 역사를 어떻게 볼 것인지 등 지식인 저마다의 관점과 그들의 처지에 따라 이해관계가 다르다는 뜻이기도 하다.

둘째, 중국의 정치사상계를 파악할 때 정치, 경제, 문화를 바라보는 서로 엇갈린 시각이 하나의 단체나 한 사상가 안에 혼재되어 나타난다는 점에 주의해야 한다. 예컨대 정치적으로는 좌파적인 경향을 보이면서도 경제적으로는 우파적인 경향을, 그리고 문화적으로는 보수적인 경향을 보이는 지식인들이 많으며, 그 반대의 경우도 허다하다. 실례로 정치적으로는 후전체주의後極權主義를 옹호하는 사람이 문화적으로는 매우 급진적이고 반전통적인 경향을 보이기도 한다.[18]

셋째, 국가(공산당)와 지식인의 관계를 잘 고찰해야 한다. 그런데 중국에서 국가를 바라보는 지식인의 시각에는 몇 가지 고려해야 할 점이

18 葉雯, 〈應區別政治的保守主義和文化的保守主義〉, 《二十一世紀》 1997年 4月號, 137쪽.

있다. 하나는 중국의 지식인들이 국가를 어떻게 보고 있는가, 즉 전통주의적 국가관과 사회주의적 국가관이 지금까지 얼마나 관통하고 있는가이다. 다른 하나는 지식인이 국가에 대해 느끼는 우환의식憂患意識과 필부유책匹夫有責의 전통이 아직도 강하게 남아 있는 것은 아닌가 하는 것이다. 중국은 경제적으로는 벌써 자본주의 국가가 되었다고 하지만, 정치적으로는 아직 사회주의 깃발을 내리지 않은 상황에서 당이 마음만 먹으면 여러 부문에서 통제가 가능한 사회다. 이런 요소들은 지식인으로 하여금 자기 사상의 형성과 주장에서 이미 내재화해 있는 자기 검열 습관을 지속하게 하는 요소로 작용할 수 있다. 그리고 우환의식이나 필부유책의 전통은 유파를 막론하고 국가에 자발적으로 협력하는 지식인의 모습을 연출하게 하는 무의식적인 기제가 될 수도 있다. 여기서 국가는 단일한 형태의 국민국가라기보다는 천하나 제국으로서의 국가라는 의미로 각인된다.[19] 이런 점들 때문에 우리는 중국을 살펴보면서 보편적이면서도 동시에 특수하게 접근해야 할 필요성을 느낀다.

이 글은 이러한 점들을 고려하면서 1990년대부터 주류로 등장했

19 이런 인식의 저변에는 중국 인구 13억 중 7~8억이 농민이고, 이 다수의 농민을 중앙정부가 관리할 수밖에 없다는 현실론이 깔려 있을 수도 있다. 이럴 때 국가는 지식인 사회와 대립하는 개념으로 다가오기보다는 협력하는 개념으로 다가온다. 신좌파가 국가가 시장경제의 에이전트 구실을 하는 단위로 전락했다고 비판하면서도 동시에 당내의 일부 세력과 함께 다수의 농민과 노동자를 의식한 대민주주의(이 용어는 문화대혁명 중에 제출된 4대 자유, 즉 대명大鳴·대방大放·대변론大辯論·대자보大字報를 의식한 것으로 주로 신좌파가 사용한다)를 구상하고 있는 것은 그 실례가 아닐까 싶다(물론 이 구상은 문혁에 대한 총체적인 평가 속에서 다시 논의될 필요가 있다). 또한 이들은 중국에서는 전통적으로 국가의 약화가 자동으로 사회나 개인의 강화를 초래하지 않았다는 사실에 주목한다. 오히려 국가가 약해지면 지방 세력이나 지방 군벌이 득세했던 역사가 20세기 초반까지 이어져왔음을 강조한다. 이 점에 대해서는 조경란, 《현대 중국사상과 동아시아》(태학사, 2008)에 실린 왕후이와의 인터뷰 참조.

다는 신보수주의를 고찰하고자 한다. 구체적으로 중국의 신보수주의가 출현한 배경은 무엇인지, 이들의 성격과 연원은 어떤 것인지, 신보수주의와 유학의 관계는 어떠한지, 그리고 이것이 지향하는 중국의 미래는 어떤 것인지를 알아볼 것이다. 또한 중국의 신보수주의가 국내의 여러 현안을 해결해가면서 중국사회의 새로운 모델을 창안할 능력과 가능성이 있는지, 그리고 이것이 중국을 넘어 동아시아뿐 아니라 전 세계에 새로운 대안적 가치를 제시할 수 있을지, 이 글은 이런 기대와 의문을 품고 시작한다.

2. 중국 신보수주의의 출현 배경과 성격

(1) 신보수주의의 출현 배경

중국은 사회주의 30년, 개혁개방 30년을 경험했다. 개혁개방 30년만을 문제 삼자면 전반기와 후반기는 분위기가 꽤 다르다. 그것을 거칠게 1980년대와 1990년대로 나누어 설명하면 중국의 1980년대는 문화대혁명으로 끝난 사회주의에 대한 반발력으로 신계몽주의 시대를 구가했다. 즉 반反문화대혁명 자체로 탄력이 붙었던 시기이며 많은 사람이 새로운 꿈을 꾸었던 시기이기도 하다. 따라서 이때는 개혁과 보수의 구분이 비교적 뚜렷했다고 할 수 있다. 지식계는 전통 속에 사회주의를 포함시켜 이에 대한 비판을 정당한 것으로 받아들였으며 지식인들은 신계몽주의와 개혁의 이름으로 한목소리를 낼 수 있었다. 다큐멘터리 〈허샹〉에서 보듯이 1980년대 문화 붐이 황색 문명(중국)에 대한 남색 문명

(서양)의 대체를 주장하면서 전통문화를 철저하게 부정한 것은 이 시대를 읽는 중국 지식인들의 일반 독법이었다.

1990년대 들어서면서 1980년대에 나타났던 구보수와 급진의 정면 대립은 점점 약해지고 급진파 내부의 분화가 시작되었다. 급진파 내부에서 나온 온화한 견해가 점차 사상계의 주류가 되어갔으며,[20] 어떤 이는 이 시기를 '신보수주의가 흥기한 시대'라고 일컫기도 한다.[21] 중국에서 신보수주의는 이처럼 1989년 6·4 천안문사태를 겪고 1990년대 초반부터 출현했다.

1990년대 중후반에 들어서면서는 보수주의를 둘러싼 논의가 홍콩의 유력 잡지《21세기》의 특집을 구성할 정도로 지식인들의 주 관심 대상으로 떠올랐다.[22] 이 특집을 통해 간양도 보수주의가 중국에서 이미 주류가 되었을 뿐 아니라 21세기를 주도하는 이데올로기가 되리라고 예상했다. 여기서 간양이 말하는 보수주의는 자유의 이름으로 민주를 부정하는 보수주의다. 따라서 그는 "우리는 이러한 보수주의 이데올로

---

20 張靜,〈"新保守主義"學術取向〉,《二十一世紀》1997年 2月號, 21쪽.

21 中國時報週刊記者,〈大陸'新保守主義'的崛起—採訪蕭功秦〉,《中國時報週刊》, 第4·5期(臺北, 1992) ; 甘陽,〈反民主主義的自由主義還是民主的自由主義〉,《二十一世紀》1997年 2月號, 4~5쪽.

22 홍콩 중원대학 중국문화연구소에서 발행하는 유명 잡지《21세기》는 1990년 10월에 창간된 이후 1992년부터 급진과 보수를 주제로 한 논쟁의 장이 되었으며, 1997년에는 몇 차례에 걸쳐 보수주의를 특집으로 기획했다. 사실 이 잡지는 중국 대륙에서 아직 학술 토론이 활발하지 못했던 시기에 이론적·역사적 토론을 위한 중요한 공론장을 제공했으며 대륙과 해외 지식인을 연결하는 교량 구실을 했다(왕차오화,〈90년대 중국사상계의 정신〉, 왕샤오밍 외,《고뇌하는 중국》, 30쪽 참조). 따라서 1990년대 전반기·후반기 중국 사상계의 흐름과 고민을 알려면《21세기》는 필요 불가결한 잡지이다. 이 잡지는 지금도 논문의 질은 물론이고 중국을 바라보는 균형 잡힌 관점을 취한다는 점에서 대륙에서 발행되는 다른 잡지들과 차별화된다고 할 수 있다. 이 잡지의 창간 사정, 취지에 대해서는 내가 진관타오金觀濤·류칭펑劉青峰·왕후이와 대담한 글〈중국 지식인의 학문적 고뇌와 21세기의 동아시아〉,《역사비평》38호(1997), 267~270쪽에 비교적 자세히 나와 있다.

기로 인해 금후 중국 지식계가 전망이 풍부한 사상과 이론을 내놓는 데 도움을 받을 수 있는지 없는지를 물어야 한다"고 반문한다.[23]

그러나 어떤 학자는 1990년대에 신보수주의가 주류가 되었다는 견해는 성급한 결론이라고 말한다. 현재 대륙의 정치 상황에서 보수주의자라면 공개적으로 말할 수 있지만 자유주의자는 그럴 수 없기 때문이라는 것이다. 따라서 이런 점을 고려한다면 보수주의를 주류라고 판단하기가 힘들다는 것이다.[24] 이 말은 공개되지 않은 자유주의자가 생각보다 많을 수 있고 그들을 주류로 봐야 한다는 주장으로 읽힌다.

1990년대 중국에서 나타난 신보수주의 사조는 냉전체제가 끝난 뒤 미국을 중심으로 하는 신자유주의의 세계 재편과 그에 따른 신보수주의화라는 세계적 흐름과 별개일 수는 없겠지만,[25] 중국 내부적으로 보수주의는 1980년대 계몽주의 사조에 대한 반작용으로 나타났다고 할 수 있다. 1990년대는 적지 않은 지식인들에 의해 천인커陳寅恪, 장타이옌章太炎, 왕궈웨이王國維, 량수밍梁漱溟 등 스타급 문화보수주의자들이 담

---

23 甘陽, 〈反民主主義的自由主義還是民主的自由主義〉, 《二十一世紀》 1997年 2月號, 4~5쪽.

24 葉雯, 〈應區別政治的保守主義和文化的保守主義〉, 《二十一世紀》 1997年 4月號, 137쪽.

25 미국의 신보수주의는 신자유주의의 젖줄이 되어 세계화라는 거대한 구조물을 만들어냈다. 이 구조물은 곧 미국의 패권주의로 탈바꿈해 전 지구적인 영향력을 확보하기에 이르렀으며, 사실상 '미국화'의 거대한 물결은 지구 구석구석에 존재하던 다양한 문화를 일방적으로 통합하고 있다(정희준·서현석 외, 《미국 신보수주의와 대중문화 읽기》[책세상, 2007], 12~13쪽), 그런데 신보수주의의 뿌리가 공화당이 아닌 민주당에서 비롯되었다는 사실은 매우 흥미롭다. 1960년대 말 민주당 내 일부 의원들은 당의 지나친(?) 평화주의, 흑인 사회와 신좌파 세력에 팽배한 반유대주의에 대한 반발, 그리고 지미 카터Jimmy Carter 행정부에 대한 실망감 때문에 공화당으로 전향하는데, 이를 일반적으로 신보수주의의 시작으로 본다(정희준·서현석 외, 《미국 신보수주의와 대중문화 읽기》, 18쪽 참조 ; 이홍종, 〈부시행정부의 신보수주의〉, 《국민일보》 2003년 6월 3일). 중국 신보수주의도 중국이 자본주의에 깊숙이 편입되는 과정에서 나타난 것인 이상, 미국이 주도한 신자유주의의 세계화라는 흐름과 밀접하게 맥이 닿아 있다.

론상에 재등장했다. 이는 20세기 전반기에 큰 영향을 끼친 국학대사들이 제시한 문화 입장으로의 회귀를 뜻한다.[26]

이 같은 분위기는 1990년대 보수주의 계열의 문화 인사들의 다음과 같은 주장을 비판적으로 소개한 간양의 글에서 잘 드러난다. "오늘날 사상 학술계에서는 민국 초《학형學衡》파의 문화보수주의 이념을 계승해야 한다. 그리고 20세기 후반 중국에 소개된 후현대주의, 후식민주의, 여성주의 등은 중국의 수요에 적합하지 않다. 왜냐하면 중국과 서양은 결코 동일한 발전 단계에 놓여 있지 않기 때문이다."[27] 어떤 사조든 지나치게 극단으로 치달으면 그다음에는 반드시 또 다른 극단이 등장하게 마련이다. 5·4 시기 신문화운동의 급진이 곧바로《학형》파의 문화보수주의를 불러왔듯 1980년대 계몽의 격정은 1990년대의 보수를 잉태하고 있었다.

중국의 1990년대 중후반기 사회 정치사상 사조는 크게는 민수주의民粹主義(포퓰리즘을 뜻하며, 급진주의라고도 한다), 자유주의, 그리고 신보수주의가 삼각 구도를 이루며 서로 영향을 주면서 존재하는 형국이었다.[28] 이 3대 유파는 20세기 전반에는 영향을 주고받으면서 팽팽한 긴장 관계를 유지해왔다. 그러나 1940년대 후반부터 대륙에서 급진주의가 권력을 장악하면서 자유주의와 보수주의는 '몰락'할 운명에 놓였으며, 그중 일부는 타이완으로 이동했다. 1949년 사회주의가 성립한 뒤에도 상당수의 자유주의·보수주의 지식인들은 대륙에 남아 있었는데, 그

---

26 陳曉明,〈文化民族主義的興起〉,《二十一世紀》1997年 2月號, 36쪽.
27 甘陽,〈反民主主義的自由主義還是民主的自由主義〉, 5쪽.
28 許紀霖,〈現代中國的自由主義傳統〉,《二十一世紀》1997年 8月號, 27쪽.

들은 마오쩌둥에게 큰 기대를 걸고 있었던 것 같다. 그것은 중국공산당이 지식인들이 매력을 느낄 만한 연합정부론이라는 중국사회의 청사진을 제시했기 때문이기도 하다.

그러나 사회주의가 성립하고 얼마 지나지 않아 지식인 비판이 시작되었다. 물론 공식적으로는 1957년 중국공산당이 '정풍운동에 관한 지시'를 발표하고 며칠 안 되어 마오가 민주당파 책임자와 무당파 민주인사를 초청해 좌담회를 열고 그들이 공산당 정풍운동을 돕는 것을 치하했다. 또한 각종 매체를 통해 모든 이에게 자유로이 의견을 진술하고 토론하도록 격려하기도 했다. 그런데 이것은 그 뒤 이른바 '낚시질' '뱀을 동굴에서 끌어내기' 등의 방법을 통한 인위적 계급투쟁이었다고 평가받기도 했다.[29] 이처럼 대륙에서는 1950년대 후반부터 반우파투쟁을 통해 자유주의적·보수주의적 지식인을 근절하려는 프로젝트가 진행되었다고 할 수 있다.

사실 사회주의 시기는 자유주의적·보수주의적 취향의 지식인들에게는 고난의 시기였던 것 같다.[30] 그런데 자유주의적 지식인들이 자기 목소리를 내며 사는 것은 고사하고 거의 숨통이 막힐 지경인 상태에서 연명해야 했던 사정은 정도의 차이만 있을 뿐 타이완에서도 마찬가지였다. 타이완으로 옮긴 국민당 정권 아래에서도 자유주의 지식인들은

29 진춘밍·시쉬옌, 《문화대혁명사》, 이정남·하도형·주장환 옮김(나무와 숲, 2000), 27~29쪽.

30 중국에서 사회주의가 성립한 것은 우선 지식인에게는 자신들의 우월한 지위를 상실했음을 뜻하는 것이다. 중앙통전부中央統戰部의 1955년 통계를 보면 무엇보다도 생활상에서 절대다수의 고급 지식인들이 항전 시기보다 수입이 크게 줄어든 사실을 알 수 있다. 1955년 대학교수가 받는 가장 많은 월급이 인민폐 252.6위안이었는데, 이는 항전 시기의 1,500위안과 견주어보면 약 6분의 1에 지나지 않는다. 裵毅然, 〈自解佩劍 : 反右前知識分子的陷落〉, 《二十一世紀》 2007年 8月號, 39쪽.

끊임없이 독재정권과 싸워야 했다.[31] 공산당에 의한 문화대혁명을 전통문화에 대한 파괴행위로 본 장제스蔣介石는 1960년대 후반부터 약 15년 동안 중화문화 부흥운동을 일으킨다. 이 운동은 민족 고유의 전통문화를 부흥시킨다는 목적에 따라 1966년부터 시작되었으며 대륙 시대 국민당의 문화정책과 연속성을 띠고 있었다.[32] 타이완의 이 시기 또한 자유주의 지식인에게는 고통의 세월이었다. 대륙과 타이완은 서로 반대 방향에서 자유주의 지식인의 제거를 통한 권력자의 대중 지배 프로젝트를 똑같이 가동하고 있었던 것이다.

대륙에서는 문화대혁명 이후 당내에 범시파凡是派, 환원파, 개혁파, 급진파 등 4개 파벌의 합종연횡이 시작된다. 이 과정에서 주목할 만한 세 가지 사건이 있다.

첫째, 당내 민주파의 출현과 흥기이다. 그런데 당내의 민주파를 서양 학자들은 '이견 분자'라 하고 중국공산당 내의 보수파는 이들을 '자유화 분자'라 한다. 문화대혁명 이후 중국공산당 내의 고급 지식인과 간부 중에서 민주적 사상해방을 요구하는 인사도 출현했고 그 수는 점점 늘어나 하나의 민주 역량을 형성했다.[33] 그 뒤 이들을 당내 민주파라고 일컬었다.[34]

둘째, 범시파가 정식으로 중국공산당 통치계층의 정치역량이 되었다. 사인방四人幇이 타도되고 문혁이 마무리되었지만 문혁 중에 이익을

---

31 이에 대해서는 민두기, 《시간과의 경쟁》(연세대학교 출판부, 2001)의 '타이완' 부분 참조.

32 菅野敦志, 〈中華文化復興運動にみる戰後臺灣の國民黨文化政策〉, 《中國研究月報》 2005年 5月, 17쪽.

33 蘇紹智, 《十年風雨—文革後的大陸理論界》(時報文化出版企業有限公司, 1996), 26~27쪽.

34 蘇紹智, 《十年風雨—文革後的大陸理論界》, 30쪽.

본 사람들, 즉 화궈펑華國鋒과 이른바 '소小사인방'이라 불리는 왕동싱王東興·우더吳德·천시롄陳錫聯·지덩꾸이紀登奎를 비롯해 중하층 간부 몇 명이 각급 권력을 장악했다. 그들은 민심을 얻기 위해 사인방을 비판하려 했다. 그러나 이 비판행위는 자신들의 개인적인 이익을 지키기 위한 것이었을 뿐, 자신들의 영험스러운 보옥[通靈寶玉]인 마오쩌둥과 그의 사상을 거스르는 데까지 나아가지는 않았다.[35]

셋째, 사회 기층에서 분출된 비마르크스주의적 민주파가 점차 성장하여 독립된 정치 역량이 되었다. 이 유파는 근본적으로 중국의 문제를 해결하려면 반드시 일당독재를 폐지하고 서구의 방식과 비슷한 민주제도를 실시해야 하며, 마르크스주의와 사회주의를 포기하고 사회적인 민주의식을 환기해야 하며, 독립적인 정치역량을 발전시키고 급진적인 정치투쟁을 진행해야만 비로소 진정한 민주와 자유와 인권을 획득할 수 있다고 생각했다. 이들은 관방의 정치사상과 확실히 대립되는 견해를 취하고 있다. 이들은 사회적·사상적으로 청년 지식인들로, 그중 다수는 서로 다른 시기에 사회민주운동 분야에서 활약한 인물들이다. 대표적인 인물은 웨이징성魏京生·왕시저王希哲·런완딩任畹町·후핑胡平 등이며 나중에는 과학계·문화계의 저명한 인사인 팡리즈方勵之·리수셴李淑嫻 등도 참여했다.[36] 이 과정에서 민주파가 등장하는데, 이것은 중화인민공화국 성립 이전 몰락해갔던 중간당파와 자유주의 지식인이 부활하는 조짐으로 읽을 수 있다.

이런 분위기 속에서 문혁 이후 원래의 회의주의 사조가 일변하여

35 蘇紹智, 《十年風雨—文革後的大陸理論界》, 30쪽.
36 蘇紹智, 《十年風雨—文革後的大陸理論界》, 32~33쪽.

계몽주의 사조로 변화했다. 반봉건, 반전통, 개성 고취, 자아 선양을 핵심 내용으로 하는 이러한 계몽주의는 빠른 속도로 사회 여론을 주도하게 되었다. 1970년대 말 계몽주의는 문학에서는 상흔문학·반사反思문학으로 표현되고 철학계에서는 인생·소외·인도주의 토론으로 나타났다. 과거 계급투쟁을 핵심으로 했던 혁명 이데올로기는 기본적으로 전복되었다.

그러나 이 신계몽주의가 5·4 신문화운동 시기와 다른 성격을 띠는 것은 그것이 문혁이 종료된 바로 그 시점에 탄생했다는 점에서 비롯된다. 중국의 신계몽주의의 운명은 군중 조반운동이 실패하고 국가가 일체를 지배하게 된 상황에서 출현했던 역사 기원과 밀접한 관련이 있다. 그래서 중국의 어느 유명 지식인은 다음과 같이 말한다. "1970년대 후반부터 나타나기 시작한 중국의 신계몽주의는 출발부터 국가와 정권의 폭력에 대해서는 비판적인 자세를 취했지만 자본과 시장에 대해서는 비판적인 능력을 보유할 수가 없었다." 이런 식의 신계몽주의는 "필연적으로 일종의 식민지 문화 심리를 뿌리 깊게 만들었다. 1980년대를 경과하면서 중국인의 마음속에서 서양은 문명, 부유, 그리고 지혜로운 인간의 천당이 됐으며 인권, 법치, 그리고 자유로운 이상국이 되었다. 반면에 중국의 산천, 풍토, 인정 등은 모두 전제, 암흑, 우매의 상징이 되어 버렸다."[37]

서론에서 소개한 바 있는 1989년 상반기에 진행된 '신권위주의 토론'은 바로 이처럼 중국의 근본을 부정하는 듯한 정서에 대한 반감과 위

---

37 祝東力·瑪雅, 〈中國 : 文化大國的興衰與重構〉(對談), 《天涯》 2008年 3期, 18~19쪽.

기의식에서 비롯된 것이다. 그런데 이 위기의식이 중국의 사회주의를 고수하려는 구보수주의 계열에서 나온 것이 아니라 1980년대 개혁의 풍향계 구실을 했던 급진주의 또는 신계몽주의 사조 내의 온건한 계열에서 비롯되었다는 점에 주목할 필요가 있다. 그러니까 신권위주의는 역설적으로 1980년대 사상의 치우침에서 출현한 것이다.

또한 신권위주의는 1989년 6·4 천안문사태를 거치고, 1992년 덩샤오핑의 남순강화로 상징되는 중국의 자본주의적 개방이 강화되는 과정에서 신보수주의라는 이데올로기 형태로 전화한다. 요컨대 중국의 신보수주의는 덩샤오핑을 중심으로 한 중국공산당 내부의 주류 계열과 이에 동조한 1980년대 신계몽주의 진영을 구성했던 온건 계열의 지식인 집단이 중국사회의 위기를 극복하는 하나의 이념적 틀을 제시하고자 한 것[38]에서 그 출현의 정치·문화적 배경을 찾을 수 있다. 결국 한목소리를 냈던 신계몽주의 사조의 분화[39]는 신권위주의를 둘러싼 토론으로 시작되었다고 할 수 있다. 신보수주의 출현은 이 같은 사상적 배경에서 촉진되었다고 할 수 있다.

(2) 신보수주의의 성격

먼저, 신보수주의 현상이 유행한 1990년대는 1980년대와 달리 민주주의가 민족주의 물결에 압도당한 시기였다. 신보수주의의 출현은

---

38 미국의 신보수주의도 경제적 쇠퇴와 정치적 위기에 따른 지배집단의 위기 극복전략으로 배태된 것이다. 강명구, 〈미국의 신보수주의 : 문화의 정치와 뉴스대중주의〉, 《지역연구》 2(1)(서울대학교 지역종합연구소, 1993), 157쪽 참조.

39 이에 대한 자세한 내용은 진관타오·왕후이·조경란, 〈중국지식인의 학문적 고뇌와 21세기의 동아시아〉, 277쪽 참조.

이러한 흐름과 무관하지 않다. 즉 신보수주의는 문화적으로는 유학 열풍과 사회적으로는 민족주의 열풍이 서로 영향을 주고 촉진해가는 상황에서 주류 이데올로기로 떠올랐다고 할 수 있다.

20세기 초 '차식민지次植民地'의 처지로 전락했던 중국은 그런 상황에서도 100년 후에는 강국이 될 것을 꿈꿔왔다. 현재 중국 지식계에서 나타나는 위와 같은 신보수주의나 유학 담론, 민족주의 담론은 강국몽이 꽤 많이 현실화한 상황에서 21세기의 대국 중국의 위상에 걸맞은 '정체성' 찾기의 일환이라 할 수 있다. 어느 국가에서든 경제가 발전하는 시기에 이런 사조가 출현하는 것은 일반적인 현상이다. 이 때문에 장쉬동張旭東도 민족주의의 출현은 근대성이라는 역사 단계와 구조적으로 연결되어 경제성장기에 나타나는 것으로, 중국만의 독특한 현상이 아니라 보편적인 현상이라고 강조한 바 있다.[40]

그러면 중국에서는 무엇을 신보수주의로 보는가? 이는 입장에 따라 다르다. 다만 대개 정치적으로는 신권위주의, 경제적으로는 자유주의, 문화적으로는 전통주의의 입장을 가리킨다.[41] 이처럼 얼핏 일관된 사상체계가 아닌 일종의 조합처럼 보이는 신보수주의의 출현은 중국 사상계의 논제가 이미 전통/현대, 견지/발전, 중국/서양 등의 고식적인 대립방식의 문제 설정에서 벗어나 중국은 어디로 갈 것인가, 즉 새로운 사회 모델 탐색이라는 실제적 문제에 초점을 모으고 있음을 뜻한다.[42]

---

40 張旭東, 〈民族主義與當代中國〉, 《民族主義與轉型期中國的運命》(時代文藝出版社, 2000), 430~431쪽.

41 張靜, 〈"新保守主義"學術取向〉, 《二十一世紀》 1997年 2月號, 22쪽.

42 張靜, 〈"新保守主義"學術取向〉, 24쪽.

각 유파의 성격 구도도 비사회주의 국가와 엇비슷하게 바뀌어갔다고 할 수 있다. 그것은 중국도 구호로만 사회주의가 남아 있을 뿐, 실제로는 신자유주의 세계체제 속으로 깊이 진입해가면서 자본주의 국가와 비슷한 사회 성격을 띠게 되었기 때문이기도 하다. 좌우파를 구분하는 기준도 구사회주의 체제의 유지 여부가 아니라 아래의 표[43]에서 보는 바와 같이 매우 다양해졌다. 그리하여 5·4운동, 프랑스혁명, 민족주의, 세계화, 시장경제, 국가와 복지 문제, 경제 민주, 정치 민주, 유학 전통, 사회주의 역사 등을 어떻게 보느냐에 따라 좌우파·중간파로 나눌 수 있게 되었다.[44]

그러나 이런 변화는 한편으로는 지식계의 견해가 다양해졌기 때문

43 〈표〉 1980~90년대 중국의 좌우파 사상 지형도

시기	유파	5·4운동, 프랑스 혁명	민족주의, 애국주의	세계화	시장경제, 발전주의	경제 민주	정치 민주	유학 전통 사상	국가의 對인민 복지	중국 사회주의 역사
80년대	보수파		○	×	×	○	×	×		○
	급진(자유)파		△	○	○	×	○	△		×
90년대	신좌파	○	○	×	×(△)	○	△(×)	△	○	○
	자유주의 좌파	○	×	○(△)	○	△	○	△	△	×(△)
	자유주의 우파 (신우파?)	×(△)	○(△)	○	○	×(△)	△	△(○)	×	×(△)
	문화보수주의(파)	×	△(○)	○	○	×	×(△)	○	×	×

※단, 이 표는 사상 지형에 대한 독자의 이해를 돕기 위해 필자 개인의 판단을 토대로 제시한 것이다. 따라서 필자의 주관적인 견해가 반영됐을 수 있으며, 2013년 현재 시점은 1990년대와는 상황이 조금 달라졌다는 점도 아울러 밝혀둔다. 이에 대해서는 조경란, 《현대 중국 지식인 지도》(글항아리, 2013) 참조.

44 이에 대해 자유주의 좌파 중 학문적으로 가장 왕성한 활동을 벌이고 있는 학자 가운데 한 사람인 친후이秦暉는 여전히 중국의 좌우파는 서양의 좌우파와 반대로 봐야 한다고 주장하기도 한다. 그의 이런 주장은 자본주의에 대한 비판보다는 헌정憲政이 아닌 훈정訓政을 하고 있는 중국공산당에 대한 정치적 비판 여부를 기준으로 좌우파를 구분해야 한다는 뜻으로 읽힌다. 2004년 친후이와의 인터뷰(조경란, 《현대 중국사상과 동아시아》[태학사, 2008]) 참조.

인 것처럼 보이기도 하지만, 다른 한편으로는 또 다른 단일화를 향해 가고 있는 상황을 반영하는 것일 수 있다. 인문철학에 관심을 쏟았던 1980년대의 영향력 있는 지식인들 대다수가 1990년대로 오면서 정치철학으로 방향을 바꾸었다. 그 원인은 그 무렵 진행되고 있던 전 지구적인 변화, 즉 동유럽과 소비에트 사회주의의 붕괴, 중국사회의 1989년 천안문사태의 충격에 있었다. 그러나 무엇보다도 사회가 전반적으로 시장화, 상품화해가고 있었다는 점이 가장 큰 원인이라고 할 수 있다.

이런 사회적 분위기는 당연히 중국의 지식인들을 심리적으로 위축시키는 결과를 초래했다. 이는 1980년대 지식계의 분위기와 확연히 비교된다. 1980년대는 지식인들이 무엇을 할 수 있다는 자신감을 회복한 시기이기도 하다. 1980년대를 대표하는 간양 주편의《문화 : 중국과 세계文化 : 中國與世界》, 진관타오金觀濤 · 류칭펑劉青峰 부부 주편의《미래로 나아가다走向未來》, 탕이제湯一介 주편의《중국문화서원中國文化書院》등 3대 총서의 존재는 그 표징이라 할 수 있다.

1980년대는 중국에서 사회과학이 아직 형성되지 않은 시기였다. 이때는 인문학이 선도적인 역할을 할 수 있었다.[45] 1980년대 후반을 달군 문화열文化熱 논쟁도 사실은 이들 인문학자가 주체가 되어 일어났다. 그중에서도 철학은 다른 인문학보다 좀 더 주도적인 위치에 있었다고 할 수 있다. 위 3대 총서 주편들의 면면만 보더라도 모두 철학을 전공한 인물들이었다.

그리고 1990년대 서양에서 들어온 급진주의 이론과 중국이 조우하

45 查建英,《八十年代訪談錄》(生活·讀書·新知 三聯書店, 2006), 231～232쪽.

는 방식에서도 중국 신보수주의의 성격이 어떻게 형성되는지가 여실히 드러난다. 5·4 시기에는 서양에서 들어온 급진주의가 반주류, 반전통과 결합했다고 할 수 있다. 반면 1990년대에는 에드워드 사이드의 후식민주의 같은 이론이 중국에 들어왔을 때 오히려 주류의 역량을 강화하는 쪽으로 기능했다. 다시 말해 일부 서양 급진주의 이론은 중국에 들어와 중국 지식인의 문화민족주의를 강화시켰다. 아울러 이러한 문화민족주의는 민족국가의 문제와 결합되었다.

5·4 이래 한편에는 반전통운동, 다른 한편에는 매우 강렬한 문화보수주의운동이 존재했다. 이 문화보수주의는 1990년대 초기에 이르러 꽤 많은 지식인, 그것도 청년 지식인의 환영을 받았다. 이렇게 된 데에는 나름의 역사적인 원인이 있는데, 하나는 근대 급진주의에 대한 반사反思로 표현될 수 있으며, 다른 하나는 전통문화 계승을 민족국가의 이익에 대한 유지와 옹호로 연결하는 것이다. 이로써 결과적으로 주류를 강화하게 되는데, 똑같은 이론이 미국에서 갖는 함의와 중국에서 갖는 함의가 완전히 상반되는 이유가 바로 이 때문이다.[46]

중국 신보수주의의 출현에 대한 견해와 평가도 지식인에 따라 상반되게 나타난다. 예컨대 간양은 중국에서는 이미 혁명의 시대가 끝났기 때문에 이제 극단적인 급진을 두려워할 필요가 없으며, 오히려 극단적인 보수를 경계해야 한다고 주장한다. 따라서 간양은 중국의 상황에 비추어 다음과 같이 문제를 제기할 필요가 있다고 생각한다. 즉 자유주의의 이름으로 민주를 부정하는 것을 거절해야 하고, 영국혁명으로 프

46 汪暉·張天蔚, 〈文化批判理論與當代中國民族主義問題〉, 《民族主義與轉型期中國的運命》(時代文藝出版社, 2000), 396~397쪽.

랑스혁명을 부정하는 것을 배척해야 하고, 버크Edmund Burke로 루소Jean-Jacques Rousseau를 부정하는 것을 배척해야 하고, 중국 전통의 이름으로 서양 계몽 이후와 중국 5·4 이후의 현대성 전통을 부정하는 것을 거부해야 한다는 것이다. 또한 그는 자유주의와 민주의 변증법적인 관계를 새롭게 재인식해야 하고 계몽 혁명과 현대성 등 기본 문제의 착종성과 복잡성을 다시 한 번 새롭게 인식해야 한다고 말한다.[47] 보수주의에 대한 간양의 이러한 경계와 비판에 대해 왕위에추안王岳川은 그것이 첫째는 1980년대의 급진주의적 서양화 시기를 향한 그리움의 표현이고, 둘째는 중국 현재의 거짓 엘리트주의에 대한 비판이라고 평한 바 있다.[48]

장징張靜 같은 학자는 신보수주의를 조금 다르게 정의한다. 그는 1990년대에 나타난 신보수주의의 사상 자원은 매우 광범한데, 서양 사상과의 연계가 분명히 증강되는 형국이라 할 수 있다는 것이다. 그에 따르면 신마르크스주의, 정치사회학, 발전경제학, 비판법학, 합작주의 같은 이론들이 신보수주의에 영향을 주고 있다.[49]

그러나 대체로 정부의 유관 기관이 정의하는 신보수주의는 현존 질서의 혼란과 붕괴를 피하면서 기본 제도를 유지하는 기초 위에서 점진적인 개혁을 추천하는 것을 주 내용으로 한다. "신보수주의는 전통적인 수구세력과도 다르며 전통과 현존 질서 속에서 합리적인 요소를 이용할 것을 주장하며 서양의 제도 속에서도 합리적인 요소를 점진적으로

---

47 甘陽, 〈反民主主義的自由主義還是民主的自由主義〉, 6~7쪽.

48 王岳川, 〈當代文化硏究中的激進與保守之維〉, 孟繁華 主編, 《九十年代文存》(中國社會科學出版社, 2001), 148쪽.

49 張靜, 〈"新保守主義"學術取向〉, 《二十一世紀》 1997年 2月號, 21쪽.

수용하여 중국의 현대화를 실현한다. (……) 경제적으로는 우경 일변도의 추세를 경계하고, 문화적으로는 전통문화의 창조적 전화를 추동하며, 국가와 민족의 이익을 유지하는 것을 현대화 건설의 정신 자원으로 한다. 신보수주의는 사회주의, 전통문화, 애국주의와 현대화 정신문명의 유기적 결합이다."[50]

1990년대 초반 정부의 유관 기관에서 신보수주의에 관한 이와 같은 내용의 기술이 나왔다는 점을 고려하면 중국공산당은 정치적으로는 마르크스-레닌주의, 마오주의라는 공식 깃발 아래 신권위주의적인 시각을 취하고 경제적으로는 자유주의를, 사회적으로는 민족주의(또는 애국주의)를, 문화적으로는 문화보수주의 또는 유학의 시각을 보여준다고 할 수 있다. 이 내용에서 우리는 중국공산당이 어느 한 유파하고만 협력할 수 없다는 사실을 알 수 있다. 그러니까 어느 한 유파가 유독 중국공산당과 협력하거나 대립하고 있는 것이 아니라 좌우파 모두 부분적 협력과 부분적 대립의 관계에 있다고 할 수 있다.

3. 중국 신보수주의의 연원과 특징[51]

중국 지식계에서 신보수주의의 연원과 계보를 어떻게 볼 것인가에

---

50 中國青年報思想理論部 編, 〈蘇聯巨變之後中國的現實應對與戰略選擇〉, 《觀點訪談》 1991年 26期 ; 張靜, 〈"新保守主義"學術取向〉, 《二十一世紀》 1997年, 24~25쪽.

51 이 주제는 이 장 전체의 주제와 밀접하게 관련되지만, 지면 관계상 본격적으로 다루기에는 한계가 있다. 따라서 여기에서는 중국에서의 논의와 내 견해의 일단만 소개하는 것으로 만족하고 다른 기회를 기약하고자 한다.

대해서도 사실 합의된 바가 없다. 따라서 논자마다 신보수주의의 기원을 다르게 볼 가능성이 높다.

샤오공친蕭功秦은 중국 신보수주의의 사상적 연원을 19세기 말 20세기 초의 사상가 옌푸嚴復에게서 찾는다. 그는 옌푸가 공개적으로 발설하지는 않았지만 보수주의의 원조로 통하는 영국의 보수주의자 버크를 참고 체계로 하여 중국의 근대 기획을 시도했다고 평가한다.[52] 샤오가 옌푸를 신보수주의의 기원으로 보는 주된 이유는 무엇보다도 옌푸가 서양의 지식을 중국의 부와 강의 추구, 즉 근대화를 위한 수단으로 이해하려 했다는 점 때문이며 이 근대화는 또한 궈칭國情, national spirit, 다시 말해 유학에 근거해야 한다고 주장했다는 점 때문이다. 이러한 생각에서 옌푸는 캉유웨이와 량치차오梁啓超의 1898년 개혁에 대해 비판적이었다.

샤오에 따르면 신보수주의자로서의 옌푸는 현대화에는 반대하지 않으면서 오래된 관료 시스템은 가혹하게 비판했다. 그렇지만 또한 동시에 급진적 근대화론자는 아니었다.[53] 샤오는 옌푸가 서구 문화와 기술이 단순하게 중국에 이식될 수 없으며 중국 전통 안에서 공명할 수 있는 측면을 찾아야 한다는 생각을 하고 있었다고 본다. 다시 말해 옌푸는 근대화 중국 고유의 문화에 기반한 요소들의 성장, 발전, 성숙에 기초해 이루어져야 한다고 생각했다는 것이다.[54]

샤오공친이 여기서 보수주의 앞에 신新 자를 붙여 옌푸를 거명하는

---

52 蕭功秦, 〈當代中國新保守主義的思想淵源〉.

53 Fewsmith, Joseph, *China since Tiananmen-from Deng Xiaoping to Hu Jintao*, p. 101.

54 Fewsmith, Joseph, *China since Tiananmen-from Deng Xiaoping to Hu Jintao*, p. 101.

것은 청말淸末에 최소한의 변화마저 거부하면서 중국의 개혁을 반대했던 무능한 구관료의 보수주의 기획과 차별화하기 위한 것이다.[55]

주지하듯 옌푸는 영국에서 유행하던 사회진화론을 중국에 처음으로 소개하여 강권의 원리가 세계를 움직이는 공리公理임을 알린 인물이다. 사회진화론에 근거하여 민족주의적 결집을 역설한 옌푸는 민족을 집단 진화의 최종 구현체로 보았다. 옌푸는 자신의 정치사상의 근거를 몰도덕적인 민족에서 찾고 있다. 이런 연유로 옌푸는 근대 사회과학의 정형을 사회학[群學]에 두었다. 이 점에서 민족 간의 경쟁과 지배의 역사적 현실을 드러내는 사회진화론적 사고가 중국 근대의 민족주의의 이론적인 지평을 열어주었다고 할 수 있다. 사회진화론의 이론적 기초에 근거한 근대 국민국가의 이러한 미래 비전은 그대로 량치차오에게 전해졌다고 할 수 있다.[56]

이런 점에서 중국 신보수주의의 기원을 옌푸만이 아니라 량치차오에게서 찾는 것도 큰 무리는 아닌 듯하다. 그런데 샤오공친은 옌푸를 점진주의자로 보는 데 반해 량치차오를 급진주의자로 보고 있다.[57] 샤오

---

55 샤오공친이 말하는 신보수주의는 이 장에서 다루는 현대의 신보수주의와 다른 의미라는 점에 주의해야 한다. 변법파와 옌푸를 구별하기 위해, 그리고 19세기 말 청대의 구관료인 보수파와 옌푸를 구분하기 위해 쓰는 용어라 할 수 있다.

56 조성환, 〈中國近代民族主義의 理論形成과 政治戰略, 1895-1904〉, 한국사회사연구회 엮음, 《중국·소련의 사회사상》(문학과지성사, 1990), 16~17쪽.

57 샤오공친과 서문에서 소개한바, 진보 대對 보수 논쟁을 일으켰던 위잉스 모두 캉유웨이와 량치차오를 급진주의자로 본다. 위잉스는 캉유웨이와 량치차오의 변법이 '전변全變'과 '속변速變'을 요구한 것이라고 보고 있다(余英時, 〈中國近代史思想史上的激進與保守〉, 《知識分子立場—激進與保守之間的動蕩》[時代文藝出版社, 2000], 6~7쪽 참조). 샤오공친은 변법파 계열 지식인들이 중국의 위기 상황에 너무 조급하게 대처했으며, 급진적 개혁 전망에 대해서도 매우 단순하게 접근하고 근거 없이 낙관했다고 평가한다(蕭功秦, 〈戊戌變法的再反省—兼論早期政治激進主義的, 文化根源〉, 《激進與保守之間的動蕩》[時代文藝出版社, 2000], 131쪽 참조).

가 의도한 점진주의의 핵심은 리버럴 민주주의를 지지할 수 있는 정치적·경제적 시스템을 세우는 것이다.[58] 그러나 량치차오가 변법운동에 참여한 이후 1903년께까지는 급진적인 성향을 보이지만 그 뒤로는 개명전제론을 주장하는 등 정치적으로 점진적인 개혁을 주장했다는 것은 이미 알려진 사실이다.[59] 따라서 량치차오의 전반적인 사상 경향은 자유주의, 민족주의, 보수주의 등의 절충과 조합으로 보는 것이 타당하다고 할 수 있다.[60] 이 장의 첫머리에서도 제시했듯이 정치, 경제, 문화에 관한 불일치한 성향이 한 사상가 안에 혼재되어 나타나는 중국 지식인들 특유의 현상을 량치차오에게서도 발견할 수 있는 것이다. 이런 정황을 고려하면 량치차오를 중국 신보수주의의 기원을 이루는 한 인물로 보는 것도 무리는 아닌 듯하다.[61]

그러나 옌푸와 량치차오는 중국에서 자유주의의 기원을 설명할 때도 빠질 수 없는 인물들이다.[62] 왜냐하면 신문화운동 이전에 자유를 언급한 사상가로 옌푸와 량치차오를 빼놓을 수 없기 때문이다. 그만큼 이들의 사상적 스펙트럼의 범위가 넓다는 뜻도 된다. 이들은 마쥔우馬君武와 함께 밀의 《자유론》을 번역(번역서 제목은 《자유원리自由原理》)하는 등

---

58 Fewsmith, Joseph, *China since Tiananmen-from Deng Xiaoping to Hu Jintao*, p. 103.

59 물론 이렇게 보는 데는 이론의 여지가 있다. 특히 1920년대 량치차오는 여성관이나 문화적인 측면에서 매우 전향적인 모습을 보여주기 때문이다.

60 이런 주장을 대표하는 저서로는 Huang, Philip C., *Liang Chi-chao and Modern Chinese Liberalism*(University of Washington Press, 1972) 참조. 여기에서 황은 량치차오의 자유주의가 유가 사상과 메이지 일본의 사상, 그리고 서양 사상의 혼합이라고 말한다.

61 그러나 앞에서 본 것처럼 위잉스는 급진 대 보수 논쟁의 포문을 열면서 19세기 말의 량치차오를 포함한 변법파 계열을 급진의 기원으로 해석한다. 이 문제는 그리 단순하지 않기 때문에 앞으로 많은 토론이 필요하다고 생각한다.

62 조경란, 〈중국 근대의 자유주의〉, 《중국 근현대 사상의 탐색》(삼인, 2003).

중국에 자유론을 소개하는 데 적지 않은 역할을 했다. 물론 그들이 자유주의를 수용한 것은 서양의 침략에 대응한 중국의 부강과 국가 유기체의 공고성 유지라는 목적 때문이었지만 말이다.

옌푸는 당시 공화론 논의가 광범위하게 진행되면서 형성된 여론의 분위기를 의식하면서《군기권계론群己權界論》(밀의《자유론》에 대한 옌푸의 번역명) 서론에서 루소의 천부인권론을 노골적으로 비판했는데, 이 점을 봐도 그의 번역 행위와 가치 신념은 별개였다고 할 수 있다. 옌푸가 정치적 자유를 노골적으로 반대하고 나선 것에 견주어 량치차오는 자신의 논설과《자유원리》서문에서 정치적 자유를 주장했다. 그런데 이 경우에도 이러한 주장이 자기 체계를 갖추고 일관성 있게 지속된 것은 아니었다.

그러나 이들이 자유주의를 하나의 이론체계 안에서 이념이나 가치로서 받아들인 것이 아니었다 해도 당시 이들의 번역과 논설이 지니는 객관적인 사상적 기능은 다원적이고 복합적으로 평가되어야 한다. 따라서 중국의 당시 사상적 맥락에서 이들은 자유주의와 신보수주의의 광범위한 스펙트럼이라는 범주에서 유동적으로 자리매김되어야 한다. 옌푸와 량치차오가 보여주는 자유주의에 대한 이중적인 면모야말로 그들을 신보수주의의 기원으로 보는 근거가 될 수도 있다. 이들이 유교적 지식인으로서 보여주는 이러한 이중적인 태도에 대한 세밀한 분석이야말로 중국에서 신보수주의와 자유주의의 초기 형태가 어떠했는지 추적하는 데 필수 불가결한 작업이 될 것이다.

이와 같이 옌푸와 량치차오를 기준으로 중국 신보수주의의 기원을 설명하자면 이들의 고민 속에서 두 가지 모순적인 지경이 읽힌다. 하나는 신보수주의는 급진주의의 전면적인 반전통을 비판한다. 신보수주의는 급진주의가 자기의 역사 문화를 부정하게 되면 규범 상실을 초래한다고 생각한다. 다른 하나는 전통으로 돌아가자고 주장하더라도 근본주의적인 전통주의의 부활은 경계한다.[63]

어찌 보면 전통에 관한 중용의 도[中庸之道]를 찾고자 한다고 볼 수 있는 신보수주의는 세 가지 측면에 주의를 기울인다. 첫째, 신보수주의는 전통 질서의 제도적인 요소 중에서 현대화 변혁에 유효한 합리적 요소 찾기를 추구한다. 둘째, 신보수주의는 전통적인 권위 속에서 현대화를 향한 새로운 형태의 권위주의적 정치 기제를 찾을 것을 추구한다. 셋째, 신보수주의는 중국의 전통적인 지혜 안에서 과도 사회의 안정을 유지할 만한 사상적 소인을 찾을 것을 추구한다. 아울러 민족 주류의 문화, 즉 유가문화 속에서 민족을 응집하는 데 유리한 정신적 요소를 찾아내 민족 결합의 신자원으로 삼고자 한다.[64]

4. 신보수주의의 문화 구상과 유학의 재해석[65]

그렇다면 중국의 신보수주의와 국학(유학)의 관계를 어떻게 설정해야 할까? 물론 이 문제는 중국의 신보수주의를 어떻게 정의하는지, 국학을 어떻게 보는지에 따라 달라질 것이다. 더 나아가 국학을 구성하는

---

63 蕭功秦, 〈當代中國新保守主義的思想淵源〉, 134~135쪽.

64 蕭功秦, 〈當代中國新保守主義的思想淵源〉, 135쪽.

65 이 절은 조경란, 〈국학열풍… 21세기 '중국의 존엄' 보여줄까〉(《경향신문》 2008년 8월 20일)를 토대로 수정·보완한 것이다.

유학의 성격을 어떻게 규정하느냐에 따라 다른 결론이 도출될 수 있다. 일단 앞 절의 내용을 기준으로 보면 신보수주의는 유학을 주 내용으로 하는 국학과 불가원不可遠의 입장을 취해야 한다고 보는 것 같다. 어쨌든 누가 뭐래도 유학은 중국의 미래를 설계하는 데서 가장 강력하게 고려해야 할 문화적 기초가 될 수밖에 없다. 150년 가까이 굴욕을 경험한 중국으로서는 21세기 대국으로 굴기해야 하고, 그 '소임'을 떠맡은 신보수주의는 유학과의 관계에서 수위를 어떻게 조절할 것인지 결정해야 할 것이다.

그런데 2000년대 들어 중국의 사상 문화계에서는 유가를 중심으로 한 국학 열풍이 1840년대 이래 최고조에 이르고 있다. 다큐멘터리 〈허상〉에서 보듯이 1980년대의 문화 붐이 황색 문명에 대한 남색 문명의 대체를 주장하면서 전통문화를 철저하게 부정한 것과 달리 지금의 국학 열풍은 전통문화를 지나치게 중시한다는 특징이 있다.[66]

또한 현재의 국학 열풍은 지식인들만의 논의로 한정된 것이 아니다. 《사고전서四庫全書》를 능가하는 《유장儒藏》이라는 유학 관련 문헌의 대규모 편찬사업이 벌어지고, 인민대학의 국학원 설립을 필두로 각지에서 국학 연구원이나 국학 강습반이 앞다투어 설치되는 등 대규모 물적 기반이 동원되고 있다. 보도에 따르면 2005년 이후 공자학원은 벌써 140여 개소가 생겼으며 2014년 현재 통계에 따르면 전 세계 91개 나라에 322개소가 설치되었다(百度知道 2016년 6월 12일). 2007년에는 《논어》 관련 해설서만 해도 100종이 넘게 출판됐으며,[67] 한국에도 번역 소

---

66 許總, 〈"國學"的定位與文化選擇的"度"〉, 24쪽 참조.

67 陳來, 〈孔子與當代中國〉, 《讀書》 2007年 11月, 16쪽.

개된 위단于丹의 《논어심득論語心得》은 2014년 공식 통계로 600만 부가 넘게 팔려나갔다.[68] 위단 현상을 낳기도 했던 이 책은 평가가 분분하지만 1960~70년대에 '홍바오수紅寶書', 즉 마오 선집이 돌풍을 일으킨 이래 처음이다.[69] 유가문화에 대해 대중이 보여준 이와 같은 '열정'은 지식인의 예상을 훨씬 뛰어넘는 것이다.[70]

이러한 국학 붐은 왜 일었을까? 중국에서 유학 관련 담론을 주도하는 인물 중 한 사람인 칭화清華대학의 천라이陳來는 국학 열풍을 1990년대 이후 중국 경제의 발전에 따른 전 민족적 자신감과 문화적 자신감의 반영이며 민족정신과 윤리도덕의 재건을 향한 민중의 강렬한 요구라고 해석한다.[71] 맞는 말이다. 중국은 벌써 세계적인 경제대국이 됐으며, 이제는 자기 문화유산을 긍정할 차례가 되었다. 앞에서 말한 위단의 책도 바로 이러한 작업의 일환으로, 중국인들에게 전통에 대한 자부심을 느끼게 하는 동시에 중국의 전통문화와 현대 생활의 요구가 화해, 일치한다는 것을 보여준 것이라 할 수 있다.[72]

그러나 이렇게 거센 국학 열풍을 대중의 순수한 욕망이 표출된 것으로만 해석하면 곤란하다. 매스미디어와 기업, 그리고 민간의 상업적인 목적을 배제할 수 없기 때문이다. 무엇보다도 국가의 사상 교육에 대한 통제가 여전히 보편적으로 이루어지고 있는 중국의 특수한 정치 상황에서 후진타오 정부의 조화사회론이 나온 직후 국학 열풍이 훨씬 강

---

68 http://www.storydriveasia.com/cn2014(검색일 2016년 6월 12일).

69 貝淡寧, 〈《論語》的去政治化—《于丹〈論語〉心得》簡評〉, 《讀書》 2007年 8月, 46쪽.

70 陳來, 〈孔子與當代中國〉, 16쪽.

71 陳來, 〈孔子與當代中國〉, 16쪽.

72 貝淡寧, 〈《論語》的去政治化—《于丹〈論語〉心得》簡評〉, 《讀書》 2007年 8月, 47쪽.

력해졌다는 점을 감안한다면, 이에 대한 국가의 묵인 또는 협조가 든든한 기반이 되어주고 있다는 점을 간과해서는 안 된다.

재미있는 것은 이러한 국학 열풍의 와중에 1990년대에는 진보 진영 학자였던 간양까지 가세하여 이른바 '유가사회주의공화국'을 주장했다는 사실이다. 그는 후진타오 정부가 사회주의 조화사회 건설을 내건 이후 '먼저 부자가 되는[先富]' 것이 아닌 '함께 부자가 되는[共富]' 것을 추구하는 것이 사회적 공감대[新改革共識]를 형성했다고 평가한다. 간양은 이 신개혁 공식의 실현은 세 가지 전통, 즉 덩샤오핑 시대의 자유와 권리 전통, 마오쩌둥 시대의 평등과 정의 전통, 그리고 수천 년 동안 중국문명을 지배해온 유가[孔夫子]의 전통이 함께 작용해야 가능하다고 믿는다. '유가사회주의공화국'은 바로 이 세 전통의 상호 비판과 보완이 있을 때 실현 가능하다는 것이다.

또한 간양은 중화인민공화국의 실제 함의도 '유가사회주의공화국'과 비슷하다고 본다. '중화中華'의 의미는 중화 문명이며 그 근간은 유가를 중심으로 한 도가, 불교, 그 밖의 문화 요소들이며 인민공화국의 의미는 자본의 공화국이 아니라 노동자·농민을 주체로 한 전체 인민의 사회주의공화국이라는 것이다. 따라서 그는 중국이 앞으로 나아갈 길은 유가사회주의공화국이며 21세기의 최대 과제 또한 여기에 담긴 깊은 뜻을 발굴해내는 데 있다고 본다.[73]

자유주의 좌파로 분류되는 유력 지식인 친후이秦暉도 전통적인 유

---

73 甘陽, 〈中國道路 : 三十年與六十年〉, 《讀書》 2007年 6月, 4~13쪽. 이에 대한 좀 더 자세한 논의는 조경란, 〈현대 중국의 유학 부흥과 '문명제국'의 재구축—국가·유학·지식인〉, 《시대와 철학》 2012년 가을호 참조.

학에 근거한 중국사회의 새로운 재구성을 제시한다. 그는 중국의 역대 전제국가는 모두 법가 사상에 기초한 대공동체였다고 본다. 따라서 중국이 시민사회·현대화를 이루려면 먼저 이 강고한 대공동체를 해체해야 하며, 이를 위해서는 유가 사상에 기초한 소공동체의 민간 조직과 공민의 연합이 필요하다고 주장한다.[74] 이 두 학자는 정치적으로는 견해가 많이 다르지만, 중국사회에서는 유학의 일상성과 착근성을 인정할 수밖에 없다는 데서는 견해가 일치하는 듯하다.[75]

간양의 이 같은 구상에 대해 몇몇 학자가 이의를 제기했다. 그중 후베이湖北대학의 왕스루이王思睿의 반박을 소개하면, 우선 그는 현재 중국에서 공감대가 형성된 신개혁 공식은 '민주공화국'이지 '사회주의공화국'이 아니라고 반론을 편다. 그는 자본주의와 사회주의, 자유와 평등 중 어느 쪽에 더 가치를 둘지는 민주와 법치의 틀을 통해서 판단해야 한다고 믿는다. 그리고 유가에 근거한 미래 구상과 관련해서도 유가 또는 유교가 세계적인 신앙체계가 되기도 어렵거니와 그렇다고 또 국가 종교로 삼자는 것에도 찬성하기 어렵다고 잘라 말한다. 유가 학설을 포장하여 정통 이데올로기화한다면 그것은 곧 유가에 담긴 질박한 생명력을 압살하는 결과를 초래할 뿐이라고 반박한다. 따라서 왕스루이에 따르면 중국사회가 목표로 해야 하는 것은 '유가공화국'이 아니라 정교가 분리된 민주사회 속에서 유교, 무신론, 도교, 불교, 기독교, 이슬람교가

---

74 秦暉, 〈"共同體本位"與傳統中國社會〉, 《傳統十論》(復旦大學出版社, 2003).

75 그렇더라도 간양의 '유가사회주의공화국'에는 그의 이전 주장과도 상통하지 않는 일종의 '파격'이 담겨 있다. 이에 대해서는 간양 자신의 좀 더 진지하고 진전된 설명이 이어져야겠지만, 이 파격은 중국의 미래상에 대한 신좌파 지식인의 리얼리티를 어느 정도 반영하고 있다고 보인다.

서로 평화롭게 공존하는 것이다.[76]

사실 유학을 중심으로 한 국학 붐 현상은 중국이 현재 문화적으로 몹시 곤경에 빠져 있다는 사실을 반영하는 것이기도 하다. 그도 그럴 것이, 문화대혁명으로 끝난 중국사회주의 30년에 대한 '환멸', 그에 대한 반발로 진행된 개혁개방 30년, 즉 혁명 이상의 와해와 계몽 이상의 와해라는 1990년대의 정신적 폐허 상황에서 국학 붐이 발생했다는 점을 상기할 필요가 있기 때문이다. 중국사회는 혁명과도 계몽과도 어울리지 않으니 결별하고 이제 유학으로 돌아가 자기 정체성을 찾아야 한다는 주장은 마치 사회주의의 몰락을 곧 자본주의의 승리라고 외쳤던 안이한 역사인식과도 비슷하다.

지금 유학은 열풍이 아니라 학문적 접근을 통한 자기 정위定位가 필요한 때이다. 그렇다고 유학이 학문의 범주를 넘어서서 사회문제에 개입할 수 있는 길이 완전히 닫혀 있는 것은 아니다. 그것은 공자를 철저하게 사회 개혁가로 재해석할 때 열린다. 위단처럼 공자를 탈정치화하는 방법으로는 곤란하다.[77]

요컨대 유학이 21세기에 사회적으로 나름의 역할을 하기 위해서는 유학과 자본주의의 친화성을 강변하는 방식을 벗어나 빈부 격차, 물질 만능주의 등 중국사회를 엄습하고 있는 복잡다기한 현실 사회문제

---

76 王思睿, 〈中國道路的連續與斷裂及其他〉, 《讀書》 2007年 8月, 156~157쪽.

77 《논어심득》이라는 제목에서 드러나듯 위단은 무엇보다 《논어》를 통해 어떻게 하면 마음의 행복을 얻을 수 있는가에 초점을 맞춘다. 따라서 물질문명이 아무리 발달한다 해도 국민의 행복지수는 그들의 심리 상태에 따라 좌우된다는 것이다. 즉 사람들이 어떻게 마음의 안정을 찾느냐가 중요하므로, 눈을 밖으로만 향하지 말고 안으로 향하라고 강변한다(위단, 《위단의 논어심득》, 임동석 옮김[에버리치홀딩스, 2007], 27~29쪽 참조). 국가가 인민들을 향해 하고 싶은 말을 위단이 대신하고 있는 듯하다.

에 대한 근본적인 원인을 진단하고 대처 방안을 제시할 수 있는 안목을 보여주어야 한다. 이러한 검열을 통과하더라도 우리의 최종 질문은 하나 더 있다. 유학이 과연 21세기 중국의 존엄을 보여줄 수 있는 소프트파워로서 손색없는 가치 지향점을 제시할 수 있을까, 하는 것이다. 그것은 오로지 유학이 사회주의 중국의 역사를 있는 그대로 대면하면서 현재와 소통하는 가운데 새로운 중국, 새로운 중국인의 정체성을 만들어갈 수 있을 것인가에 달린 문제이다. 또한 그것은 중국의 현안을 책임지고 있는 신보수주의가 유학을 어떻게 재해석할 것인가의 문제이기도 하다.

더 나아가 적극적으로는 신보수주의와 유학이 서양의 단순한 반발이나 근대를 비판하는 무기로 그치는 것이 아니라 새로운 근대를 창조하는 무기로 전환할 수 있느냐에 달린 문제라 해도 과언이 아니다.[78]

5. 신보수주의가 구상하는 중국의 미래와 동아시아

이상에서 우리는 현재 중국의 신보수주의가 과학과 민주를 강조했던 신계몽주의 사상을 거부하고, 경제개혁과 함께 전면적인 시장화를 이끌어갈 권위 있는 주체로서의 국가가 필요하다고 승인하면서 출현했음을 살펴보았다. 신보수주의는 '신권위주의 토론'에서 파생되었다고 볼 수 있는데, 1989년 상반기에 진행된 '신권위주의 토론'은 중국의 전

78 이런 발상에 관해서는 히야마 히사오, 《동양적 근대의 창출》, 정선태 옮김(소명출판, 2000), 87~88쪽을 참조할 필요가 있다.

통을 부정하는 것에 대한 반감과 위기의식에서 나온 것이다.

그런데 이 위기의식이 중국의 구舊보수주의 계열이 아닌 1980년대 급진주의 사조 내에서 비롯되었다는 점이 주목된다. 위기의식에서 나온 권위주의는 1989년 천안문사태가 일어나고 1992년 중국의 자본주의적 개혁 강화 방안이 나오면서 신보수주의라는 이데올로기 형태를 띠고 전 방위적으로 출현했다. 그러니까 중국 신보수주의의 출현은 1980년대 자유주의의 흐름에서 그 뿌리를 찾을 수 있다. 중국의 신보수주의는 현대화 추진 주체로서의 중국공산당과 그 노선을 떠받치는 이데올로기가 되었다고 할 수 있으며, 그런 점에서 어느 정도 국가주의적인 색채를 띠고 있다고 할 수 있다.

그렇지만 본론에서 본 바와 같이 지식인들의 담론 속에서는 아직 신보수주의가 무엇인지, 그리고 어떤 유파를 얘기하는지 정확한 합의가 이루어지지 않고 있는 것 같다. 다만 사상이나 인물의 범위가 꽤 넓다는 정도만 말할 수 있다. 그러므로 우리가 여기서 결론을 내린다면 공산당을 중심으로 그 양쪽 주변에 포진해 있는 광범위한 지식인군을 광의의 신보수주의자들이라고 할 수 있지 않을까? 그렇다면 117쪽의 〈표〉에서도 본 것처럼 신보수주의는 사안에 따라 정치적·경제적으로는 신좌파뿐 아니라 자유주의 좌파나 우파와도 상당 부분 겹치며, 사회적으로는 민족주의자와, 문화적으로는 유학을 근간으로 하는 국학파와 상당 부분 의식을 공유한다는 점이 확인된다.

신보수주의는 이미 중국사회의 각 방면에서 주류의 위치를 차지하게 되었다. 1980년대 사조가 이전의 중국사회주의에 대한 부정과 반성으로 나타난 것처럼 1990년대에 출현하여 주류적인 위치를 차지해온 신보수주의는 1980년대에 대한 반작용일 수 있다. 물론 1990년대의 보수화 경향은 단순히 1980년대에 대한 반동이 아니라 중국사회주의 전반에 대한 비판과 반작용이라는 의미 또한 내포하는 것으로 보인다. 그러나 이러한 보수화가 강력하게 진행될수록 머지않아 이에 대한 또 다른 반성의 움직임이 나올 것이 분명하다. 정반합이라는 역사의 법칙은 정도의 차이만 있지 어느 시기, 어느 공간에서나 통하는 보편 법칙이기 때문이다.

무엇보다 지금 중국의 엄혹하고도 복잡한 현실이 신보수주의의 시험대가 되고 있다. 중국 내부적으로 문제가 많아질수록 현재의 개혁노선에 대한 낙관론과 비관론 중 비관론이 힘을 얻을 수 있다. 비관론 쪽은 개혁개방 과정에서 나타난 부정부패, 빈부 격차, 생태환경 파괴, 전체 인민의 대다수를 차지하는 소외계층의 형성 등 총체적인 위기에 어떻게 대응할 것인가를 묻고 있다.[79]

우리는 실제로 중국을 사고할 때 밖에서 보는 중국과 안에서 보는 중국의 실상이 엄청나게 다르다는 점을 인정해야 한다. 밖에서 보는 중국은 거대한 영토(한국의 약 80배, 14개국과 국경을 접하고 있는 나라)와 어마어마한 인구를 가진 그야말로 거대한 제국적 국민국가이며, 이미 미국과 더불어 G2가 되었다. 그러나 내부적으로는 우리가 상상하는 것 이상으로 많은 문제를 안고 있는 나라가 또한 중국이다.

중국은 경제 대국이라는 새로운 이름과 더불어 자본주의국가 중 가

---

79 이런 내용의 책으로 허칭리엔, 《중국은 지금 몇 시인가》, 김화숙 외 옮김(홍익출판사, 2004), 8~9쪽 참조. 이 책은 '중국의 함정'이라는 제목으로 홍콩에서 먼저 출간됐으며, 그 뒤 제목을 '현대화의 함정'으로 바꾸고 친후이가 쓴 서문과 내용을 약간 수정해 대륙에서 출간될 수 있었다.

장 문제가 많은 나라라는 오명을 얻고 있다. 이는 사회주의 30년, 개혁개방 30년 세월의 결과이기도 하다. 이 정도의 시간이라면 이제 사회주의와 자본주의를 모두 대상화할 수 있는 여유가 생겼는가라는 질문을 던질 수 있다. 지금 분명하게 말할 수 있는 것은 이제 최소한 자본주의에 대한 환상을 품지 않을 수 있게 되었다는 점일 것이다.

그렇다면 사회주의에 대해서는 어떤가? 자본주의에 대한 환상을 버렸다는 사실이 자동적으로 사회주의를 역사로서 바라보게끔 보증해주지는 않는 것 같다. 중국사회 곳곳에는 문혁으로 끝난 사회주의에 대한 트라우마가 아직도 살아 있다. 중국인들은 사회주의 경험을 사회주의로만 바라볼 뿐, 아직 역사로 대할 준비가 되어 있지 않다.

중국의 신보수주의가 중국을 세계의 대국 반열에 올려놓고 다른 나라로 하여금 환영받게 하려면 사회주의와 자본주의의 역사를 포함한 20세기 100년의 자기 역사에 대한 성찰을 바탕으로 현재와 미래의 청사진을 제시해야 한다. 이를 위해서는 군사력과 경제력을 내용으로 하는 하드파워(경성 권력)뿐만 아니라 21세기 미래의 가치를 제시할 수 있는 소프트파워(연성 권력)를 적극적으로 고민해야 한다. 소프트파워는 천하주의나 조공체제의 안이한 재구성만으로는 획득될 수 없다. 유학을 염두에 두되 유학을 훌쩍 뛰어넘는 담대한 창신創新이 있어야 한다.

규모의 중국인 만큼 중국은 자국 내는 물론이고 동아시아, 더 나아가 세계에 미칠 파급력을 고려하지 않을 수 없다는 점을 인식할 필요가 있다. 이와 관련하여 100~150년 전의 사상적 분위기를 잠깐 떠올릴 필요가 있을 것이다. 그 무렵 중국에서는 서세동점의 상황을 맞이해 동과 서라는 패권 구도가 만들어지고 있었다. 19세기 말 20세기 초에도 중국에는 유가문화를 중심으로 민족주의적 견해를 취한 유학자들이 존재했는데, 이들을 문화민족주의자 또는 보수주의자라 일컬었다. 이들의 사유도 19세기 말에 벌어진 공전의 사태에 대해 자기 갱신을 최소화하면서 위기에 대처하려는 몸부림의 한 표출이었다. 즉 망국의 위기 상황에서 급진 계열의 지식인과는 다른 방식으로 구망도존救亡圖存을 추구했다고 할 수 있다. 그런 명분 때문에 보종保宗 또는 보교保教라는 말은 단순한 자기 이해에 기초한 보수의 의미를 초월한 것으로 받아들여질 수 있었던 것이다.[80]

그러나 강국몽이 현실로 나타난 상황에서 진행되는 현재의 중국 위상 찾기와 '정체성' 찾기는 의미가 다를 수밖에 없다. 이른바 잃어버렸던 자존심의 회복과 학문의 토착화를 지향한다는 의도 아래 이루어지는 여러 형태의 국학열 현상은 도가 지나쳐서, 국수國粹, national essence를 넘어 쇼비니즘으로 치달을 가능성이 있기 때문이다. 물론 이 또한 장기적으로 볼 때 한 번은 거쳐야 할 하나의 단계일지 모른다. 한 번의 극단은 또 다른 한 번의 극단을 필요로 하기 때문이다.

문제는 한 번의 치우침이 제자리로 돌아올 때까지는 반드시 또 다른 역사의 희생을 필요로 한다는 데 있다. 요컨대 일원적 보수화로 치닫고 있는 현재의 사상 상황은 중국 학술계가 사회 내부적으로는 차별을

80 예컨대 19세기 말 20세기 초의 보수주의에 담긴 사회적인 의미와 지금의 의미는 조금 다르다고 할 수 있다. 이 차이는 사실 사회적·정치적 조건의 차이에서 비롯될 수도 있다. 청말 민초는 내우외환이 가장 극심했던 시기로, 중국 역사상 그 어느 때보다도 국가가 약해진 시기였다. 그런 만큼 국가는 지식인을 통제할 수가 없었다. 오히려 필부유책이라는 중국 전통에 따라 거꾸로 지식인이 주체가 되어 국가와 민족의 재건을 둘러싼 다양한 의견을 자유롭게 개진할 수 있었다.

지양하고 민주를 실현하며, 외부적으로는 미국식 자본주의의 폭력성과 확장성을 비판하고 다른 대안을 제시할 수 있을까에 대한 기대보다는 우려를 품게 한다.[81]

중국 내부에서도 이런 문제 제기가 없지는 않다. 지식인들의 다음과 같은 다양한 문제 제기는 중국의 미래가 그렇게 비관적이지만은 않다는 것을 보여주기도 한다. 어떤 지식인은 지금 중국은 미래에 대해 경제적인 계획만 있을 뿐 정치적·문화적 이상이 없다는 이야기를 한다.[82] 어떤 이는 "사람들이 진정 마음으로 신봉할 수 있는 것, 그 무엇을 위해 분투할 수 있는 것이 없다. 사람들은 오직 눈앞의 이익에만 관심이 있다"고 지적한다.[83] 또 어떤 학자는 100년 전에는 이중구동異中求同, 즉 중국인을 어떻게 만들 것인지가 아니라 어떻게 세계인을 만들 것인지 고민했다면 지금은 반대로 동중구이同中求異, 즉 중국인을 어떻게 만들 것인지 고민하고 있는데, 이는 100년 전과는 완전히 상반된 것이라고 평한다.[84] 이들의 한탄은 20세기 중국이 격동의 세월 동안 인간의 해방이라는 보편 가치를 추구했던 기억과 현재의 중국이 인간의 존엄을 상실한 절망적인 상황에 대한 엇갈리는 감정 속에서 나온 것이다.

중국의 신보수주의는 계파를 초월하여 위와 같은 지식인들의 다양한 문제 제기에 귀 기울여야 하며, 그럴 때만이 21세기에 책임 있는 경제 대국, 문화 대국으로서의 위상을 지키고 만들어갈 수 있을 것이다.

---

81 조경란,《현대 중국사상과 동아시아》, 239쪽.

82 祝東力·瑪雅,〈中國 : 文化大國的興衰與重構〉(對談),《天涯》2008年 3期, 19쪽.

83 祝東力·瑪雅,〈中國 : 文化大國的興衰與重構〉(對談), 19쪽.

84 張旭東·劉擎 等,〈普遍性, 文化政治與"中國人"的焦慮〉(研究與批評),《天涯》2007年 2期.

4장

5·4 시기 신지식인 집단의 출현과 보수주의

—

신문화운동에 대한 보수주의의 초기 대응

1. 5·4 신문화운동과 보수주의의 논의 조건

1990년대 초반 이래 중국 사상문화계가 전반적으로 보수화했다는 것은 잘 알려진 사실이다. 1989년 민주화운동의 좌절은 중국사회에 신보수주의가 주류 이데올로기로 등장하는 데 중요한 조건을 제공했다. 1990년대 초반의 이러한 사회적 분위기 속에 중국에서는 5·4를 포함한 20세기의 급진과 보수에 대한 재평가 작업이 시작되었다.[1] 논쟁 형태로 진행된 이 학문적 평가 작업은 1990년대 초반에 대륙과 해외 학자의 교량 구실을 한 홍콩의《21세기》를 통해 이루어졌다. 이 논쟁은 짧게 보면 1980년대의 '반전통' 붐에 대한 반작용일 수도 있지만, 길게 보면 20세기 전체 사상에서 나타난 '불균형'을 바로잡고자 하는 '반성反思' 또는 '성찰'의 일환이라 해야 할 것이다. 그런 점에서 이 논쟁 자체는 일단 환영할 일이다. 거기에 학문 외적인 목적성이 지나치게 개입되지 않는다면 말이다.

사실 20세기 중국에서 유학 다시 세우기 운동과 급진주의 운동이 번갈아 일어났지만 규모와 영향 면에서는 급진주의 구호가 보수주의 구호를 압도했다고 할 수 있다.[2] 이 사실을 통해서도 우리는 보수주의

---

1 余英時, 〈中國近代史思想史上的激進與保守〉, 《知識分子立場—激進與保守之間的動蕩》(時代文藝出版社, 2000). 이 글은 1988년 홍콩에서 진행한 강연을 정리한 것으로, 그 뒤 대륙의 지식계에까지 논쟁이 확산되는 계기가 되었다. 이 논쟁에 참여한 논문은 5~6편인데, 핵심적으로 姜義華, 〈激進與保守 : 與余英時先生商榷〉, 《二十一世紀》1992年 4月號가 있다.

2 陳來, 《二十世紀文化運動中的激進主義〉, 《知識分子立場—激進與保守之間的動蕩》, 294쪽, 천라이

적 사유가 제대로 평가받지 못했을 수도 있음을 짐작할 수 있는데, 이 때문에라도 중국의 20세기 보수주의를 학문적으로 재평가하는 작업은 매우 필요한 일이다.

그러나 학문적 재평가 작업이 이루어지고 또 앞으로 더 이루어져야 할 조건으로서 지금 중국의 사상적·문화적 상황은 그리 순수해 보이지 않는다. 왜냐하면 중국의 사상문화계의 보수화 현상은 한 번의 도착 상태가—이유와 방법은 다르지만—다시 한 번 뒤집힌 형국이라고 할 수 있기 때문이다.

이 점에 주목하면 현재 중국 사상문화계의 보수화 원인을 문화심리의 구조 측면에서 잠깐 언급할 필요가 있다.[3] 먼저 현재의 보수화 현상은 어느 정도는 전통 파괴의 극단을 이루었던 문화대혁명으로 기호화한 사회주의에 대한 즉자적 반발의 연장선상에 있다. 전통 파괴의 상징인 문화대혁명의 외연 속에는 신문화운동과 〈허샹〉의 1980년대가 들어 있다. 이런 점에서 중국의 보수화 현상은 역설적이지만 사회주의 문화대혁명의 자장磁場 안에 있다고 할 수 있다. 또한 현재 중국의 보수화 현상은 서세동점이 시작된 19세기 중반부터 장장 150년 동안 잃어버렸던 중국의 자존심 회복과 그 연장선상에서 진행되는 학문의 토착화 작업과 직간접으로 연결되어 있다. 1990년대 초반부터 중국에서 나타난 여러 형태의 국학열 현상—현재는 도가 지나쳐 국수國粹를 넘어 쇼비니

는 이 글에서 20세기 전반全般에 걸쳐 급진주의 운동이 5회, 유학 재건 운동이 3회 일어났다고 말한다.

3 물론 현재 중국사회의 전반적인 보수화 현상은 객관적으로는 전 지구적인 자본주의화와 소련·동유럽 사회주의의 몰락, 그리고 1989년 중국 천안문사태의 충격 등이 복합적으로 작용한 결과이다.

즘으로 치달을 가능성마저 내포하고 있다고 지적되는[4] — 은 바로 이러한 두 가지 문화심리가 조성한 것이라 할 수 있다.

내가 5·4를 주제로 한 이 글에서 현재의 보수주의가 힘을 얻는 중국 지식계의 현실을 이처럼 굳이 '길게' 이야기하는 이유는 무엇보다도 이러한 보수화 현상이 학문 연구에 초래할 가공할 결과 때문이다. 21세기에 다시금 경제대국으로 부상하고 있는 중국, 그곳에서는 지금 19세기 말 서양과 충돌했을 때의 수세적인 중체서용이 아니라 공세적인 중체서용이 야심차게 기획되고 있다.[5] 이것을 다른 식으로 표현하면 '신중체서용론'의 출현이라 할 수 있을 텐데, 이것은 그나마 중과 서에서 동과 서로 이동했던 중국 지식인들의 문제의식이 다시 중서의 대립으로 회귀하고 있음을 뜻한다. 중서 대립으로의 회귀는 사회주의 시기에 그나마 견지하고자 했던 아시아 인식과 제3세계 인식에서 적지 않은 변화가 있음을 의미하는 것이기도 하다.[6] 이런 심리상태에서는 5·4 보수주의를 포함한 20세기의 사상 전체가 제대로 성찰될 수 없다는 것은 불을

---

4 이를 지적한 글로는 許總, 〈"國學"的定位與文化選擇的"度"〉, 《中國文化研究》 2007年 夏之卷 참조.

5 중국에서 이러한 21세기의 '시대적 소임'을 자임하고 있는 잡지로 《原道》가 있다. 1994년에 창간된 이 무크지는 2012년 현재까지 17집을 냈다. 17집을 내는 동안 출판사가 계속 바뀌었는데, 아마 재정적인 문제 때문인 것 같다. 그럼에도 18년 넘게 출판이 지속될 수 있었던 것은 이 잡지가 추구하는 목적인 중국의 운명과 유학의 운명을 동일화하여 유학부흥운동을 중국의 굴기로 연결시키려는 원대한 꿈에 대한 출판 관계자들의 뜻있는 '동의'와 '지원' 때문이 아니었나 추측된다. 그런데 이 잡지를 주목해야 하는 이유는 편집 구성원이나 필진이 자타가 공인하는 원로 중량급의 보수주의 학자와 전략사상가들로 구성되었으며, 중국의 미래를 구상하고 있는 신좌파와 자유주의 성향을 띠는 역량 있는 학자들까지 필진으로 적지 않게 참여하고 있기 때문이다. 이 잡지는 인터넷 사이트(www.yuandao.com)도 운영했는데, 회원 수는 2009년 5월 13일 기준 1만 1,236명이었지만 2016년 6월 현재 이 사이트는 폐쇄된 상태다.

6 이와 비슷한 문제의식은 타이완의 문화연구자 천광싱陳光興의 〈왜 대화합은 불/가능한가〉(《제국의 눈》[창비, 2003], 251쪽 참조)라는 글에서도 엿볼 수 있다.

보듯 뻔하지만 그럼에도 나는 이러한 과정 또한 장기적으로 볼 때 한 번은 거쳐야 할 불가피한 단계라고 생각한다.

어쨌든 예전 정도는 아니겠지만 정부가 주도하는 역사와 철학 연구가 보수적인 분위기의 영향을 전혀 받지 않는다고 말할 수는 없을 것이다. 그러나 학문 연구에서 그 영향을 최소화하기 위해서는 지극히 상식적이고 당연한 이야기지만 지금의 눈으로 평가하면서도 동시에 시대의 제약성을 존중하면서 당시 지식인들의 사유를 따라가봐야 한다. 말하자면 당시의 언어체계와 가치, 즉 그 시대의 담론discourse 속에서 언설을 문제화하자는 것이다. 그런데 문제는 각자가 그 시대를 보는 언어와 가치가 다를 수도 있을 텐데, 이에 대한 합의를 어떻게 이끌어내느냐 하는 중요한 문제가 남아 있기는 하다.

이런 점들을 고려하면서 5·4로 들어가보자. 중국 지식계에서는 1895년경부터 1920년까지를 '전형기轉型期, transition period'[7]로 보는 견해가 널리 받아들여지고 있다. 그중에서도 5·4는 중국인의 일상생활과 지식 면에서 일대 전환을 초래한 격변 중의 격변이었다. 지식의 전환은 지식인의 지위를 변화시키거나 재조정을 불가피하게 만들었다. 그런데 이러한 격변은 제1차 세계대전의 파급과 무관하지 않다. 세계의 많은 지역에서 제1차 세계대전은 새로운 세계질서와 세계주의의 새로운 형태에 대한 가능성을 열어놓은 분기점이며 전환점이었다고 할 수 있다.[8]

7 Hao Chang, *Liang Ch'i-ch'ao and Intellectual Transition in China, 1890~1907*(Cambridge, Mass : Harvard University Press, 1971)에서 쓴 용어이다.

8 Dominic Sachsenmaier, "Alternative Visions of World Order in the Aftermath of World War Ⅰ: Global Perspectives on Chinese Approaches", *Competing Visions of World Order Global Moments and Movements, 1880s~1930s*, Edited by Sebastian Conrad and Dominic Sachsenmaier(Palgrave

한국의 3·1운동, 터키의 케말주의, 그리고 중국의 5·4운동은 이러한 흐름의 사례이다. 이들 지역에서 제1차 세계대전은 정치적 전망과 이데올로기 사이의 격렬한 정치 투쟁을 초래했다. 이들 사회에서 1920년대와 1930년대에 걸쳐 일어난 거대한 정치적 긴장과 사회적 격변은 제1차 세계대전의 귀결 가운데 하나였다고 할 수 있다.[9]

중국 국내적으로 보면 이때는 사회적 이슈를 선점하고 실행해나가는 새로운 사회집단이 역사의 국면마다 새롭게 나타나고 있었다. 어제의 개혁이 오늘의 보수가 되는 상황이 나타나기도 했다. 예컨대 가만히 있던 자유주의는 사회주의가 나타남으로써 하루아침에 갑자기 '보수'가 되어버리는 형국이었다.[10] 이런 상황에서 개혁과 보수에 대한 평가는 어느 정도 상대적일 수밖에 없다. 따라서 5·4 시기 보수주의와 관련해서는 지식인들이 주장하는 내용이 무엇인가도 중요하지만, 그 내용과 주장이 당시 사상·문화의 맥락에서 어떻게 해석될 수 있는지가 중요하다고 본다. 아마도 이런 사정은 중국뿐 아니라 20세기 초반 동서의 불균등한 대립구도와 동아시아 역학관계의 재편 속에 놓여 있던 동아시아 역내의 국가 전반이 비슷했다고 할 수 있다.

따라서 5·4라는 격변기에 어떤 유파든 그들을 제대로 평가하기 위

Macmillan, 2007), p. 151.

9 Dominic Sachsenmaier, pp. 153~154 참조.

10 여기에서 보수에 따옴표를 붙인 것은 사회주의에 대한 상대적인 개념으로 사용하기 위한 것이다. 고정된 주의로서 또는 본래 이들 속성이 지닌 주의에 기준해서 보면 자유주의는 사회주의보다 보수이지만, 중국의 근현대 100년 동안 자유주의는 단 한 번도 주류가 된 적이 없었다는 점에서 보수가 될 수 없었다. 또한 이 글의 주제인 5·4 시기에도 전체 사상 지형도에서 자유주의는 결코 보수가 아니었다. 이것은 자유주의를 담지한 중국 지식인 대다수가 격변의 상황에서 자신의 지식으로 인해 소외되었던 이른바 인텔리겐차였다는 사실로도 증명된다.

해서는 그 당시 지식의 장에서의 상황과 맥락을 분석해야 한다. 그들이 놓인 특수한 상황에서 위기의 근원이 무엇이고 이것에 어떻게 대처하려 했는가, 즉 이들의 현실인식이 어떠했는가가 이들을 평가할 때 중요한 기준이 되어야 할 것이다. 좀 더 구체적으로 말하면 당시 중국의 현안이었던 전통과 관련하여, 서구적 근대성에 대한 평가 등 중국사회의 전망을 어떻게 보고 있는지, 그리고 구체적으로는 언어의 개혁이 시대성 문화의 핵심이라는 점을 고려하여 언문일치운동을 어떻게 바라보았는지, 무엇보다도 신문화운동과 5·4운동을 계기로 나타난 대중의 출현과 일상의 변화를 어떻게 바라보는지가 중요한 것이다. 이러한 사안에 대한 실질적인 논의가 이루어질 때 5·4의 급진과 보수, 중도(자유주의)에 대한 종합적인 평가가 가능해질 것이다. 물론 그 평가에서는 급진, 보수, 중도를 가르기 전에 누구의 사고가 적실했는지를 먼저 가려야 할 것이다.

신문화운동이 진행되는 와중에 출현한 보수주의를 '5·4 보수주의'라 할 수 있을 텐데, 이 장에서는 량수밍의 보수주의와 《학형學衡》 계열의 보수주의에 주목한다.[11] 인텔리겐차intelligentsia가 주도한 신문화운동이라는 격변의 초기에 보수주의가 어떻게 대응했는가를 지식인들이 놓여 있던 사회적 맥락을 고려하면서 살펴보려는 것이다. 그러니까 이 글은 5·4 신문화운동의 주체인 인텔리겐차와 보수주의 출현의 역학관계 속에서 신문화운동에 대한 두 보수주의 유파의 초기 대응이 어떻게 다르게 나타났는지를 그 존재론적 의미에 중점을 두고 알아보려는 것이

---

11 앞의 작센마이어의 글은 제1차 세계대전 후 서구의 근대성을 의심의 눈초리로 바라보면서 중국의 근대를 구상한 보수주의 인물로 량치차오梁啓超와 장쥔마이張君勱를 다루고 있다.

다. 그런데 이 양자는 '5·4 보수주의'라는 하나의 용어로 범주화하기 힘들 정도로 신문화운동이나 급진주의 등 당시의 개혁적 사조에 대한 견해에서 적지 않은 대조를 보인다.[12]

이 장은 이들의 다양한 보수주의 사유 속에서 반동과 구분되는 보수주의가 시대의 변화에 대응하면서 지속적이고 안정적이며 적극적인 자기구상을 가지고 있었는지를 탐구해보려는 것이다. 이러한 적극적인 자기구상이 근대성에 대한 성찰과 연결될 수 있다면 현재 지식계에 어떤 중요한 의미를 던져줄 수도 있다고 보기 때문이다. 단, 내가 이 장에서 논의하려는 것은 이들의 보수주의에 대한 본격적인 내용이 아니다. 이 연구는 보수주의를 논의하기 위한 작업의 전 단계로서 예비적 고찰의 성격을 띤다.

2. 신문화운동과 5·4운동, 그리고 제1차 세계대전

보수주의는 시대의 변화와 변혁에 대응하려는 전통주의의 한 모색이다. 따라서 그 사상과 행동의 양상은 보수주의가 대응하려고 했던 당시 혁신주의의 동향에 의해 크게 규정받을 수밖에 없다.[13] 이 점을 감안한다면 5·4 당시의 혁신주의, 즉 신문화운동과 5·4운동의 동향을 함께

---

12 이 이야기는 다른 각도에서 보면 보수주의 내부보다는 보수주의의 가장 왼쪽이 자유주의나 급진주의의 가장 오른쪽과 사상 면에서 친화성을 보여줄 수도 있다는 뜻이 된다. 이 말은 곧 보수주의 내부의 스펙트럼이 그만큼 넓다는 이야기도 될 것이다.

13 村岡健次, 〈保守主義〉, 《歷史學事典》 4(弘文堂, 1996), 555쪽 참조.

거론할 필요가 있다. 5·4의 보수주의는 신문화운동의 방향이나 내용에 대한 타협 또는 반발로 나타난 것이기 때문이다. 그런데 이 신문화운동은 격변의 상황에서 지식인의 지위와 관련된 위기의식과 함께 중첩되어 초래된 것이라는 점에서 이들 지식인 지위의 주변화라는 문제와 함께 거론되어야 한다. 전형기의 국면에서 지식인의 사회적·정치적·문화적 지위의 변화, 즉 지식인의 주변화는 이들이 느끼고 있던 위기의식의 가장 중요한 요소 가운데 하나였으며, 급진파든 보수파든 이들의 행동과 실천 뒤에는 이것이 배경에 깔려 있다고 봐야 한다.

전형기의 국면에서 대규모 신지식인의 출현과 그들 지식인이 당면한 주변화라는 문제를 사회정치학적으로 살피기 위해서는 제1차 세계대전이라는 변수와 연동하여 파악해야 한다. 이것은 제1차 세계대전으로 단일화한 세계 시스템이 만들어지고 결국 세계를 특징지을 수 있는 지역적·식민적·국가적 질서의 복잡한 구조가 재편되는 하나의 과정으로 이해할 필요가 있기 때문이다.

특히 유럽의 지식계에서는 제1차 세계대전 이후 서구적 문명화와 근대화의 전망을 크게 의심하는 분위기가 만연했다. 이와 대조적으로 미국과 동아시아의 어떤 지역들에서는 유럽에서 벌어진 전쟁으로 오히려 단기간의 경제적 붐을 일으켰고 서구적 근대성의 가능성에 대한 낙관주의가 압도하고 있었다. 이 지역 지식인들은 비록 유럽이 약해지긴 했어도 그들의 문명화의 어떤 핵심 내용들은 아직 신뢰할 수 있다고 믿었다.

이 지역들에서 제1차 세계대전은 문화적·정치적 모델의 전 지구적 근원으로서의 서구의 지위에 대한 근본적인 도전을 의미하지는 못했다. 예를 들면 아프리카, 인도, 그리고 세계의 다른 지역들에서 대부분의 반反식민·반反제국주의 운동세력은 자신들의 어젠다를 계속 서구적인 언어로 표현했다.[14] 그것은 앞에서 말한 바와 같이 식민지·반半식민지 국가들에서 전반적인 사회문화적 위기를 반전통주의로 대처하려는 움직임을 보여줬다는 데서 확인된다. 중국의 5·4운동도 이러한 사례 가운데 하나다.[15] 물론 5·4 이후 다른 나라들에서처럼 중국에서도 자유주의, 사회주의, 보수주의, 파시즘 등 극심한 이데올로기 투쟁이 이어지기는 했다.

제1차 세계대전의 중국 파급은 중국 내부의 일상생활에 변화를 초래했다. 중국 신지식인 집단의 출현과 함께 그들을 둘러싼 환경의 변화는 그야말로 공전空前의 것이었다. 이러한 분위기 전반을 작센마이어 Dominic Sachsenmaier의 도움을 받아 서술해보면 대략 아래와 같다. 다른 많은 식민지·반식민지 체제에서와 마찬가지로 중국에서도 특히 해안 도시와 중심 도회지들은, "중국의 국제화"라고 명명되기도 했던 일련의 변화에 따라 가장 즉각적인 영향을 받았다.[16]

---

14 Dominic Sachsenmaier, "Alternative Visions of World Order in the Aftermath of World War Ⅰ: Global Perspectives on Chinese Approaches", p. 153.

15 중국의 5·4운동과 관련하여, 베이징대 학생들은 1919년 5월 3일 학생대회를 열었는데 베이징대의 다른 학교 학생 대표도 참석한 이 대회에서 다음 날 4일 대규모 시위를 벌이기로 결정되었다. 그런데 여기에서 이웃나라 조선의 3·1운동도 매우 중요한 영향을 끼쳤다는 것은 일반적으로 지적되는 내용이다. 민두기, 〈5·4운동의 성격〉, 《중국근대사론 1》(지식산업사, 1976), 65쪽 ; 임형택, 〈1919년 동아시아, 3·1운동과 5·4운동〉, 《1919년 : 동아시아 근대의 새로운 전개》, 성균관대 동아시아학술원 국제학술회의(2009년 2월) 참조. 에레즈 마넬라도 1919년 3·1운동의 중요성을 역설하는데, 바로 이때부터 반식민지 민족주의가 중심세력으로 부상했으며 이 세력은 국제사회의 연이은 발전 속에 많은 부분을 이끄는 원동력이 되었다고 서술한다. Erez Manela, 〈동아시아 "윌슨주의 시기"—세계적 관점으로 본 3·1운동〉, 《1919년 : 동아시아 근대의 새로운 전개》, 25쪽.

여기에서 우리는 도시생활의 변화, 현대적 운송, 거의 일상적인 수준에서 국제적 협력이 성장하는 모습을 목도할 수 있을 것이다. 19세기 후반 이래 도시 공공영역의 의미 있는 변화 가운데 가장 큰 것은 중국 대중의 국제적 접촉의 증가라고 할 것이다. 이러한 과정과 동반하여 20세기 초반 몇십 년 동안 중국사회조직의 새로운 환경 속에서 지식인이 출현했다. 이들 지식인은 수준 높은 교육을 받았고 정치에 관심이 많았지만, 이전의 중국 학자관료들과는 달리 중앙 정치권력과는 밀접한 관계가 거의 없었다. 어쨌든 그들은 번역된 외국 저작물을 접하거나 영어를 쓰는 고급 교육기관에 다니면서 국제적 지식을 획득해나갔다. 여기에 더해 수천의 학생들이 주로 일본과 유럽, 그리고 미국으로 유학을 떠났다.

국제적으로 유행하는 사상과 접촉함으로써 이들 중국 지식층의 젊은 세대는 자신들의 연구와 토론이야말로 중국의 미래를 만들어낼 것이라고 더욱 굳게 믿게 되었다. 세계에 대한 지식과 세계의 사상체계에 대한 지식을 바탕으로 그들은 중국의 미래를 만들어가는 데 핵심 역할을 수행하겠다고 주장하기 시작했다. 많은 지식인들이 그들의 실제 또는 가상의 코즈모폴리터니즘Cosmopolitanism이야말로 중국이 나아가야 할 미래를 대표한다고 믿었다.

따라서 젊은 학생 세대는 변화를 위한 촉매로서 서구 세력이 지닌 엄청난 잠재력을 믿고 있었다. 동시에 작동 불능의 공화국에 대한 환멸과 중앙 정치세력과의 개인적인 거리감은 많은 중국 지식인들로 하여

---

16 William Kirby, "The Internationalization of China", *China Quarterly* 150(1997). pp. 433~458 ; Dominic Sachsenmaier, pp. 155~156에서 재인용.

금 점점 더 급진적인 사상을 받아들이게 했다. 그러므로 젊은 친親서양 세력에게 민족주의는 그들의 과거 유산에 대한 방어만을 뜻하는 것이 아니었다. 오히려 민족주의는 외국과 국내의 억압 양쪽에서 대중을 해방함으로써 네이션nation을 살아나게 할 수 있는 잠재력을 안고 있는 것이었다. 그들은, 중국이 근대 세계로 들어가게끔 준비시켜줄 수 있는 서양의 모범에서 새로운 문화를 받아들일 필요가 있다고 생각했다. '구망'과 '계몽' 개념은 서로 긴밀하게 얽히기 시작했다. 수많은 젊은 지식인들은 중국이 국제 열강의 엄청난 파고에 떠내려가지 않게 하려면 엄청난 양의 창조적인 사회적·문화적 역량을 해방해야만 한다고 믿었다. 어쨌든 기본적으로 평민적인 이러한 성격이야말로 신문화운동과 그들 스스로를 연대시키는 광범한 스펙트럼의 사람들을 포괄해주는 우산 같은 것이었다.[17]

위의 내용을 종합해보면, 신문화운동 세력에 동의하든 않든 그 운동이 시대적 변화에 조응한 하나의 거역할 수 없는 큰 흐름이었음을 알 수 있다. 지식인의 주관적인 위기에서만 신문화운동이 전개되었더라면 우리가 알고 있는 그만큼의 사회적 반향이 있지는 않았을 것이다. 신문화운동에 대한 사회적 반향은 그들 신지식인이 느끼는 위기가 당시의 시대성과 일치했기에 나올 수 있었다. 여기서 굳이 구체적으로 서술하지 않더라도, 그리고 우리가 아무리 부정하려 해도, 신문화운동 시기 중국 문화구조의 가장 깊은 심층에서 거대한 변화가 있었다고 봐야 한다. 민주와 과학을 대명사로 하는 현대적인 상식이 전통적 상식과 인지상

17 Dominic Sachsenmaier, p. 156.

정을 대신하게 되었기 때문이다.[18] 신문화운동의 시대성은 민주와 과학으로 상징되듯 바로 상식이 통하는 민주주의 지향에 담겨 있다고 해야 할 것이다.

이런 선상에서 신문화운동 세력이 추진한 백화문 쓰기 운동, 즉 언문일치 운동에 주목할 필요가 있다. 이는 지식인 일반대중이 직접 몸으로 느낄 수 있었던 중요한 사례이며, 신문화운동 중 민중적·민주적 측면을 가장 잘 보여주는 사례라 할 것이다. 예컨대 5·4 학생 지도자 가운데 한 명이었던 푸쓰녠傅斯年이 쓴 〈진정한 중화민국은 반드시 신사상 위에 건설되어야 하고 신사상은 반드시 백화문학에서 나온다〉는 글에서 그 파급을 엿볼 수 있다. 이는 바로 《신청년新青年》을 본떠 만든 베이징대 학생 잡지 《신조新潮》에 실린 글이었다.

---

18 이와 관련하여 진관타오와 류칭펑은 《신청년新青年》 잡지 분석을 통해 매우 흥미로운 결과를 내놓았다. 《신청년》은 실제로 '민주'를 매우 적게 사용하고 있으며, 유가윤리 비판에 사용하는 대다수 단어는 '인권'과 '개인독립'이다. 또한 '과학'도 미신과 대립되는 의미 외에 물질, 진보, 윤리 건설 등을 나타내는 함의로 사용했지 유가윤리를 비판하는 데 직접 사용한 예는 매우 드물다. 《신청년》이 전통문화 윤리를 비판, 부정하는 데 가장 많이 사용한 단어는 '상식'이다. 그러니까 민주와 과학은 현대 상식과 개인독립의 대명사에 불과할 뿐이다. 金觀濤·劉青峰, 〈新文化運動與常識理性的變遷〉, 《二十一世紀》 1999年 4月號, 41쪽.
그렇다면 이 '상식'이라는 말은 5·4라는 국면에서 어떻게 쓰였을까? 첫째, '상식'은 유가윤리에 대한 반대 논거뿐 아니라 군벌관료 척결에 대한 이론적 논거로도 사용되었다. 왜냐하면 관료, 신사紳士와 옛 문인들은 상식이 없다고 여겨졌기 때문이다. 둘째, 상식이 과학과 구별되어 사용될 때는 과학의 가장 초보적인 단계로 간주되었고 진보적인 것으로도 인식되었다. 즉 상식은 완전히 당대인이 품부稟賦해야 하는 과학의 함의를 지니고 있었다. 셋째, 정치가나 신문기자직 등을 유지하려면 반드시 상식을 갖춰야 하고 아동은 반드시 상식을 학습해야 하며 상식은 교육을 통해 획득될 수 있는 것이라고 생각했다. 상식은 행동의 근거일 뿐 아니라 사물의 합리성을 판단하는 최종 표준이었다. 이것이 바로 신지식인이 옹호하는 상식과 전통사대부가 생각하는 상식의 차이다. 그렇기 때문에 신지식인은 현대 상식을 이용해야 비로소 유가윤리와 신사·정객政客의 무지를 비판할 수 있었다. 게다가 상식의 의미구조와 과학은 동일하기 때문에 과학은 반유反儒의 근거로 여겨질 수 있었다. 金觀濤·劉青峰(1999), 46쪽 참조.

5·4운동은 세계적 차원에서는 전후 제국주의 질서가 재편되는 과정에서 중국 역사에서는 처음으로 대중이 승리한 경우다. 이 운동이 중국에서 정치적·문화적·사회적 주체로서 대중의 존재가 주목받는 계기가 되었다는 점은 부정할 수 없을 것이다.[19] 또한 5·4운동은 본격적인 노동운동의 시작, 평민학교 운동의 확대, 잡지 문화의 급성장, 남녀평등 사상의 충만 등 사회적·문화적 변화를 가져왔다.[20] 혁명은 단순히 정치적·경제적·이데올로기적 측면만이 아니라 좀 더 구체적으로는 일상의 종식이라는 측면에서 정의되어야 한다.[21] 여기서 과학과 민주를 바탕으로 한 신문화운동이 사상적 토대가 되었다고 할 수 있다.

3. 신지식인 집단의 출현과 신문화운동의 유가윤리 비판

위에서 서술한 바와 같이 제1차 세계대전과 연동해 중국이 경험한 급속하고도 의미심장한 일련의 변화는 중국 내부적으로는 사실상 19세기 중반 아편전쟁의 패전에서 시작되었다고 할 수 있다. 그러나 중국의 위기가 지식인의 위기로 받아들여지게 된 계기는 청일전쟁의 패배로 영토를 할양하게 된 상황과 맞닥뜨리면서다. 사상과 인식 수준으로만

19 레베카 칼Rebecca E. Karl은 이러한 현상을 앙리 르페브르의 논리를 빌려 일상생활의 변화, 즉 생활양식의 변화로 설명한다. 즉 중국의 5·4라는 사건이 대중에게 일상의 변화를 안겨줌으로써 정치의 대중화와 대중의 정치화가 가능해졌다고 설명한다. Rebecca E. Karl, 〈1919년 이후의 세계사가 쓰여질 수 있는가〉,《1919년 : 동아시아 근대의 새로운 전개》, 성균관대 동아시아학술원 국제학술회의(2009년 2월).

20 민두기, 〈近代中國의 改革과 革命〉,《중국근대사론 1》(지식산업사, 1976), 60쪽.

21 앙리 르페브르,《현대세계의 일상성》, 박정자 옮김(기파랑, 2009), 19쪽.

느끼고 있던 위기를 자기의 위기로 느끼게 된 것이다. 아편전쟁의 패전, 그리고 청일전쟁의 패전과 왕조의 해체라는 지각변동은 중국의 독서인에게 전에 없던 충격을 안겼으며, 이는 학문이라는 존재 자체를 재검토해야 할 필요성을 느끼게 했다.

그 뒤 적지 않은 뜻있는 청년들은 유학의 전통지식을 습득한 채 해외로 유학을 떠나 근대 서양의 학문세례를 받고 돌아왔다. 그리고 1900년 이래 대규모 일본 유학생을 중심으로 한 지식인 집단이 다량으로 출현하면서 그들이 놓인 상황을 타개하기 위한 하나의 집단행동으로 나타난 것이 신문화운동이라고 할 수 있다. 물론 여기에는 신해혁명 이후 정치적·문화적 위기의 근원인 왕조는 폐지됐지만 봉건군벌의 난립으로 공화제가 시행되지 못하고 있다는 문제의식이 맞물려 있다. 신문화운동은 이러한 주·객관적 배경 속에서 시작된 것이다. 신문화운동을 일으킨 지식인은 물론이고 5·4 시기 보수주의적 성향의 지식인들도 이처럼 공전의 정치위기와 문화적 위기가 초래된 상황에서 형성된 신지식인 집단이다.

그러나 이들이 위기를 진단하고 그에 대응하는 방식은 달랐다고 할 수 있다. 그 행위양식은 지식인 집단이나 개인이 놓인 상황과 맥락에 따라 다르게 나타날 수밖에 없었다. 그러나 그 이전에 19세기 말 20세기 초 글로벌한 자본주의체제가 형성되고 그것이 동아시아적으로 재편되는 과정에서 나타난 중국의 위상 격하, 그리고 중국을 떠받치는 정치적·문화적 토대였던 유교 경전에 대한 회의, 그로 인한 지식인의 지위 변화는 그들의 기존 문화적 습속과는 관계없이 그들 모두가 대면해야 하는 현실이었다.

위잉스의 논의에서 도움을 받아 이 상황을 좀 더 구체적으로 서술해보면, 우선 지식인들의 사상이 격화된 원인은 제국주의의 침략과 영토 잠식, 그리고 국내 정국이 급변하면서 정치질서가 와해되었다는 데서 찾을 수 있다. 자강운동, 유신운동, 신해혁명, 이후의 국민혁명까지 모두 실패하면서 현상에 대한 사람들의 불만은 가중됐으며, 이 불만은 사람들로 하여금 현상을 철저히 개조해야 한다고 느끼게끔 만들었다. 사상의 격화는 이처럼 지속적인 정치 위기와 이에 대한 적절한 대응의 부재에서 초래된 것이다. 또 문화 면에서도 서구 문화의 충격 때문에 그 기초가 와해되어가면서 위기 상황이 나타났다.

정치적·문화적 위기에 더해 빼놓을 수 없는 것은 지식인 자신이 처한 정치사회적 곤경이다. 중국에서 현대적인 지식계층이 출현한 것은 1895년 이후인데, 그들은 주로 신사계급에서 분화해 나왔다. 중국의 전통 신사계층은 사회의 정치적 안정을 조성하는 기본 역량이었으며 그 중심에는 전통 과거제가 있다. 그들은 이 제도를 매개로 해서 위로는 중앙권력의 구조 안으로 진입하고 아래로는 향신의 지위를 이용해 지방권력 구조에 진입할 수 있었다. 때문에 그들의 정치사회적 견해는 종종 보수적이며, 현존 정치 사회질서를 지지한다.

그러나 1905년 이후 과거제도가 폐지되면서 현대 지식인들이 중앙과 지방권력 구조에 진입할 길이 막혔으며, 따라서 그들의 정치사회적 지위도 주변화했다. 특히 위잉스는 5·4 시기의 이중의 주변화를 말한다. 중국의 경전이 주변화함에 따라 지식인의 중심적인 지위도 상실되었다고 보는 것이다. 그에 따르면 중국의 전통 사대부는 현재의 지식인에 해당한다. 그런데 명칭만 바뀐 것이 아니라 그 실질이 바뀌었다. 이

러한 변화는 기실 지식인이 중심에서 주변으로 이동한 것을 뜻한다.[22]

지식인의 위기와 주변화는 어떤 적절한 계기를 만나면 집단적 행동의 중요한 동인이 될 수 있다. 신문화운동은 지식인 자신의 주변화한 지위가 문화만의 위기가 아니라 정치적 위기와도 관련되어 있다는 문제의식에서 출발한 것이라 할 수 있다.[23] 이처럼 격변의 시기에 나타난 공전의 문화 취향에 대한 위기는 또 새로운 사상 담론intellectual discourse을 발생시킨다.

신지식인의 지위와 관련하여 나타난 새로운 사상 담론은 신문화운동이 일어난 배경과 매우 밀접한 관련이 있다. 물론 이는 신해혁명 이후 역사가 역류하는 상황에서 신지식인들이 왜 유가윤리를 비판 대상으로 삼았을까에 대한 하나의 대답이기도 하다. 이에 대해서는 진관타오와 류칭펑劉青峰의 설명이 유용한데, 그들은 신문화운동이 일어난 1915년부터 10년간을 이데올로기가 교체되는 과정으로 보고 신문화운동 담론의 세 가지 측면에 주목한다.

첫째, 전통적인 역할에서 이탈한 신지식인 집단의 요소다. 1905년 과거제가 폐지된 이후 신교육을 받은 신지식인 다수가 배출되어 집단을 형성하게 되었다. 일례로 1909년 신학당에서 공부한 학생의 수가

22 余英時, 〈中國知識分子的邊緣化〉, 《二十一世紀》 1991年 8月號, 15~24쪽. 그러나 창하오張灝는 지식인의 문화적 지위와 영향력은 하강하지 않았다고 본다. 전형시대에 출현한 새로운 형태의 학교, 신문·잡지 및 각종 자유결사가 만든 학회와 사단社團이 문화사상에서 차지하는 위치와 영향력은 전통 신사계층과 비교하여 증가하면 증가했지 감소하지는 않았다는 것이다. 張灝, 〈中國近百年來的革命思想道路〉, 《知識分子立場—激進與保守之間的動蕩》(時代文藝出版社, 2000), 43~45쪽 참조. 그러나 이때의 지식인들이 보편적 지식인과 달리 신지식을 습득한 인텔리겐차라는 데 초점을 맞추면 과도기 상황에서 주변화는 보편적인 현상이라 할 수 있다.

23 이와 관련하여 천두슈가 《신청년》 창간사에서 "정치비평을 종지로 삼지 않는다"고 말했지만, 당시 상황에서 이것은 군벌정부를 의식한 연막적 레토릭이라 해석해야 할 것이다.

164만에 달했는데, 이는 전통 신사의 총 인원수를 이미 초과한 수치였다.[24] 신해혁명 후 신학당에서 공부한 학생 수는 놀랄 정도로 급증했다. 1912~1916년간 졸업한 학생 수는 17만에서 33만 명으로 늘어났다. 이렇게 급증한 새로운 지식인 계층에 견주어 전통 신사의 수는 점점 줄어들어 1915년에는 70~80만 명 정도만 남았다.[25] 1912~1917년간 대략 550만 명이 신식학교에 재학 중이거나 졸업했고 5·4운동이 시작됐을 때 신식교육의 영향을 받은 사람 수는 1,000만 명에 달했다. 이는 신문화운동이 시작되기 전 문화를 성찰할 수 있었던 지식인 계층은 벌써 본질적인 변화를 맞이하고 있었으며, 도시의 신식 학당에서 배양된 신지식인들이 이미 절대다수를 차지하고 있었음을 뜻한다.[26]

그러나 전통사회의 형태를 유지하고 있는 당시 상황에서 이들의 사회적인 지위는 불안정했다. 새로운 지식인 계층은 전통사회 속에 진입할 수 없었다. 이런 상황에서 신지식인 계층이 전통사회의 근거가 되는 유가윤리를 비판하고 신문화운동의 추동자가 된 것은 어떻게 보면 불가피한 선택이었을지도 모른다. 그런데 이것은 시기적으로 1903년과 1904년께부터 서서히 준비되고 있었다. 이때 벌써 차이위안페이蔡元培라든가 천두슈陳獨秀 같은 지식인들은 공자학과 유학을 비판하는 글을 발표하고 있었던 것이다.

위의 기술들은 신문화운동이 유학을 마치고 돌아온 일부 서구주

---

24 王笛, 〈淸末新政與近代學堂的興起〉, 《近代史硏究》 1987年 第3期 ; 金觀濤·劉青峰, 〈中國文化的意識形態牢籠〉, 《二十一世紀》 1992年 2月號, 31쪽에서 재인용.

25 蘇雲峰, 〈民初之知識分子(1912~1928)〉, 《第一屆歷史與中國社會變遷硏討會》下, 中央硏究院三民主義硏究所叢刊, 앞의 글, 31쪽에서 재인용.

26 金觀濤·劉青峰, 〈新文化運動與常識理性的變遷〉, 《二十一世紀》 1999年 4月號, 49쪽.

의자들의 편협된 주장에 기대어 하루아침에 갑자기 나타난 것이 아니라 사회구조적인 조건의 다양한 변화 속에서 서서히 준비된 것임을 말해준다. 이런 점에서 신문화운동은 긍정적이든 부정적이든 패러다임의 거대한 변환이라는 중국사회의 거시적인 흐름 속에서 출현한 하나의 문화현상으로 볼 필요가 있다.

둘째, 신권紳權의 문화기초에 대한 비판이다. 중국 전통사회의 조직방식은 이데올로기와 정치구조의 일체화다. 비록 유가의 이데올로기와 왕권과 신권의 권위에서 나온 합법적인 기초를 지니고 있다 해도 양자의 기반은 서로 다르다. 왕권은 대일통적 사회관과 천불변天不變·도역불변道亦不變이라는 천도관에 기초해 있고, 신권은 유가윤리에 기초해 있다. 왕권에 대한 반대는 유가 이데올로기 속에서 대일통과 천도를 포기하는 것으로, 이미 19세기 말 20세기 초에 완성되었다. 따라서 왕권이 해체된 이후 반전통의 예봉은 최후로 신권의 이데올로기(유가윤리)를 향하게 되었다.[27] 신문화운동의 구체적인 타깃이 된 것은 자연스럽게 신권 의식의 바탕을 이루는 유가윤리였다는 주장이다.

셋째, 지식에 의한 윤리중심주의의 타파다. 앞에서 설명한 현실정치와 사회구조가 변화한 것은 외부 조건이 변한 것이라 해도 신문화운동이 일어난 것은 사상사 내부의 변화를 초래하는 중요한 계기가 되었다. 전통 지식인들은 윤리가 지식에 앞선다고 생각했기 때문에 설사 그것이 어떤 실패를 초래했더라도 그것을 금방 포기하기는 힘들었다. 그렇기 때문에 구舊이데올로기는 반드시 신지식인이 윤리중심주의를 격

27 金觀濤·劉青峰, 〈中國文化的意識形態牢籠〉, 《二十一世紀》 1992年 2月號, 30쪽 참조.

파하는 것을 전제로 해서만 포기될 수 있었다.[28]

신문화운동이 진행되는 와중에 중국 지식인 사회 전체를 떠들썩하게 했던 1918년 량수밍의 부친 량쥐촨梁巨川의 자살은 윤리중심주의가 지식과 충돌하는 과정에서 유학이 전통적인 지식인을 얼마나 옥죄었는지를 웅변적으로 보여준 사건이다.[29] 유교적 경전체제 아래에서는 윤리를 지식보다 높게 본다. 그런데 신문화운동은 민주와 과학으로 유가윤리의 근본을 비판한 것이다. 이는 다른 식으로 표현하면 지식으로 유가윤리를 검열한 것이다.

지식에 의해 검열당한 유학은 근대로 이행하는 5·4 시기에 더 이상 굳건한 사회의 규범이 될 수 없었다. 적어도 양심적인 유교 지식인이었던 량쥐촨 같은 사람에게는 그렇게 보였을 개연성이 높다. 그는 중국의 경전은 서양이 침략한 이후에 발생한 문제를 해결할 수 없다고 1883년에 이미 결론 내렸다.[30] 자신이 믿고 있던 유학이 더는 사회의 규범으로 작동할 수 없음을 감지했을 때, 그는 '유학적 사제'로서의 자기 역할에 대해 심각한 자기모순을 겪을 수밖에 없었을 것이다. 량쥐촨의 죽음은 그 점을 적나라하게 보여주었다.[31] 이는 흔적은 남았으되 일상을 지배하는 강력한 규범으로서는 진작에 힘을 잃어가고 있던 유학의 객관

---

28 金觀濤·劉青峰, 〈中國文化的意識形態牢籠〉, 《二十一世紀》 1992年 2月號, 31쪽 참조.

29 林毓生은 5·4 시기 급진적 지식인들에 의한 중국 전통의 전면적 비판은 현대 중국의 위기의식을 반영하며, 전통문화와 도덕이 의거할 처소가 상실되었음을 의미한다고 말한다. 〈論梁巨川先生的自殺——一個道德保守主義含混性的實例〉, 許紀霖 편, 《二十世紀中國思想史論》下(東方出版中心, 2000), 250쪽 참조.

30 Guy Salvatore Alitto, 《最後的儒家》, 王宗昱·冀建中 옮김(江蘇人民出版社, 2003), 13쪽.

31 량쥐촨은 자살하기 한 달 전에 '敬告世人書'라는 제목의 유서를 남겼다. 거기에서 그는 청조에 몸을 담고 있어 순청殉清하지만 청조를 위해서가 아니라 어렸을 때 배운 주의를 위해 죽는 것이라고 밝히고 있다. 陳獨秀, 〈對於梁巨川先生自殺之感想〉, 《新青年》 第6卷 第1號, 25쪽.

적인 모습을 있는 그대로 드러낸 사건이기도 했다. 유학이 지식 안으로 들어오면서 1895년 이전의 시점에서 존재했던 유학과는 다른 차원의 유학으로 급속히 대상화해가고 있었음을 말해준다고 할 것이다.[32]

여기서 신문화운동 세력과 관련하여 근대로 넘어오는 결정적 이행기에 나타나는 현상인 인텔리겐차 개념에 주목해볼 필요가 있다.[33] 인텔리겐차는 바로 자신이 받은 교육으로 인해 자기가 소속된 사회에서 소외당한 집단이다. 인텔리겐차의 기술과 신념은 따라서 기성사회를 거부한다.[34] 이런 측면에서 신문화운동 계열 지식인들을 하나의 계층으로서 인텔리겐차로 볼 수 있을 것이다. 또한 그들은《신청년》이라는 잡지를 통해 시대성을 띤 공론 영역의 공간을 창출하고 있었던 셈이다.

신문화운동에 참여한 신지식인 집단은 인텔리겐차 범주에 넣을 수 있겠지만, 량쥐촨의 경우는 어떤가. 그는 청조 관원이었음에도 오히려 신해혁명을 지지하고 장쉰張勳의 복벽운동에 반대했다. 또한 윤리중심주의 아래에서도 경전체제에서 지식체제로의 사회적 변화를 받아들였

---

32 이른바 문화적 취향의 위기는 무엇보다 기본적인 도덕과 사회적 가치 취향의 동요를 가리킨다. 전통문화의 주류인 유가의 기본도덕 가치에는 두 가지 측면이 있는데, 예를 기초로 하는 규범윤리와 인을 기초로 하는 덕성윤리이다. 1895년 이후 이 두 측면 모두가 극심한 충격을 받아 그 핵심이 동요하게 되었고, 심한 경우 해체되기까지 했다고 할 수 있다. 張灝, 〈中國近代思想史的轉型時代〉,《二十一世紀》1999年 4月號, 33쪽.

33 1860년대 폴란드와 러시아에서, 더 훌륭한 교양을 갖추었지만 상류계급과 중류계급의 다른 교양층educated people과는 구별되는 하나의 사회계층으로 나타난 것이 인텔리겐차다. 알렉산더 겔라, 〈인텔리겐차 사회학 서설〉, A. 겔라 편,《인텔리겐차와 지식인》(학민사, 1988), 16쪽.

34 Ernest Gellner, "Nationalism," *Thought and Change*(London : Weidenfeld and Nicolson, 1964) ; 〈근대화와 민족주의〉, 백낙청 엮음,《민족주의란 무엇인가》(창작과비평사, 1981), 155~156쪽 참조. Anthony D. Smith, "Industrialization and the Crisis of the Intelligentsia," *Theories of Nationalism* ; 〈산업화와 인텔리겐차의 위기〉, 백낙청 엮음,《민족주의란 무엇인가》(창작과비평사, 1981), 196~198쪽 참조.

다. 그렇다고 신지식을 습득한 지식인도 아니기 때문에 량쥐촨은 신지식인 집단에도 속하지 못한다. 그리하여 신문화운동이 유가윤리에 충격을 주었을 때 그는 차라리 순사殉死를 택한 것이다.[35] 이는 단순히 사상의 갈등이 아니라 기성체제 기득권과의 갈등이다. 그는 전통에 몸을 담고 있었지만 전통과도 갈등한 것이다. 이는 곧 자신의 정체성에 대한 갈등이기도 하다. 이처럼 패러다임의 이행기에 유교적 지식인의 존재론적 고민을 온몸으로 보여준 이가 량쥐촨이었으며, 이러한 정서는 고스란히 그의 아들 량수밍에게 전해졌다고 볼 수 있다.[36]

4. 신문화운동에 대한 보수주의의 초기 대응

신문화운동에 이은 5·4운동의 근대적 사회현상에 불만을 품었거나 이의를 제기하고 나온 그룹을 5·4 보수주의라고 할 수 있다.[37] 그런데 이 보수주의 계열은 단순히 전통을 부흥시키려 했다기보다는 호조론, 생명철학, 신인문주의 등 서양의 현대화 조류를 민감하게 주시하면서[38] 신문화운동에 대응하려 했다. 특히 제1차 세계대전 이후 중국에서

---

35 따라서 량쥐촨의 자살은 그가 평생을 취해온 태도와 그가 종사했던 활동으로 완전히 귀결될 수가 없으며, 보수파·개량파·급진파 모두 진정으로 그를 정복할 수 없었음을 의미한다. Guy Salvatore Alitto, 13쪽.

36 Guy Salvatore Alitto, 12쪽 참조.

37 B. Schwartz도 보수주의, 자유주의, 급진주의가 동시에 출현한다는 사실에 주목한다. 그는 이것이 지식인들이 공통 관념을 가지고 동일한 구조 속에서 움직이고 있음을 설명해주는 것이라고 지적한다. 史華慈, 〈論保守主義〉, 《近代中國思想人物論—保守主義》(時報出版事業有限公司, 1980), 20쪽 참조.

38 劉黎紅, 《五四文化保守主義思潮研究》(中國社會科學出版社, 2006), 265쪽.

는 근대화에 다양한 반응을 보였다. 앞에서 설명한 대로 식민지·반半식민지 국가들에서 전반적인 사회문화적 위기를 여전히 반전통주의로 대처하려는 집단이 있었던 반면 서구적 근대성western modernity에 근본적으로 의심의 시선을 보내고 서양이 근대화의 유일한 모델이 아닐 수도 있다고 생각한 사상가들도 있었다.[39]

이처럼 5·4 시기에는 서양의 근대성, 그리고 중국이 처한 반식민지적인 위치 등을 어떻게 받아들이느냐에 따라 견해가 갈리기도 했던 것 같다. 이 점에서 5·4운동 직후 보수주의, 자유주의, 사회주의가 동시에 출현한 중국의 경우는 서양과 비교가 된다. 중국에서는 각 유파의 사상이 전형기인 1895~1920년에 동시다발적으로 나타나는 데 견주어, 서양에서는 이 사상들이 일정한 시차를 두고 나타나며 짧아도 300년 정도의 시간이 걸렸기 때문이다. 5·4 시기에 서로 다른 사조가 동시에 출현한 것은 이때가 그만큼 격동과 모순의 시기였다는 것을 말해준다.

그렇다면 지식인들이 비슷한 여건에서 서로 다른 사상을 선택할 수 있었던 근본 원인은 무엇일까. 이 글의 주제와 관련해 궁금해지는 대목이 아닐 수 없다. 앞에서 서술한 것처럼 신문화운동 계열이나 보수주의 계열이나 그들이 놓인 사회적·문화적 배경은 거의 동일하다고 할 수 있을 텐데 무엇이 이들로 하여금 다른 선택을 하게 했을까.

중국사회의 패러다임이 격변하는 상황에서 이를 설명하기는 조심

---

39 이런 생각을 선명하게 보여준 사상가로는 장쥔마이와 량치차오가 대표적이다. 이들은 제1차 세계대전 직후 유럽을 여행한 뒤 각각 "My Political Impressions During My Stay in Europe from 1919 to 1921"과 《歐遊心影錄》이라는 인상기를 남겼다. Dominic Sachsenmaier, pp. 166~170 참조.

스럽긴 하지만 부르디외의 아비투스habitus 개념이 유용할 수도 있다고 생각한다. 장의 구조 속에서 객관화하고 행위자 또는 집단의 정신 구조 속에서 내재화하는 '지각, 평가, 성향의 체계'를 부르디외는 아비투스라 일컫는다. 이 아비투스는 각 개인 또는 집단의 문화자본 보유나 계급적 위치와 연관되어 있을 것이다. 즉 아비투스는 그것을 동질적으로 소유하는 집단 성원들이 공유한 출신 · 학력 · 성향 등에서 나오는 것인 동시에 그 성향을 다시 재생산하는 것이다.

이렇게 되면 문학이나 철학의 장 역시 상이한 아비투스들이 충돌하는 공간이 된다.[40] 즉 5 · 4 시기 지식 지형을 파악하는 데서 사상뿐 아니라 사상이 물질화한 구조까지 포착하려면 지식 장의 내적 구조에 대한 분석, 다시 말해 합법성을 위한 경쟁 상황에 있는 개인이나 집단이 거기에서 점유하는 위치들 사이의 객관적 관계 구조를 분석할 필요가 있다는 뜻이다.[41] 다시 말해 사회체계와 개인적 성향체계 사이에 갈등이 빚어지고 있는 상황에 대한 분석이 필요하다.[42]

이 방법론의 도입은 제도주의 또는 엄격한 구조주의에서 벗어나 '변화'를 설명하기 위해 필요하다. 이 개념을 도입해 변화를 설명하는 것은 전체 지식 장의 구조 안에서 담론이 재배치되는 양상으로 볼 수 있으며 중국사회 전반의 변동과 맞물리는 설명이 가능하다는 이점이 있다.[43] 이러한 점들을 염두에 두고 신문화운동에 대한 량수밍과 학형파

40 현택수, 《문화와 권력》(나남출판, 1998), 39~42쪽 참조.

41 피에르 부르디외, 《예술의 규칙》, 하태환 옮김(동문선, 1999), 284쪽.

42 홍성민, 《문화와 아비투스》(나남출판, 2000), 52쪽 참조.

43 김건우, 《《사상계》와 1950년대 문학》(소명출판, 2003), 32쪽 참조.

의 초기 대응을 살펴보도록 하자.

(1) 량수밍—개혁적 보수[44]의 초기 대응

앞에서 말한 것처럼 량수밍은 부친인 량쥐촨의 영향을 매우 크게 받고 자랐다. 량수밍이 부친의 자녀교육 방식을 회고할 때 강조하는 점 가운데 하나는 부친이 결코 강요된 교육을 하지 않았다는 것이다.[45] 이것은 량수밍이 어렸을 때 량쥐촨이 세계의 역사지리를 소개한 계몽독서물 《지구운언地球韻言》을 학습하게 했지 사서四書를 암송하게 하지 않았다는 데서도 잘 드러난다. 량수밍의 조기교육은 철저하게 반관례적이고 파격적이었다. 그가 외운 것은 ABC였지 《논어論語》가 아니었다. 그가 받은 교육은 전반서화식 교육이었기 때문에 성년이 될 때까지 유가 경전을 외우거나 연구해본 적이 없었다.[46] 사실 이러한 점들은 량수밍이 일생을 통해 보여준 그의 사상, 실천에 비추어보면 다소 모순되어 보이기도 한다.

어쨌거나 어릴 때 받은 남다른 교육이 량수밍을 여느 보수주의자들과 다르게 만든 하나의 요소로 작용했을 수도 있다고 본다. 그는 전통의 사유방식에 주목했지만 기존의 국수주의파로 분류되지 않았다. 그는 어느 한 학파의 성원도 아니었고, 5·4 이후 문화 보수주의자들의 주

---

44 알리토Guy Salvatore Alitto는 그의 책에서 보수주의를 conservatism이라 쓰지 않고 conservitism이라고 쓴다. 이를 중국 번역본은 保守主義가 아닌 守成主義라고 번역한다(번역본, 4쪽). 그런데 여기에서 사용하는 conservitism이 conservatism과 뭐가 다른지 영어권의 온갖 사전을 뒤져보아도 찾을 수가 없었다. 守成主義도 보수주의와 어떻게 다른지 찾아보기 힘들다.

45 강중기, 《양수명의 현대신유학》(서울대학교 대학원, 2000), 13쪽.

46 Guy Salvatore Alitto, 16쪽.

요 경향과도 선명한 대조를 보였으며, 문화유산이나 경학을 결코 중시하지도 않았다. 그리고 그는 국수파의 문화보존 노력에도 반대했다.[47]

량수밍이 받은 열린 교육은 또한 그에게 새로운 사상을 편견 없이 접하고 받아들이는 문화적 태도를 갖추게 만들었을 것이다. 그것은 사회주의 문헌을 대하는 그의 태도에서 확인된다. 량수밍은 집에 쌓여 있는 고서들 속에서 우연히 발견한 고토구 슈스이幸德秋水의《사회주의신수社會主義神髓》를 읽고 사회주의의 문제를 고민하기 시작했다. 이 책은 근대 일본의 저명한 무정부주의자 고토구 슈스이의 저작으로, 1905년 상하이에서 장지張繼의 번역으로 출판되어 있었다.[48] 사회주의 관련 서적에 대한 이러한 독서 경험은 이후 량수밍이 사회주의자들과 인적 교류를 하는 데서 위화감을 완화하는 정서적 토대로 작용했을 가능성이 높다.

량수밍은 "나는 베이징대학 철학과 교수가 되어 인도철학개론과 유가철학 등의 과목을 강의했다. 이때는 5·4운동 전후로 신사상이 고조된 분위기였다. 이런 분위기는 동방의 오래된 학술을 강의하는 사람에게는 무형의 압력이었다. 이런 상황에서 나는 동서문화의 비교연구를 시작했다. 나중에 이 강연기록을 정리해서 나온 것이《동서문화와 그 철학東西文化及其哲學》이다"[49]라며 신문화운동 시기의 분위기에서 학문을 하기가 곤혹스러웠음을 전하고 있다. 이때가 신문화운동이 고조되어가던 1917년으로, 그의 나이 25세 무렵이었다. 이 무렵 량수밍은 신

---

47 Guy Salvatore Alitto, 5쪽.

48 馬勇,《思想奇人 梁漱溟》(北京大學出版社, 2008), 28쪽.

49 梁漱溟, 〈自傳〉,《梁漱溟全集》第一卷(山東人民出版社, 1989), 635쪽.

문화운동의 주역인 천두슈, 리다자오李大釗와 베이징대학 철학과 동료 사이였으니, 바로 곁에서 그 열기를 느낄 수 있었을 것이다.

그러면 량수밍은 당시의 이런 분위기를 구체적으로 어떻게 받아들였을까. 이를 알아보기 위해서는 그의 현실인식, 신문화운동에서의 민주와 과학에 대한 평가, 백화문운동을 바라보는 시각, 5·4운동을 통한 대중의 출현에 대한 반응, 그리고 유학에 대한 견해를 하나하나 살펴봐야 할 것이다.

먼저 중국을 둘러싼 현실에 대한 그의 인식은 다음 글에서 확인할 수 있다.

"세계는 거의 서방화했으며 (……) 이런 상황에서 동방의 각국은 서방화를 받아들일 수 있었던 국가만이 살아남을 수 있었다. 그러나 대개는 서방화할 수 없었기 때문에 서방화의 강력에 점령당했다. 일본 같은 국가가 전자에 해당하며, 그렇기 때문에 일본은 국가의 존재를 유지할 수 있었다. 후자에는 인도·조선·안남·미얀마가 해당하는데, 이 국가들은 서방화를 하지 못해 결국 서양의 강력에 점령당했다. (……) 동방의 오래된 중국도 생활을 개변하지 않을 수 없으며 서방화를 받아들이지 않을 수 없다. 우리의 거의 모든 생활은 정신 방면이나 사회 방면, 물질 방면에서 전부 서방화로 충만해 있다. 이것은 부인할 수 없는 사실이다. 그렇기 때문에 지금의 이런 현상은 동방과 서방이 대치된 전쟁이 결코 아니며, 동방에 대한 서방의 절대적인 승리다. 따라서 지금은 동방이 결과적으로 살아남을 수 있는가 없는가의 문제를 물어야 한다."[50]

---

50 梁漱溟, 〈東西文化及其哲學〉, 《梁漱溟全集》 第一卷(山東人民出版社, 1989), 332~333쪽.

량수밍은 여기서 동양과 서양의 불균등 문제와 연동된 서양 문화 수용의 불가피성 등 국제 환경에 대한 냉철한 인식을 보여준다. 그리고 이러한 냉철한 인식을 바탕으로 중국에서 근본 문제는 정치개혁이 아니라 윤리사상의 개혁임을 강조한다. "중국에서 혁명이 일어난 지 10년이 됐지만 중국에는 서양과 같은 정치제도가 줄곧 정착될 수 없었다. 그렇기에 정치개혁보다 더 근본적인 문제가 있다는 것을 일찌감치 자각한 사람들이 있었는데, 그들이 바로 《신청년》의 천두슈를 비롯한 몇 명의 선생들이다. 그들에 따르면 지엽적인 것을 버리고 가장 근본적인 것을 구해야 하는데, 근본은 바로 온전한 서방문화이며 그중 가장 근본은 윤리사상-인생철학이다. 천두슈가 〈우리 최후의 각오〉에서 윤리사상을 개혁할 수 없으면 모든 개혁이 아무 소용이 없다고 말한 것도 그런 이유에서이다."[51]

그러나 량수밍은 서방화라는 대세를 받아들인다 해도 서양의 실체를 아는 것이 전제되어야 하며, 그런 후에 그 방법을 모색해야 한다고 생각했다. 그렇다면 그에게 서양의 실체는 어떤 것인가. 민주와 과학이 그 핵심이다. 그는 이 두 가지가 서양의 장점이라 할 수 있는데 서양에서는 이것이 어떻게 얻어졌을까, 그리고 중국에서는 왜 이것이 탄생하지 않았을까를 묻는다. 과학에 대해 말하자면, 량수밍은 서양에서는 경험적 축적이 체계화한 이론으로 발달하여 과학이 된다고 보았다. 반면 중국에는 과학에 대비되는 영역으로 기예手藝가 있다. 그것은 '마음으로 전하는[心傳]' 영역이다. 따라서 량수밍은 그것이 객관화하기는 힘들다

51 梁漱溟, 〈東西文化及其哲學〉, 334~335쪽.

고 생각했다.[52]

위의 기술로 볼 때 량수밍은 자신은 비록 대학에서 인도철학과 유가윤리를 가르치고 그것을 기초로 문화구상을 하고 있었지만, 신문화운동에서 말하는 내용에 기본적으로 동의하고 있었다는 점을 알 수 있다. 자기 자신의 작업과는 별도로 당시의 시대성을 겸허하게 받아들이고 있었던 것이다. 이것은 개혁의 방법에는 차이가 있더라도 중국이 근본적으로 개혁되어야 한다는 점에는 대국적 차원에서 동의한 것이 아니었을까 한다. 이와 관련해 미조구치 유조溝口雄三는 천두슈와 량수밍이 중국의 자존과 재생을 바라는 점에서는 우열을 가릴 수 없지만, 전자는 정치론적·운동론적 작풍이고 후자는 학술론적 작풍에서 다르다고 정리한 바 있다.[53]

앞의 내용을 기준으로 보면 량수밍은 보수주의자로 보기 힘들어진다는 생각을 할 수도 있다. 그렇다면 여기서 량수밍을 보수주의 계열에 넣는 이유가 궁금해진다. 결론부터 말하면, 그를 보수주의자로 봐야 하는 이유 중 하나는 그가 5·4의 시점에서 중국사회에서 유가의식의 구체적 내용은 포기되었더라도 전통적 사유방식은 변하기 힘들다고 봤다는 점에 있다. 여기에 기초해 그는 윤리 본위의 사회를 구상한다. 이 구상은 그의 유명한 향촌건설론에 잘 나타나 있다.

량수밍을 보수주의자로 볼 수 있는 또 하나의 중요한 근거는 그가 민지民智가 열리지 않은 상황에서는 소수인이 그 개조사업을 담당하지 않으면 안 된다고 인정하는 부분이다.[54] 이는 곧 다수결에 대한 회의懷疑

52 梁漱溟, 〈東西文化及其哲學〉, 354쪽 참조.

53 溝口雄三, 〈もう一つの'五·四'〉, 《思想》 1996年 12月, 61쪽.

를 보여주는 것이기도 하다. 이는 뒤에서 비교대상으로 다룰 학형 계열 지식인이 현인 지배를 주장하는 것과도 비슷한 면이라 할 수 있다. 결국 신문화운동 계열 지식인들이 중국의 근대 구상을 위해 유학을 타도하려 한 것에 대해, 량수밍은 이것을 개조하여 신중국 건설을 구상하는 기본으로 삼았다는 점에서 차이가 난다고 할 수 있다.

(2) 학형파—'수구적' 보수[55]의 초기 대응

《학형》은 1922년 신문화운동 속에서 새로운 지식과 권력을 문제 삼고자 창간된 잡지다. 그런데《학형》의 기원은 1915년으로 거슬러 올라간다. 그것은 그해 겨울 칭화대학에서 성립한 '천인학회天人學會'로부터 태동했다고 할 수 있다. 사실 이때는 신문화운동이 막 일어나 급진주의가 사상계에 두각을 나타내기 시작했을 때였으니 아마도 '천인학회'는 이를 의식하면서 만들어진 학회라 할 수 있겠다. 이는 이 학회가 밝힌 종지에서 확연히 드러난다. "신구를 융합하고融合新舊 거기에서 중요한 것을 뽑아擷精立極 학술을 조성하고造成一種學說 사회에 영향을 줌으로써以影響社會 군치를 개량하자改良群治."

《학형》에서 가장 중요한 인물이라 할 수 있는 우미吳宓와 탕용퉁湯用

---

54 梁漱溟, 〈我們政治上的第二個不通的路〉,《梁漱溟全集》第五卷(山東人民出版社, 1989), 262쪽. 물론 량수밍이 이 글을 쓴 시점은 1931년이고 여기서 그는 공산당 존재의 필요성을 피력했다. 이 부분은 그의 전체 성향을 파악하는 데는 중요하지만 이 글이 5·4 시기의 인식을 바탕으로 한 것이기에 여기서는 논외로 해야 한다.

55 여기에서 편의상 '수구적'이라는 수식어를 썼지만 이것은 량수밍과 비교했을 때의 상대적인 개념으로 쓴 말이다. 따라서 학형파를 평가하는 용어로는 적당하지 않을 수도 있다. 학형파가 당시 전체 사상 지형에서 차지하는 위치는 보수이긴 하지만 보수 중에서 맨 오른쪽은 아니기 때문이다.

彤은 '천인학회'의 종지를 이렇게 밝히고 잡지를 창간하려는 뜻을 품고 있었다. 이 둘은 이런 생각을 품고 미국으로 유학을 떠나 서구 문화의 세례를 받았다. 메이광디梅光迪·천인커陳寅恪 등과 함께 하버드대학에서 신인문주의[56]의 대가 어빙 배빗Irving Babbitt(1865~1933)[57]과 접촉했으며, 이때 천인커·탕융퉁·우미 세 사람은 '하버드 3걸'이라 불리기도 했다.[58] 학형파가 출현한 것은 1922년이지만 '천인학회'가 1915년 신문화운동이 발생하면서 그에 대응해 만들어졌고 이것이 나중에 《학형》의 모태가 되었다고 한다면 신문화운동 계열과 학형파의 사상 대립은 훨씬 이른 시기로 거슬러 올라가게 된다. 그리고 실제로 1916년에 메이광디는 후스와 문학혁명을 토론하는 편지에서 이미 후스에게 '최후 충고'를 한 바도 있다. 이때 그는 후스의 문학혁명에서 말하는 현대정신과 철학 기초의 파괴적인 결과를 통찰했고 이 때문에 문학혁명과 극단적인 자유의 주장에 대해 보수적인 시각에서 반대했다.[59]

《학형》은 신문학과 신문화운동에 반대하는 것을 소임으로 삼았다. 그러나 사실상 신문화운동 그 자체보다는 그 방법을 문제 삼았다. 신新이 문제가 아니라 신의 방법이 문제라는 이들의 문제의식[60]은 신문화운

---

56 신인문주의는 1910~30년에 일어난 미국의 비평운동으로, 영국의 시인이며 평론가인 매슈 아널드의 문학 및 사회 이론을 근거로 했다. 그는 산업화와 물질주의의 시대에 살면서 과거 문명의 도덕성을 되찾으려고 노력했다. 배빗을 포함한 신인문주의자들은 1930년대에 이르러 문화적으로는 엘리트주의자, 사회와 철학적 견해에서는 보수주의의 옹호자로 여겨졌지만 그 영향력은 거의 사라졌다.

57 배빗의 유명한 저술로는 "Rousseau and Romanticism"(1919), "Literature and American College : Essays in Defense of the Humanities"(1908), "New Laoko"(1910), "The Masters of Modern French Criticism"(1912) 등이 있다.

58 孫尙揚, 〈在啓蒙與學術之間 : 重估《學衡》〉, 《二十一世紀》 1994年 4月號, 36쪽 참조.

59 曠新年 , 〈學衡派對現代性的反思〉, 《二十一世紀》 1994年 4月號, 47쪽 참조.

동의 방법에 불만을 품고 있었음을 말해준다. 잡지 이름을 학형學衡, The Critical Review이라 한 데서도 알 수 있듯이 이들은 주로 아카데믹한 방식으로 신문화운동을 문제 삼으려 했다. 학형파는 우선 중국 내에 현대 서양사조(신인문주의)를 수용, 소개하고 5·4로 단절된 전통을 현대로 연장시키는 것을 주 목표의 하나로 삼았다.

이런 점들을 고려하면 일단 학형파는 잠정적으로는 중국 현대 계몽운동과 현대화 운동에 대한 최초의 보수적 대응이며 보수적 '반성反思'이라 할 수 있다. 신유가 방면의 권위자인 정지아동鄭家棟도 이런 점을 의식해 5·4 보수주의자들의 탐구와 사색은 서구 20세기 이래 과학 만능의 신화를 극복하고 나타난 인본주의와 신인문주의 학파와 호응해 인류의 자기인식과 자기반성의 계기를 만들었다[61]고 평가한다.

이는 크게 보면 옳은 분석일 수 있다. 하지만 나는 이 글에서 과연 학형파를 이렇게 평가하는 것이 정당한가에 대해서는 유보적이다. 왜냐하면 신문화운동에 대한 반성과 성찰은 근대성의 중요한 측면을 수용하면서, 그 문제점에 대해서는 비판하는 이중적인 행위여야 한다고 보기 때문이다. 신문화운동에 대한 학형파의 견해가 이와 같은 이중적 행위였는지는 진지하게 검토할 필요가 있다.

신문화운동에 대한 학형파의 초기 대응을 량수밍의 초기 대응과 비교하자면, 량수밍과 마찬가지로 신문화운동에 대한 이들의 반응과 현

60 吳方, 〈吳宓與《學衡》的文化保守主義〉, 許紀霖 편, 《二十世紀中國思想史論》下卷(東方出版中心, 2000), 308쪽.

61 鄭家棟, 〈新儒家與中國現代化〉, 許紀霖 편, 《二十世紀中國思想史論》下卷(東方出版中心, 2000), 192쪽.

실인식이 어떠했는가를 알아볼 필요가 있다. 《학형》 창간의 두 주역 중 한 사람이었던 우미가 쓴 〈신문화운동을 논함〉이라는 글을 살펴보면 그 첫머리부터 신문화운동에 대한 혹평으로 시작된다. "최근 중국에서 나타난 신문화운동은 그 뜻이 속이고 자극하는 것을 업으로 삼고 오로지 파괴만 하려 한다. 조야하고 천박하여 오류투성이인 이 신문화운동은 동서고금의 성현의 가르침이나 통달한 철인의 저술, 역사의 업적이나 법령제도의 정신, 그리고 보통 사람들의 양심·상식과 모두 어긋나고 저촉되어 서로 맞지 않는다."[62]

이어서 우미는 신문화운동을 하는 이들은 외국이 뱉어버리고 남은 찌꺼기를 가져다가 중국인에게 먹이려는 부류라고 비판한다. 또 그는 사람들이 국수國粹와 구화歐化가 충돌한 뒤 구화가 성하면 국수가 망할 것이라고 걱정하는 데 반해 신문화운동을 하는 이들은 국수가 없어진 연후에야 구화의 수입이 가능하다고 생각한다며, 이는 매우 잘못된 것이라고 보았다. 그는 신학문을 말하는 사람들 중 동서양의 정수를 아는 자가 매우 드물다고 말했다.[63]

그렇다면 이들이 구상한 신문화는 어떤 것인지 궁금해진다. 우미의 언급을 통해 이들 학형 계열이 구상하는 신문화의 내용을 살펴보면, 중서문명의 핵심을 잡아서 그것을 용광로에 집어넣고 다시 만들어 하나로 꿰는 것이다. 여기서 중국의 문화는 공교孔教가 중심이고 불교가 보조적이며 서양의 문화는 그리스-로마의 철학과 기독교가 융합하여 이

62 吳宓, 〈論新文化運動〉, 《國故新知論》—學衡派文化論著輯要, 孫尙揚·郭蘭芳 編(中國廣播電視出版社, 1995), 78쪽.

63 吳宓, 〈論新文化運動〉, 82쪽.

루어진 것이다. 신문화를 만들려면 먼저 이렇게 오래된 옛 문화의 핵심을 알아야 한다는 것이다.[64]

학형 계열은 이런 기술을 통해 후스와 천두슈를 중심으로 한 신문화운동의 경박성과 천박성을 비판하고 자신들은 이와는 다른 '수준 높은' 신문화를 구상하려 했다.[65] 이들 학형 계열에게는 신문화운동의 내용과 전개방식에 대한 불만이 있었고, 또 계몽 진영의 문화권력화와 문화적 전제專制에 대한 반감이 있었다. 그리고 이것이 이들이 잡지를 만드는 계기가 되었다. 따라서 이들의 최종 목적은 동서를 초월한 문화적 보편성을 획득하는 것이었다.[66]

여기서 학형파가 그 목적을 이루었는지를 살펴보기 전에, 문화적 보편성을 획득하려는 진정한 의도가 있었는가에 대해서는 그들이 취한 방법과 함께 그들의 주장을 세밀하게 살피고 나서 판단해야 할 것이다. 그런데 그 전에 먼저 미국에서 활동하고 있는 문화연구자 류허劉禾는 이와 관련하여 의미심장한 지적을 한 적이 있다. 학형파가 미국의 또 다른 학술 권위를 이용하여[67] 자신들의 '신문화운동'을 펼치려 했다는 것이다. 즉 학형파가 당시 미국의 학술언어(이 학술언어의 권위는 그들만이 대표 자격을 가지고 있다)를 이용해 국수와 유관한 재구상reframe 논쟁을 시

---

64 吳宓, 〈論新文化運動〉, 88~89쪽.

65 이와 관련하여 신문화운동이 주장한 전반서화는 기실 일본화한 서구화이기 때문에 거짓 신문화운동이라는 독특한 주장도 존재한다. 이 주장은 신문화운동에 참여한 인사들 대다수가 일본 유학파이고 호적만이 예외라는 점을 근거로 내세운다. 黃萬盛, 〈啓蒙的反思和儒學的復興〉—二十世紀中國反傳統運動的再認識, 《開放時代》 2007年 5月號, 60~62쪽 참조.

66 田寅甲, 〈《學衡》의 문화보수주의와 '계몽' 비판〉, 《東洋史硏究》 제106집, 261~262쪽.

67 류화의 이 지적에는 듀이라는 미국 철학자의 권위를 이용해 중국에서 문화권력화를 시도했다고 후스를 비판하는 학형파도 똑같은 방법을 쓰고 있다는 뉘앙스가 들어 있는 듯하다.

도했다는 것이다. 이 때문에 이들 미국에서 돌아온 유학생들은 천두슈와 후스가 단지 전 지구성 문제(신인문주의와 급진주의의 싸움을 그때는 글로벌한 문제로 받아들였던 것 같다)의 지방성을 표현할 뿐이며, 학형파 자신이 이러한 문제를 해결해야 할 책임을 지고 있다고 생각했다. 따라서 그들이 제일 먼저 착수한 일은 신문화를 제창한 이들이 서양에 대해, 그리고 중국의 과거에 대해 얼마나 '오독誤讀, misrepresentation'했는지를 폭로하고 수정하는 것이었다.[68]

사실 학형파는 그들의 잡지 《학형》의 간장簡章에 나오는 논구학술論究學術, 천구진리闡求眞理, 창명국수昌明國粹, 융화신지融化新知[69]를 통해 제시되듯이 그들과 이전의 국수파와의 사상적인 친화성을 보여준다. 물론 여기서 '국수'라는 단어가 쓰이긴 하지만 학형파에게는 그 의미가 다르다. 중요한 것은 국수운동의 특징이 표방하고 있는 서양에 대한 모호한 태도인데, 그것은 오히려 서양 인문주의 전통에 깊이 뿌리를 둔 비판체계로 대체되었다는 점이다. 일례로 소크라테스와 공자를 각각 서양과 동양 문명의 인문주의적 정수로 보았는데, 이러한 사상은 결코 학형파가 발명하고 창조한 것이 아니라 하버드 대학 교수인 어빙 배빗을 통해 습득한 관념이며 배빗의 인문주의 이론은 학형파의 사상에 결정적인 영향을 끼쳤다는 지적이다. 이들 유학생들은 배빗의 신인문주의 사상 중개를 거쳐 그들 자신의 국수 관념을 발전시켰던 것이다.[70]

---

68 劉禾, 356~357쪽 참조.

69 〈《學衡雜誌》簡章〉, 《學衡 Ⅰ》 第1期(1922).

70 劉禾, 《跨語際實踐—文學, 民族文化與被譯介的現代性(中國, 1900~1937)》(生活·讀書·新知 三聯書店, 2002), 353쪽.

결국 학형이 자인한 사명은 여전히 신문화운동, 특히 현대의 백화문 문학에 대항하여 다른 목소리를 내려는 것이었다. 그런데 그들이 전개하려고 했던 것은 국수를 찬성하고 신문화운동에 반대하는 변론이었지, 경전과 유관한 성숙된 학술 연구가 아니었다.[71]

그런 점에서 그들이 쓴 논설들의 내용을 지적하기 전에 반드시 지적하고 넘어가야 할 것은 학형파가 신문화운동과 5·4운동이 지나간 1922년의 시점에서도 백화문이 아닌 고문을 이용해 잡지에 글을 썼다는 점이다. 이것은 후스와 천두슈를 중심으로 한 신문화운동에 반대하고 자신들이 만들려고 했던 '수준 높은' 신문화운동의 실체가 무엇이었는가를 웅변적으로 보여주는 것이라 생각한다. 이들의 '수준 높은' 신문화운동은 결국 전통의 세속화에 반대하는 고문으로의 회귀를 뜻하는 것은 아니었는지 의심된다.

또 하나 이 문제와 관련하여 지적해야 할 것은 일상생활과 지식 측면에서 거대한 변화를 맞이한 근대 국면에서 그 시대의 시대성을 거역하면서까지 자신들의 주장을 관철하려 했다는 점이다. 전형시대 신사상의 산포散布는 새로운 문체(백화문 또는 신체문언문新體文言文을 막론하고)의 출현과 분리해서 생각할 수 없다. 이는 마치 중고시대에 불교가 중국에 들어왔을 때 백화문을 불교경전 번역과 떼어놓고 생각할 수 없는 이치와도 같다고 하겠다.

중국 역사상 두 차례에 걸친 외래의 영향을 받아서 형성된 사상의 거대한 변화는 모두 이처럼 신언어를 배경으로 한다.[72] 더욱이 백화문

---

71 劉禾, 355쪽.

72 張灝, 〈中國近代思想史的轉型時代〉, 《二十一世紀》 1999年 4月號, 37쪽.

은 1920년 교육부령으로 교과과정에 편입되어 백화문으로 보통교육을 하게 되었다[73]는 사실로 보면 학형파의 언어행위는 그 시대가 요구하는 공공성·대중성과는 동떨어져 있었다는 것을 알 수 있다. 이것은 신문화운동 계열 지식인은 말할 것도 없고 이 시기 보수주의 견해를 취하면서도 백화문으로 글을 쉽게 써서 발표했던 량수밍의 경우와도 명백하게 대비되는 사안이다.

일단 이 문체라는 문제 하나만 보더라도 학형파가 근대적 상식이나 민주주의의 지향이라는 시대의 흐름에 역행하고 있었다는 점이 명확해진다. 이때 이미 잡지가 일상생활의 범주 안으로 들어왔고 글을 통한 지배가 이루어지는 장소가 일상이라는 점을 감안하면, 전략 면에서도 자신들의 생각을 고문체를 이용해 썼다는 것은 대중과의 소통을 포기하고 들어간 것이라 할 수 있다. 그리고 이러한 것은 의식적으로 행해졌든 무의식적으로 행해졌든 모두 문제가 된다.

신문화운동의 문화 패권을 비판하는 문제[74]의 정당성과 비정당성의 문제는 당시 정치계와 중국 사상문화계 전체의 역학관계가 어떠했는가라는 전망 속에서 살펴야 할 것이다. 그러나《학형》이 하버드 유학파 출신자들이 모여 만든 잡지라는 점을 상기하면 이들이 문화권력과 학술권력이 한쪽에 집중되는 것에 대한, 누가 봐도 '부당한 권력'에 대한 문제를 제기했다는 측면도 있겠지만 그와 동시에 미국 유학파 간의

---

73 백화문에 바탕을 둔 신문학은 1920년의 문학연구회, 1921년의 창조사創造社에 의해 본격적으로 발전했다. 민두기, 〈5·4운동의 성격〉,《중국근대사론 1》(지식산업사, 1976), 79쪽.

74 이와 관련해서는 오병수, 〈5·4세대의 권력화—호적집단의 사회자원과 그 권력적 작용〉,《1919년 : 동아시아 근대의 새로운 전개》, 성균관대 동아시아학술원 국제학술회의(2009년 2월) 참조.

주도권 싸움이라는 성격은 없었는지도 살펴야 할 것이다.

실제로 산업화와 근대화의 물결이 거세지면 그것은 기왕의 정치단위들을 붕괴시키고 새로운 정치단위의 형성을 초래한다. 그러나 좀 더 구체적으로 이 물결은 각각 다른 시기에 충격을 받은 부류의 사람들 사이에서 심각한 이해관계의 분열을 창출하고, 이 집단 사이의 균열을 만들어낸다.[75] 이 점에 비추어볼 때 패러다임이 바뀌는 격변기를 맞고 있던 중국에서도 시차를 두고 미국의 다른 대학에 유학했던 두 그룹 사이에 이니셔티브의 문제가 발생할 개연성은 충분히 있을 수 있다. 그리고 이런 문제는 앞에서 말한 아비투스 개념으로 보면 충분히 발생할 수 있는 일이다.

그런데 문제는 이들의 주장과 행위가 지금의 중국적 맥락, 즉 보수가 주류가 된 현재 상황에서 과대포장될 위험성이 있다는 데 있다. 이 글을 시작할 때 내가 이들이 놓여 있던 지식의 장이 분석되어야 한다고 강조한 것은 바로 이런 이유에서다. 물론 최종 판단은 그들의 글 전반을 읽은 다음에나 가능하겠지만, 적어도 보수주의자들의 주장과는 별도로 그들의 행위와 함께 그 행위의 조건이 되는 구조를 살펴야 하는 것이다.

이와 관련하여 이들이 오히려 대국적인 차원에서 보수파라는 자기 속성에 충실했다고 한다면 상식적으로는 1922년부터 1930년대 초까지의 시점에서, 특히 1922년의 시점에서는 사회주의와 공산당의 출현에 더 긴장했어야 한다고 생각한다. 예컨대 5·4운동을 계기로 나타난 사

75 Ernest Gellner, "Nationalism", *Thought and Change*(London : Weidenfeld and Nicolson, 1964) ; 〈근대화와 민족주의〉, 백낙청 엮음, 《민족주의란 무엇인가》(창작과비평사, 1981), 156~157쪽 참조.

회주의 같은 민감한 사안에 대해서 말이다. 과학과 민주를 기치로 내건 신문화운동 과정에서 5·4운동이 파죽지세로 일어나 중국사회에 거대한 변화가 나타나고 이를 바탕으로 계몽 지식인들이 새로운 이데올로기인 마르크스-레닌주의를 신속히 접수하고 내면화했다는 것은 자유주의자들에게는 물론 보수주의자들에게는 경천동지할 일이었어야 한다. 신문화운동 내부의 사상 분열도 이를 계기로 표면화되었다는 것 또한 이미 잘 알려진 사실이다. 진관타오와 류칭펑은 사실상 이때부터 신문화운동의 계몽운동이 중단되고 새로운 이데올로기가 점점 강대해져 문화패권의 시대가 도래했다[76]고 진단한다. 오히려 계몽을 중단시킨 새로운 우상으로서의 마르크스주의의 출현을 문화패권으로 설명하지 신문화운동 자체를 문화패권으로 서술하지는 않는 것이다.

5. 5·4의 보수주의—근대 성찰의 가능성과 한계

이상에서 5·4 신문화운동이라는 역사의 격변에 대해 량수밍과 학형파의 초기 대응이 어떠했는지 대략적인 흐름을 살펴보았다. 이 글을 시작하기 전 예비고찰이라고 한 것은 초기 대응에 한정된 논의이기 때문에 그 평가에서 어느 정도 한계가 있을 수 있음을 전제하고자 한 것이었다. 동시에 초기 대응에 초점을 맞춘다는 것은 사상 내용 이전에 그것을 결정짓는 여러 조건, 즉 아비투스에 주의해서 보려는 의도가 있었다.

---

76 金觀濤·劉青峰, 〈中國文化的意識形態牢籠〉, 《二十一世紀》 1992年 2月號, 28쪽 참조.

즉 중국 5·4 시기 보수주의의 내용과 그에 대한 평가를 내리기 전에 당시의 전체 사상지형과 지식구조는 어떠했는지, 또 그것이 어떻게 형성되었는지, 그리고 이러한 움직임이 대중의 일상에는 어떻게 파급되고 어떤 영향을 주었는가에 대한 최소한의 정치사회학적 고찰을 하고자 했다.

5·4 시기 아직 봉건세력이 건재하고 봉건도덕이 사람들의 심령을 짓누르고 있는 상황에서, 즉 봉건사상이 여전히 사회 전반을 저류하는 상황에서 사상과 일상의 새로운 패러다임 창출이라는 거역할 수 없는 역사의 흐름이 출현했는데, 그것이 신문화운동과 5·4운동이었다. 지금은 보수와 급진이라는 경계를 걷어내고 지나간 계몽의 역사를 디테일한 면까지 진지하게 검토해봐야겠지만, 역사의 추세가 불가피하다는 점을 간취하여 그에 대응할 필요성을 인식하면서도 거기에 대한 회의를 보내는 것과, 그 추세 자체에서 두려움을 느끼고 역사의 역전을 염두에 두는 것은 서로 다르다고 할 수 있다.

대국적으로 본다면 시각이 다르고 내용이 비록 거칠다 해도 시대성으로 인정하고 들어가는 량수밍의 태도는 학형파와 비교된다고 할 수 있다. 량수밍의 보수주의는 민주주의를 깊이 인정하면서도 민주주의가 체현되면서 나타나는 전제의 문제를 지적한다든가 계몽을 충분히 인정하면서도 계몽주의가 초래할 위험성을 인정하는 정도는 아니라도 이에 근접한다고 할 수 있을 것이다.

5·4 보수주의자들, 특히 학형파의 탐구와 사색이 서구 20세기 이래 과학 만능의 신화를 극복하고 나타난 인본주의와 신인문주의 학파와 호응하여 인류의 자기인식과 자기반성의 계기를 만들었다는 평가에

는 선뜻 동의하기 힘들다. 왜냐하면 여기서 말하는 인문주의는 다분히 전통이나 고전과 동일화한 것으로, 당시의 중국사회가 공전의 변화를 겪고 있었음에도, 다시 말해 인문학적 토대가 큰 변화를 겪고 있었음에도 이 점을 무시하거나 간취하지 못한 자기 속에 갇힌 인문주의였기 때문이다.

이들은 이러한 인문주의를 고집함으로써 신문화운동 계열 지식인들이 시대성을 읽으면서 확보하려 했던 지식의 공공성과 대중성을 의식적·무의식적으로 거부한 셈이 된다. 어쩌면 이것은 이들이 유지하려 했던 엘리트주의적 경향에서 비롯된 것일 수도 있다. 그것은 본론에서도 말한바, 이미 1920년 백화문으로 보통교육을 실시하고 있던 2년 후의 시점에서 여전히 고문을 이용해 잡지를 발행했다는 점을 통해 충분히 확인되고도 남을 일이다. 이렇게 봤을 때 미국 신인문주의의 권위를 빌려 신문화운동의 문화권력을 비판하려 했던 학형파에서 근대성에 대한 성찰보다는 근대성 자체의 거부를 발견하게 되는 것이다.

량수밍은 중국의 전통 사유에 주목하면서 중국 미래의 길을 전망했고, 학형파는 미국의 신인문주의에 근거해 중국의 국수와 전도前途를 구상했다. 그럼에도 신문화운동에 대한 초기 대응에서는 오히려 전자가 더 호의적이었다. 이것은 무엇을 말해주는가. 이것은 단순히 신문화운동 자체에 대한 대응의 문제가 아니라 중국 역사의 과거, 현재, 미래를 바라보는 방법과 태도의 차이에서 비롯된 문제는 아닐까.

그러나 지금 이렇게 다양한 관점을 보유한 보수주의 계열의 사유에 주목하는 것이 유학으로의 단순한 회귀가 아니라 근대성을 성찰하기 위한 것이라면 의미 있는 일이라고 생각한다. 중국이 서구와 충돌한 이래 장장 150년 동안 자의든 타의든 자기 긍정의 장기적인 프로젝트를 구상해본 경험이 없는 보수주의로서는 지금 상황이 그것을 구상해볼 적기라고 여길 수 있다. 5·4 신문화운동 시기에 대한 연구는 이 구상의 시발점을 이룰 수 있다.

사실 5·4 보수주의의 존재에 주목함으로써 계몽 일색으로만 비쳐져온 신문화운동 시기에 대해 일원적인 시각을 지양하고 다양한 가치와 가능성이 존재했던 시기로 재구축할 수 있다면 그 자체로도 큰 학문적 성과가 될 수 있다. 신문화운동의 급진주의와 량수밍과 학형파의 보수주의는 모두 내용과 방식은 다르지만 중국의 새로운 근대를 모색한 일환이었다고 할 수 있다. 각각 서구적 근대를 수용해 어떻게 중국적으로 재구성할 것인지, 전통을 계승하여 어떻게 근대적으로 재구성할 것인지, 중국의 전통과 서구적 근대를 수용하여 중국의 현실 문제를 어떻게 풀어나갈 것인지를 나름대로 고민한 결과라 할 수 있기 때문이다.

일반적으로 변혁의 시대에는 급진이 주도적인 가치가 되며, 보수는 급진에 대한 제약작용을 함으로써 장기적으로 누적된 문화업적을 아무렇게나 훼손하지 않도록 경고한다. 반면 안정된 시대에는 보수가 사상의 주조를 이루며, 급진은 추동작용을 함으로써 문화에 창조적 생기를 불어넣음으로써 사람들이 평온한 시대에 안주하여 질식하지 않게 하는 역할을 한다.[77] 중국은 100~150년 동안의 '풍파'를 거친 후 보수주의가 주류가 되었다. 역사의 법칙으로 보면 지금이야말로 급진이 자기 역할을 함으로써 보수를 견제해야 할 때다. 그것을 위해 지식인은 먼저 100

---

77 余英時,《錢穆與中國文化》(上海遠東出版社, 1994), 216쪽 참조.

년의 역사를 성찰적으로 연구하는 일부터 시작해야 한다.

그런데 지금 중국의 상황은 어떤가. 학문 연구의 장으로서 그렇게 유리한 조건은 아닌 것 같다. 1990년대 유학 관련 민간기관의 출현에 이은 2004년 후진타오 정부의 조화사회론의 등장은 정치적으로나 문화적으로나 유학이 공식적인 시민권을 획득했다는 것을 뜻한다. 여기서 유학이 공식적인 시민권을 획득했다는 것은 공자가 다시 살아났다는 말이다. 이는 중국의 사회주의 국가 시스템으로 볼 때, 문화보수주의의 상상이 공상으로만 끝나지 않고 실행력을 갖추게 되었다는 것을 뜻한다.

실제 중국의 맥락에서 오래되었지만 새로운 주제일 수도 있는 유학, 그것이 학문적 정위正位로 그치는 것이 아니라 또다시 이데올로기화할 가능성이 현실이 되고 있다. 유학의 현실화는 벌써 여러 방면에서 문화의 다원화를 가로막고 있다. 공자가 다시 살아났다는 것은 보수주의가 주류가 되었다는 사실로만 끝나는 것이 아니라, 이전에 사회주의가 주류일 때 그랬던 것처럼 그 자체가 사상문화의 다원화를 가로막는 강력한 헤게모니를 가진 이데올로기로 현상하고 있다는 것을 가리킨다. 이는 당장에 유학을 전면 비판하면서 등장한 5·4 신문화운동에 대한 다양한 평가를 거절하는 중국공산당의 최근 행태에서 사실로 확인되고 있다.

이 글을 쓴 2009년은 5·4 90주년이었다. 그러나 5·4는 중국공산당이 1989년 천안문사태를 겪은 이후 줄곧 자랑스러운 역사 기억에서 지워버리고 싶어 하는 '역사 기억'이 되었다. 그리하여 결국에는 중국정부에 의해 민주와 과학의 5·4는 '비국민'으로 배제되고 '애국 5·4'만이 정식 '국민'으로 새롭게 생산되기에 이른 것이다.[78] 5·4의 본질이 탈각된 '애국 5·4'가 오늘날 중국의 청년들에게 '진리'로서 유통, 소비되고 있다.[79] 이것이 5·4를 새롭게 기억하고 해석하고자 하는 이 순간에 펼쳐지고 있는 중국의 정치 현실이다.

국가가 주체가 되어 5·4의 기억과 해석에 강력히 개입하면서 새로운 지식을 생산하고, 그것이 유통·소비되고 있다. 물론 이것은 국제환경의 변화에 따라 차츰 달라지고 내부적으로도 중국 민주주의의 가능한 형태를 본격적으로 고민하고 있긴 하지만, 현재의 중국정부는 사상통제가 용이한 사회주의 시스템을 갖추고 있으며 마음만 먹으면 그것을 가동할 수 있는 위치에 있다. 이것은 어떤 기획의 방향이 일단 정해지면 사회주의 특유의 방식으로 권력과 지식이라는 물적 기반이 동원될 수 있다는 것을 뜻한다. 즉 국가는 미디어, 잡지, 학회, 지식인 등 모든 것을 동원할 수 있다. 이런 점에서 민주와 과학이 거세된 5·4, '애국 5·4 담론'은 중국정부가 주도하여 만든 지식/권력 복합체가 등장했음을 보여주는 것이다. 여기서 권력은 억압하기도 하지만 좀 더 적극적으로는 '애국 5·4'처럼 현실적인 것을 생산한다.

중국의 신보수주의는 현재 보편적인 인간보다는 중국이라는 국민성을 믿는 방향으로 가는 것 같다. 이처럼 보수주의적 민족주의가 주류가 되어 다양한 사상 논의를 압도하고 있는 지금의 상황[80]에서 5·4가

---

78 이에 대한 중국 사학계의 분위기는 백영서 교수의 5·4 90주년 베이징 학술대회 참관기에 잘 나타나 있다. 《한겨레》 2009년 5월 7일.

79 5·4운동 90주년을 맞아 《인민일보》가 1만 2000여 명의 학생들에게 '5·4운동의 정신이 무엇이라고 보느냐'고 묻자 애국주의를 꼽은 응답자가 40.2퍼센트로 가장 많았고 민주주의라고 한 응답자는 23.4퍼센트에 그쳤다. 〈중국정부 '5·4운동 거슬리네'〉, 《한겨레》 2009년 5월 6일.

던져주는 중층적인 함의는 아직도 각별하다 하겠다. 특히 오늘날 중국의 상황과 선명하게 대비되면서 우리의 주목을 끄는 것은 바로 5·4의 지식인들이 기획하고 꿈꾸었던 사회가 부강한 민족국가이기도 했지만 동시에 유토피아적 이상사회[81]였다는 점이며, 5·4의 사상적 분위기에는 민족주의뿐 아니라 민족주의를 초월한 세계주의도 혼재했다[82]는 점이다. 5·4 신문화운동은 여러 한계에도 불구하고 인간의 집단적 오독에 대한 세속적이고 개인적인 상식의 저항이었다.

량수밍은 바로 이러한 대세를 인정하면서 전통을 보수保守하려 했기 때문에 급진과도 소통하면서 장기적인 자기 구상을 펼칠 수 있었다.

---

80 조경란, "Contemporary Chinese Nationalism and Thinking of East Asia", *Journal of Northeast Asian History*, Vol. 6, No. 2 참조.

81 張灝, 〈中國近代思想史的轉型時代〉,《二十一世紀》1999年 4月號, 38쪽.

82 張灝, 〈重訪五四—論"五四"思想的兩歧性〉, 許紀霖 엮음,《二十世紀中國思想史論》上(東方出版中心, 2000), 24~25쪽 참조.

3부

현대 중국의 민족주의와 그 아포리아

5장

현대 중국의 민족주의와 동아시아 인식

1. 현대 중국 민족주의의 아포리아

민족주의는 신보수주의와 함께 중국의 1990년대와 2000년대 사상 문화의 동향을 이해하는 키워드다. 신보수주의는 중국정부가 1989년 천안문 민주화항쟁을 탄압하면서 정치적 안정 속에 경제 발전을 지속하기 위해 선택한 비공식 정치노선이라 할 수 있다.[1] 민족주의 담론은 이러한 신보수주의를 문화적 기반으로 확산될 수 있었으며, 이를 통해 사회주의를 대신하여 중국사회를 통합하는 기능을 해왔다.

민족주의는 이렇게 전통적인 유가문화가 사회주의를 대신해 사회통합 이데올기로서 자리잡을 때까지의 과도기인 1990년대에 중국사회를 하나로 묶어주는 기능을 담당했던 담론이라 할 수 있다. 그러니까 민족주의 사조는 1980년대에 이어 1990년대에 사회 분화가 더욱더 가속화하는 상황에서 중국정부와 지식인들이 다시 찾은 민족 공동의 이데올로기라 할 수 있다.

사실상 개혁개방이 시작되면서 사회주의 중국을 지배했던 계급이 사라진 자리에 전근대 중국사회를 지배했던 가치들, 즉 전근대 중국의 사회원리였던 유학, 가족, 향리 의식이 되살아나고 있다. 다른 말로 하면 '문명중국'과 '혈통중국'이 회복되고 있는 것이다.[2] 이런 상황에서 유

1 이에 대해서는 이 책의 2부 참조.

2 그렇더라도 혈통중국에 대해 소수민족을 의식할 수밖에 없는 중국정부 처지에서는 이 부분을

사 이래 처음으로 국가가 개인까지 직접 관리하는 방식으로 만들어졌던 중국인들의 국가의식이 쇠퇴하고 가족, 향당의식이 재생되면서 다시 자연스럽게 작은 집단으로의 환류현상이 강화되었다. 사회주의 이전 중국사회에 팽배했던 여러 형태의 연고주의가 다시 살아나고 있는 것이다. 그러나 이런 흐름은 중국정부 처지에서는 그렇게 환영할 일이 못 된다. 사회통합에 부정적으로 작용할 가능성이 높기 때문이다.

이러한 상황을 고려할 때, 현 시점에서 민족주의는 중국정부가 가장 필요로 하는 이데올로기가 될 수밖에 없다. 그리고 민족주의 이데올로기를 생산할 지식인이 필요해지는 것은 두말할 필요도 없다. 중국에서 개혁개방이 시작되고 1980년대 문화열을 거치면서 지식인이 사회 전면에 재등장하게 되는 이유는 바로 여기에 있다. 마오쩌둥 시기에 배제당했던 지식인이 이제 다시 완전하게 '복권'된 것이다.

지식인은 국가와 함께 사회주의 시스템 아래에서도 자본주의적 근대화를 새롭게 진행해야 하는 상황에서 연대의 감정을 만들어내야 했다. 따라서 사회주의에서 이탈해 자본주의적 근대화로 넘어오는 이행기에 새로운 민족과 국민의 재주조라는 역사적 임무가 지식인에게 맡겨졌다고 할 수 있다. 근대 초기건 개혁개방 이후건 근대 국민국가가 전제로 하는 국민의 관념은 결코 자연스럽게 생성되는 것이 아니다. 민족주의는 가족이나 향리에 대한 애정처럼 자연스럽게 만들어지는 것이 아니라 특정한 역사적 상황 아래 사회적·지적으로 만들어져 나오는 것

공식적으로 선양할 수가 없다. 그러나 민의 주변화가 심해질수록 일반 민중은 혈통에 기반한 대중민족주의를 강화하는 쪽으로 흐르게 될 것이다. 바로 여기에 중국정부의 민족주의 딜레마가 존재하며, 민족주의 대신에 '애국주의'라는 용어를 선호하는 이유도 바로 이 때문이다.

이다.[3]

개혁개방 이후 이처럼 지식인이 국가와 합세해 만들어낸 민족주의가 사회통합 이데올로기로 먹힐 수 있었던 이유는 근본적으로는 중국 정부의 야심 찬 자본주의적 근대화라는 프로젝트와 맞물려 있기 때문이었다. 민족주의는 마치 특정 민족문화의 전통 위에 건립된 것 같지만 그 기본이념은 오히려 보편적 근대의 경험에서 비롯된 것이다. 개혁개방 이후의 국면에서 이루어지는 민족국가의 형성과 민족주의의 성격도 근대성의 보편적 경향 안에 있다.

그런데 현대 중국의 민족주의를 이해하고 문제화하는 데서 곤혹스러움을 느끼게 되는 것은 아무래도 중국 연구자가 아니어도 보편적으로 지적하는 중화주의 또는 화하중심주의라는 관념과 관련되었다. 중국 지식인들에 의해 오리엔탈리즘적 시각이라고 비난받기도 하는 이 담론을 현대 중국의 민족주의와 어떻게 연결해 사고할 것인가 하는 문제다. 그런데 '제국적 국민국가'라는 중국의 존재형태는 어떤 식으로든 중화주의 담론이 지속될 수밖에 없는 물질적 조건이 되고 있다.[4]

다른 하나는 사회주의로 귀결된 중국 민족해방투쟁의 경험을 현대 중국의 민족주의와 어떻게 연결해 이해할 것인가다. 특히 5·4운동 시기의 반유교, 반제국주의의 성격을 띠는 정치적 민족주의의 역사경험

---

3 松本三之介, 〈新しい學問の形成と知識人〉, 《學問と知識人》 日本近代思想大系 10(岩波書店, 1990), 424쪽 참조. 지식인들은 일반 사람들이 가지고 있지 않은 설교, 교육, 독서, 글쓰기 등 수단을 통해 국민을 창조할 수 있다. Edward Shils, *The Intellectuals and the Powers and Others Essays*(Chicago : The University of Chicago Press, 1972), p. 5.

4 이에 대한 자세한 논의는 조경란, 〈중국 탈서구중심주의 담론의 아포리아—20세기 국민국가와 중화민족 이데올로기의 이중성〉, 중국근현대사학회, 《중국근현대사연구》 제68집(2015년 12월) 참조.

이 앞으로 중국이 만들어갈 민족국가에 독자성을 담보하는 어떤 요소로 작용할 수 있을 것인가 하는 문제다. 이러한 사실 외에 또한 고려해야 할 것은 지금 중국에서 민족주의를 논의하는 환경이 대외적으로 그렇게 유리하게만 돌아가지는 않는다는 점이다. 세계의 담론 지형에서 현대의 문화정체성이 파편화하고 있다는 데 공감하는 사람들이 적지 않은[5] 분위기이고 국가의 경계가 예전 같지 않은 상황이다.[6]

이처럼 현대 중국 민족주의 형성의 특성이나 조건의 아포리아를 인식하면서 민족주의 담론 지형을 살피면 앞의 2부에서 본 것처럼 신보수주의에 대해서도 국가와 지식인 사이에, 그리고 지식인 자체 내에서도 적지 않은 편차가 있듯이 민족주의에 대해서도 다양한 편차가 존재한다는 사실을 알 수 있다. 이를테면 민족주의에는 국가의 민족주의와 지식인의 민족주의, 그리고 인민의 대중적 민족주의가 있을 수 있다. 지식인의 민족주의에서도 신좌파의 민족주의, 자유주의적 민족주의, 보수주의적 민족주의 등 매우 다양하다. 이처럼 다양한 민족주의 담론 속에서도 민족주의에 기초해 경제 건설을 추진할 주체로서의 강한 국가가 만들어져야 한다는 점에서는 일부 자유주의 지식인을 제외하고는 보이지 않는 공동전선이 형성된 듯하다.

---

5 스튜어트 홀, 〈문화적 정체성의 문제〉, 《모더니티의 미래》(현실문화연구, 2000), 321쪽 참조.

6 이런 문제에 특히 중국의 보수주의자들은 민감하게 반응하는데, 간양은 그들의 반응을 다음과 같이 소개한다. "오늘날 사상학술계에서는 민국초《학형》파의 문화보수주의 이념을 계승해야 한다. 20세기 후반기에 중국에 소개된 후현대주의, 후식민주의 및 여성주의 등은 중국의 수요에 적합하지 않다. 왜냐하면 중국과 서양은 결코 동일한 발전단계에 놓여 있지 않기 때문이다." 〈反民主主義的自由主義還是民主的自由主義〉, 《二十一世紀》 1997年 2月號, 5쪽. 이를 통해 우리는 중국의 보수주의 지식인들은 탈근대 담론이 중국이라는 시공간성과 상관없이 무맥락적으로 수용된다고 생각하고 있음을 알 수 있다.

이와 관련하여 우리가 주목해야 할 것은 1990년대부터 현재까지도 중국에서는 물론 중국 밖의 전문가 사이에서 나오는 민족주의 담론 안에 '문명국가' '문명중국'이라는 언설이 적지 않게 회자한다는 점이다.[7] 문명중국이라는 관념은 정치적으로는 조공체제와도, 가치 개념으로서는 천하주의와도 밀접한 관련성이 있다는 점은 주지하는 바다.

'문명중국'에 관해서 일본의 중국 연구자 다지마 에이이치田島英一의 흥미로운 연구가 있다. 그에 따르면 중국 근대의 국민국가 형성은 사士·민民·이夷 세 집단을 균질적인 국민으로 개편하는 과정이기도 했다. 이와 같은 중국 국민국가 창성의 특수성에 주목할 경우 거기에서 '문명중국'(캉유웨이), '혈통중국'(쑨원孫文), '계급중국'(마오쩌둥)이라는 세 가지 모델을 추출할 수 있다.[8] 그리고 개혁개방이 시작되면서 계급중국

---

7 중국 지식인들이 말하는 '문명국가'라는 개념은 그들 사이에서는 '민족국가'의 대안 개념으로 받아들여지는 경우가 적지 않다. 그럴 경우 뒤에 나올 다지마 에이이치의 문제의식에서처럼 그것은 사士, 민民, 이夷와 결부될 수밖에 없을 것이다. 또 1990년대 말에 간양 등 중량감 있는 사상가들이 벌인 문화민족주의 논쟁을 통해서 보면 이들은 민족 개념이 중국에서 사용되었을 때 곤란한 상황에 빠질 수 있음을 나타내며, 따라서 이 개념은 중국에서 폐기(또는 포기)되어야 한다고까지 말한다. 간양은 2003년 제출한 문명국가 개념에서 이 문제를 의식하고 있다. 〈"從'民族國家' '走向'文明國家'"〉, 《21世紀經濟報道》 2003年 12月 27日. 康曉光, 蔣慶, 蕭功秦, 盛洪 등 중량급 학자들도 비슷한 관점을 보여준다. 程亞文, 〈全球化中的民族國家認同—1990年代以來關于民族主義的論爭〉, 許紀霖·羅崗 等著, 《啓蒙的自我瓦解》(吉林出版集團有限責任公司, 2007), 164쪽 참조.

8 다지마 에이이치의 논의 내용을 좀 더 소개하자면 아래와 같다.

〈표〉 '문명중국' '혈통중국' '계급중국'의 비교

지도자	역사관	순수화한 공동체	있어야 할 미래	동화의 핵	배제되어야 할 불순물
캉유웨이	대동삼세설 大同三世說	'華'문명과 그 상징인 메시아-孔子	입헌군주국 →세계대동	사士	고문학 '음사淫祀'
쑨원	사회진화론	전기 : '민'의 민족주의 후기 : '화'문명 = 한족 문화	중화민족(= 한족)의 진흥→'왕도'의 국제질서	민民(후에 사士로 이동)	'외래자'
마오쩌둥	유물사관	혁명적 대중	사회주의 건설 →공산주의	민民	'반혁명분자' '매국노[漢奸]' 등

※출처 : 田島英一, 〈中國ナショナリズム分析の枠組みと實踐〉, 加加美光行, 《中國の新たな發見》(日本評論社, 2008), 270쪽.

모델이 종언을 고하고 문명중국 모델이 부흥했다.

이 논지는 내가 뒤에서 소개할 민족주의 담론에서 나오겠지만, 유교의 핵심 원리를 바탕으로 하는 민족주의가 주류가 되었다는 사실과 관련이 있다. 따라서 중국의 현재를 설명하는 모델로 적지 않은 타당성이 있다고 볼 수 있다. 그렇다면 여기서 우리가 물어야 할 것은 문명중국 또는 문명국가라는 개념이 그 안에 중국의 봉건과 서양의 근대를 극복할 계기로서의 대안 문명을 포함하고 있느냐일 것이다. 다시 말하면 그 안에 민民의 자리가 있는지, 자본주의의 근대성에 대한 대안적 고민과 더 나아가서는 제국주의에 대한 대안적 사유가 포함되어 있는지가 핵심이 되어야 한다.

그런 점에서 계급중국 모델의 종언과 문명중국 모델로의 회귀가 중국 내외적으로 던지는 의미를 곰곰이 생각해볼 필요가 있다. 따라서 나는 민·자본·제국에 대한 인식, 중국의 내부와 외부에 대한 인식을 함께 관찰할 수 있는 이 개념들이 현대 중국 민족주의 안에서 어떤 모습을 띠고 있는가 하는 궁금증을 품고 이 장을 시작한다.

그런데 이런 생각들을 배경에 깔고 개혁개방 이후 지금까지 나타났던 중국 지식인들의 민족주의 담론에 주목할 때 한국인의 처지에서 의문이 들지 않을 수 없는 대목이 있다. 그것은 역시, 21세기에 들어 동아시아의 패권질서가 다시 바뀌는 상황에서 중국에는 왜 '이렇다 할 만한' 동아시아론과 아시아론이 없을까 하는 점이다. 중화제국이 무너진 100년 전에는 경황이 없어 그랬다 치더라도 대국으로 굴기하고 있는 지금—일본과 비교해—중국에는 왜 동아시아론 또는 아시아론이 거의 존재하지 않는 것일까.[9] 일본의 '오염된' 아시아론을 의식해서일까. 그것도 아니라면 그 이유가 뭔지 궁금하지 않을 수 없다.

그런데 이 글을 준비하면서 혹시 없는 것이 아니라 형태를 달리해서 중국식으로 존재하는 것은 아닐까 생각하게 되었다. 이런 생각을 하면서 중국 지식인들의 글을 살펴보니, 전부는 아니지만 이들이 펼치고 있는 민족주의 담론 가운데 적지 않은 부분이 곧 동아시아론·아시아론과 연관된 것으로 보였다.

한국의 어느 원로 학자는 "일본은 동아시아를 자기 확장으로 생각하는 반면 중국은 자기의 내부로 여기고 있다"고 말한 적이 있다.[10] 사실 이 말처럼 중국과 일본의 동아시아 인식을 적나라하게 드러내는 표현도 드물 것이라 생각하는데,[11] 여기서 중국만을 문제 삼자면 중국 지식인들의 이 같은 인식은 그들이 '(동)아시아 속의 중국'이 아닌 '중국 속의 (동)아시아'로 사유하는 습속에서 비롯된 필연적인 결과가 아닐까 한다. 그리고 이는 중국인들의 국가 관념, 세계 관념과도 밀접한 연관이 있다. 세계질서의 대변환기를 맞아 사士, 즉 지식인이 다시 주도권을 잡은 중국사회에서 그들의 대對동아시아 인식이 어떠한가는 매우 중차대한 사안이 아닐 수 없다. 그 인식의 질에 따라 동아시아가 대안적인 질서를 형성할 수 있는지 여부에 지대한 영향을 줄 수 있기 때문이다.

---

9 이와 비슷한 맥락에서 이미 백영서는 "중국에 '아시아'가 있는가"라는 문제 제기를 한 바 있다. 백영서의 이 질문은 중국(중국인)이 세계인 구미와 직접 대면하려는 관점은 강하지만 주변 이웃인 동아시아 여러 나라들에 대한 수평적 관심은 희박하다는 뜻으로 쓴 말이다. 〈중국에 '아시아'가 있는가〉, 《동아시아의 귀환》(창작과비평사, 2000), 49쪽. 뒤에서 소개할 《노라 말할 수 있는 중국》《불쾌한 중국》 등 중국의 대중적 민족주의 서적은 물론이고 지식인의 민족주의도 카운터파트는 거의 미국이다.

10 임형택, 〈동아시아의 중국중심주의와 그 극복의 과제〉, 동북아역사재단 1997년 학술대회 발표문.

11 그런데 나는 이러한 문제 제기와 함께 우리 자신을 향해서도 "한국의 동아시아 인식은 그렇다면 거기에서 완전히 자유로울 수 있는가?"라는 긴박한 질문을 던져야 한다고 생각한다.

이 글은 위와 같은 문제의식을 안고 '문명중국'이라는 개념을 의식하면서 중국의 민족주의 담론 안에서 동아시아 인식이 어떠했는가에 초점을 맞춰 논의하려 한다. 이를 위해 먼저 개혁개방 이후 자본주의적 근대화가 진행되면서 민족주의 담론이 어떠한 정치·경제·사회적 배경 속에 출현했으며 그 내용에는 어떤 것들이 있는지 전체상을 이해할 필요가 있다. 따라서 이하에서는 1990년대에 중국의 민족주의가 활성화한 배경을 설명하고 민족주의의 내용을 간략하게 요약한다. 그다음으로 중국 민족주의 담론 가운데 동아시아 인식과 관련 있다고 판단되는 것들만 추려내 그 안에 담긴 동아시아적·아시아적 사유를 문제 삼으려 한다.

단, 중국 지식인들을 향해 아시아/동아시아 인식을 묻는 이 작업은 곧 나를 향한 질문이기도 하다. 이는 '지금 여기' 한국이라는 장소에서 중국을 사유하는 의미가 무엇인가, 한국의 문제로서 중국을 어떻게 봐야 하는가 하는 문제와 맞닿아 있다. 이 문제는 궁극적으로 중국 연구를 토대로 나도 함께 변화할 수 있는가라는, 어떻게 보면 윤리적이고 실천적인 질문과도 얽혀 있다.[12]

---

12 이와 관련하여 가가미 미쓰유키加加美光行는 co-behaviorism을 제창한다. 〈現代中國學の新たなパラダイム〉—コ·ビヘイビオリズムの提唱, 加加美光行 編, 《中國の新たな發見》(日本評論社, 2008), 34~38쪽 참조. 여기서 가가미 미쓰유키는 자신의 연구결과에 대한 사회적 책임의 문제를 제기한 것이라 볼 수 있다. 양적 질적으로 한국과 비교할 수 없는 일본의 중국 연구자들의 고민을 타산지석으로 삼든 참고체계로 삼든, 이제 한국의 중국 연구자들도 고민을 모을 때가 되었다고 생각한다. 이에 대해서는 조경란, 〈'중국의 충격'에 인문학은 어떻게 대응할 것인가〉, 인터넷신문《미디어스》2009년 11월 20일.

2. 1990년대 이후 중국 민족주의 담론의 발생 배경

개혁개방 이후 1990년대 지식인의 민족주의 담론이 나타난 배경은 냉전체제가 해체되면서 존속해왔던 탈식민의 문제와 역사적으로 무관할 수 없겠지만, 직접적으로는 현대화가 진행되는 과정에서 나타난 위기의식과 자부심이라는 교차 감정에서 비롯되었다고 봐야 한다. 중국의 1990년대는 1989년 이후 등장한 신권위주의와 신보수주의를 배경으로 1980년대의 자유주의적인 분위기와 달리 민족주의가 압도하게 된다.

중국에서 민족주의 담론이 본격적으로 나온 것은 1992년 덩샤오핑의 남순강화로 상징되는 자본주의 개방 확대가 결정된 이후다.[13] 이를 배경으로 1990년대에 민족주의 관련 대규모 학술대회가 여러 차례 개최되었다. 그리고 2000년대에 들어서도 민족주의는 지식인과 대중에게 꾸준한 관심의 대상이 되고 있다. 예를 들어 대중적 강성 민족주의를 보여주는는《불쾌한 중국中國不高興》은 2009년 3월 중국에서 출간되자마자 베스트셀러가 되어 관심이 집중되고 있다.

---

13 물론 그 이전에 민족주의 기치를 내건 이가 없는 것은 아니었다. 학자이자 정치 전략가이기도 한 허신何新은 1990년 6월 베이징대 강연에서 1980년대 중국 지식인들의 국제정치에서의 낙관주의와 문화사상에서의 허무주의에 반대하며 격렬한 민족주의를 주장했다. 이에 대해서는 해외에서 큰 반향이 있었다. 그러나 당시 중국 내에서는 대다수 지식인들에게 받아들여지지 못했을 뿐 아니라 비공식적으로 많은 비판을 받았다. 程亞文, 〈全球化中的民族國家認同—1990年代以來關于民族主義的論爭〉, 許紀霖·羅崗 等著, 《啓蒙的自我瓦解》(吉林出版集團有限責任公司, 2007), 142쪽. 그는 중국의 외부환경이 극히 열악한데, 냉전의 해체는 미국이 전복하고 막으려는 목표가 중국에 맞추어지기 시작했음을 뜻하며, 서양에는 중국의 문화와 종족상에서의 경멸과 차별이 여전히 존재한다고 썼다. 〈世界經濟形勢與中國經濟問題—何新與日本經濟學教授S的談話錄〉, 《人民日報》 1990년 12월 11일.

이처럼 현재 중국에서 민족주의는 입장이나 유파를 떠나 사회주의를 대신해서 중국의 견해를 대변하는 이데올로기로 광범위하게 받아들여지고 있다.[14] 어쨌든 민족주의는 정서적 차원에서든 지적 차원에서든 중국과 중국인의 자기정체성과 자기인식을 동반한 언설이라는 점에서 오늘의 중국을 이해하는 하나의 핵심 단어임에 틀림없다.

1990년대부터 중국 대륙을 포함한 중화권에서는 민족주의와 관련한 학술회의가 잇달아 열렸다. 1992년 12월에는 '민족주의와 현대 중국'이라는 주제로 홍콩 중원대학中文大學 중국문화연구소에서 대규모 학술회의가 열렸다.[15] 대륙에서는 관방 쪽이 재정을 책임지고 있는 잡지《전략과 관리戰略與管理》 주최로 두 차례의 대규모 학술회의가 열렸는데, 주제는 각각 '변동하는 세계구조와 민족주의'(1994년 4월)와 '세기 교차기의 민족주의'(1995년 11월)였다. 선전深川에서 열린 후자의 경우 발전도

---

14 칭화대에서 학생을 가르치고 있는 캐나다 태생의 학자 Daniel A. Bell은 그의 베이징 경험을 바탕으로 중국사회주의는 다만 학자들의 포함한 통제의 수단으로만 활용되고 있으며 더 이상 중국 정치의 미래에 대한 가이드라인이 되지 못하고 있다고 본다. Daniel A. Bell, *China's New Confucianism : Politics and Everyday Life in a Changing Society*(Princeton·Oxford : Princeton University Press, 2008), p. 7. 그는 앞으로 20년 안에 중국공산당을 뜻하는 CCP(Chinese Communist Party)가 중국의 유가(또는 유교) 정당을 뜻하는 CCP(Chinese Confucian Party)가 될 것이라고 예측한다(Daniel A. Bell, p. 12). 張旭東, 〈民族主義與當代中國〉,《民族主義與轉型期中國的運命》(時代文藝出版社, 2000), 434~437쪽 참조(자세한 내용은 뒷부분 참조). 문화 연구자 천샤오밍은 민족주의는 중국이 외국에 저항할 정신적인 지주가 될 것이며 개혁정책으로 빚어진 많은 변화를 통제할 정신적 도구가 되었다고 했다. 陳少明, 〈民族主義:復興之道?〉,《東方》1996年 第2期, 74쪽 참조.

15 12월 21일부터 23일까지 사흘 동안 열린 이 국제학술회의에서는 모두 40편의 논문이 발표되었고 대륙에서 14명, 타이완에서 6명, 미국과 호주에서 12명, 홍콩에서 24명이 참가했다. 〈記"民族主義與現代中國〉,《二十一世紀》1993年 2月號, 73쪽. 여기서 발표한 글 가운데 일부는 앞의 잡지 같은 호수에 실려 있다. 그 뒤 이 학술회의의 논문 전체가 류칭펑이 편한《民族主義與中國現代化》에 실렸다. 이 학술회의는 중국의 근대화라는 맥락에서 과거 100년 동안의 중국 민족주의를 '성찰'하는 데 초점이 맞추어져 있다.

상국의 근대화와 민족주의의 관련성을 다루었고 영향력도 꽤 큰 학술 회의였다.[16] 이처럼 민족주의 관련 학술회의가 전 중화권에서 대규모로 잇달아 개최된 것은 지식인과 중국정부 사이에 어느 정도 공유된 문제의식이 존재하지 않고서는 불가능한 일이다. 이런 점에서 중국에서 민족주의가 발생하게 된 심층 배경을 조금 구체적으로 알아볼 필요가 있다.

첫째, 개혁개방 이후 자본주의적 국민국가를 향한 도정에서 사회주의를 대신해 자기정체성을 민족주의로 재구성하고자 하는 욕망이 분출했다. 1992~93년에 경제적·사회적 토대가 달라지면서 신좌파의 사상이 지적으로 광범하게 수용된 분위기는 이와 밀접한 관련이 있다. 예컨대 이런 분위기에서 훗날 신좌파new leftists라고 불리는 왕후이와 추이즈위안崔之元 같은 사회사상가들은 현대성modernity과 다른 발전 경로에 대한 새로운 해석을 추구하기 시작했으며, 이후 신국가주의자neostatist로 불리는 후안강胡安鋼과 왕샤오광王紹光 같은 학자들은 '국가능력state capacity'이라는 문제에 주목했다.[17] 왕샤오둥王小東 부류와 같은 민족주의자도 이러한 분위기에서 나타난다.[18]

---

16 《전략과 관리》《21세기》 외에도 중국에서 1990년대 민족주의 논의와 관련해서는 최소한《동방》,《독서》,《원도》(이 잡지는 특히 문화민족주의를 다룬다) 등을 참고해야 그 전모를 파악할 수 있다.

17 Joseph Fewsmith, p. 140 참조. 국가 능력은 미국의 정치과학에서 오래된 이슈이다. Joel Migdal, John Zysman 등이 강한 국가가 어떻게 사회적 변화와 경제적 발전을 실현할 수 있는지 추구하기 시작하면서 1980년대에 지적으로 새로운 생기를 불어넣었다.

18 Joseph Fewsmith, p. 141 참조. 이들 서로 다른 그룹 사이에 가장 큰 긴장이 나타난 것은 중국의 WTO 가입과 관련해서였다. 후안강, 왕샤오광 같은 신국가주의자들은 국가의 힘을 중앙집중화하고 경제를 시장화할 인물을 주룽지朱鎔基로 보고 그에게 어필했다. 이와 대조적으로 신좌파는 중국경제가 세계경제에 통합되는 것은 시기상조라는 견해를 취했다. 민족주의자들은 국

둘째, 민족주의가 출현하는 사회경제적 배경은 '현대성'과 밀착되어 있는데, 이 점은 중국에서도 예외가 아니다. 미국에서 활동하는 신좌파 문화연구자 장쉬둥張旭東은 이런 측면에서 당대 민족주의 연구의 대가들인 겔너Ernest Gellner, 홉스봄E. J. Hobsbawm, 앤더슨Benedict Anderson의 입론에 주목한다. 이들은 공히 민족주의·민족성·민족국가를 자본주의적 근대경제와 사회의 거대한 변화라는 특정한 조건 아래 논의했음을 강조한다. 현대성이 바로 민족주의 문제를 이해하는 관건이라는 것이다.[19] 겔너는 경제성장의 필요가 민족주의를 발생시키는 것이지 그 역이 아니라고 말한 바 있다. 민족주의란 민족들이 깨어나 자의식을 갖추어가는 과정이 아니라 발명되는 것으로 본다.[20] 때문에 중국에서 자본주의 근대화를 이전 시기보다 강도 높게 추진하기 시작한 1992년 이후에 민족주의 논의가 활발해진 것은 결코 우연이 아니다.

셋째, 소련이 해체되는 과정에서 이뤄진 소수민족의 독립은 중국 민족주의를 자극하는 요인이 되었다. 칭화대 사회학과의 쑨리핑孫立平은 소련의 민족 독립 분위기가 국경을 맞대고 있는 중국으로 파급될 경우 자국의 소수민족 독립을 부추길 수 있다는 가능성을 중국의 지식인들이 심각하게 우려했으며, 이 때문에 민족주의가 담론화되었다고 본다. 소련과 동유럽 파동 속에서도 특히 소련의 해체가 중국인들에게 비

가가 강해져야 한다는 점에서는 신국가주의자들과 의견을 공유했지만, 현존하는 정치 리더십의 능력이 성공적으로 통치할 수 있는지, 중국의 국가적 이해를 분명하게 말할 수 있는지, 또는 사회정의를 실현하는 데 국가의 힘을 사용할 수 있는지에 대해서는 회의적이었다.

19 張旭東,〈民族主義與當代中國〉,《民族主義與轉型期中國的運命》(時代文藝出版社, 2000), 430쪽.

20 Ernest Gellner, "Nationalism", *Thought and Change*(London : Weidenfeld and Nicolson, 1964) ; 〈근대화와 민족주의〉, 백낙청 엮음,《민족주의란 무엇인가》(창작과비평사, 1981), 153쪽 참조.

관적인 상상을 하게 만들었던 것이다. 즉 전통적인 의식형태가 쇠락하고 사회모순과 위기가 가중되는 상황에서 정치공동체의 해체는 그 어떤 경우보다 위험할 수 있다는 위기의식이 팽배해졌다. 이런 배경에서 민족주의를 창도한 일부 지식인들은 이를 중국 과도기 의식형태의 중요한 사상자원으로 삼고자 했다. 이 점에서 오늘날 중국의 민족주의는 중국의 실제적인 문제들과 연결되어 있다고 말한다.[21]

넷째, 개혁개방 이후 몇십 년 사이에 중국과 세계의 관계가 달라졌다는 판단 때문이다. 서양은 과거 중국의 현대화 초기 단계에서 요원한 모방 대상이었는데 이제는 현실적인 경쟁자로 변화했다. 이런 상황에서 이익의 충돌, 특히 무역 마찰이 갈수록 빈번해지고 있다. 따라서 중국인들이 시장에 진입했을 때 그들이 상상했던 것만큼 시장이 그렇게 이상적이지 않으며 불합리한 국제경제 질서가 존재한다는 것을 발견하게 되었다는 것이다. 이 때문에 다국적자본과 민족자본 간의 관계가 사람들에게 핫이슈가 되었다고 본다.[22] 중국인들이 느끼기에 국제경제 질서에 불평등한 점이 내재하고 이 점이 민족주의 발생의 진정한 원인이었음을 지적한 것이다.

다섯째, 1980년대의 유교 근대화론, 1990년대의 국학 열풍을 비롯한 문화적 보수화 현상 또한 보수적 민족주의 담론의 배경이 되었다. 1990년대에 일었던 마오쩌둥 붐에서 '과거를 그리워하는[懷舊]' 정서까지, 그리고 황색문명에 대한 찬양에서 현재의 전통문화 붐으로 나타난 동방문명에 대한 지나친 과장까지,[23] 이런 현상들은 민족주의와 특히

---

21 孫立平, 〈匯入世界主流文明〉, 《民族主義與轉型期中國的運命》(時代文藝出版社, 2000), 375쪽.
22 孫立平, 376~377쪽.

문화민족주의가 출현하는 배경을 만들어주고 있다. 이런 분위기의 연출이 중국정부에게 불감청不敢請이언정 고소원固所願인 까닭은 사회통합 이데올로기로서 사회주의가 힘을 잃은 지 오래된 상황에서 그 자리를 민족주의가 유학과 모종의 관계를 맺으면서 대신하고 있기 때문이다. 이러한 여러 배경은 중국 민족주의의 내용을 웬만큼 규정하고 있다고 할 수 있다.

3. 중국 민족주의 담론의 내용과 쟁점

위와 같은 배경을 두고 나타난 민족주의 담론은 애국주의, 이성적 민족주의, 자유주의적 민족주의, 대중적 민족주의, 보수주의적 민족주의, 서양적 패러다임에 대항하는 민족주의, 천하주의적 민족주의 등 모두 7가지로 나누어 이해할 수 있다.[24] 이 가운데 두 가지가 이 글의 집중 논의 대상이지만, 기계적인 나열이 될 수도 있는 위험성에도 불구하고 전체 민족주의 사조를 간략하게나마 소개하려는 이유는 현재 중국 민족주의 전체를 파악한 토대 위에서 논의를 진행하는 것이 타당하리라

---

23 胡偉希, 〈中國近現代的社會轉型與民粹主義〉, 《民族主義與轉型期中國的運命》(時代文藝出版社, 2000), 355쪽.

24 리융징李永晶은 중국의 민족주의를 국제주의, 국민주의, 애국주의, 천하주의 등 네 가지로 분류한다. 〈現代中國におけるナショナリズム言說の諸位相〉, 《中國研究月報》 2005년 5월, 8~16쪽 참조. 스나야마 유키오砂山幸雄는 잡지 《전략과 관리》와 《21세기》를 중심으로 소개하면서 여기에서 활동한 인물과 현재 민족주의로 주목받는 인물들인 셩훙, 왕샤오둥, 진관타오, 샤오공친 등을 중심으로 소개하고 있다. 〈ポスト天安門時代における中國ナショナリズム言說の諸相〉, 《東洋文化》 2005년 3월, 東京大學東洋文化研究所.

생각하기 때문이다.

① 정부의 견해를 대변하는 애국주의가 있다. 개혁개방 이후 애국주의 사상 교육은 일관되게 추진되어왔는데 여기서 애국의 대상은 조국, 공산당, 사회주의다.[25] 그런데 1992년 덩샤오핑의 남순강화로 자본주의적 근대화가 속도를 내면서 애국주의 캠페인을 재정의할 필요가 생겼다. 여기서 애국의 대상에 조국, 공산당, 사회주의 외에 시장경제가 추가된다. 이른바 '애국주의와 시장경제의 융합'이라고 할 수 있다.[26] 이 애국주의에는 따라서 정치적 안정, 경제 건설, 중국의 통일을 위한 기반을 구축하고 그것을 바탕으로 중화민족의 단결을 촉진하고자 하는 장기적인 목적이 들어 있다. 개혁개방 시대 국민의 재구축을 위한 이 애국주의 담론은 공정official 민족주의라고도 불린다.

② 둘째로 자유주의적 민족주의[27]가 있는데 이를 대표하는 지식인들은 인바오윈尹保云, 허지아동何家棟, 친후이秦暉 등이다. 이들은 민족주의의 핵심을 개인의 권리로 본다.

인바오윈은 민족주의의 핵심 내용을 '개인의 권리'로 보면서 마르크스가 예언한 것처럼 최종적으로는 국가라는 관리형식을 버리고 자유

---

25 《人民日報》1981년 3월 9일.

26 楊春旭, 〈社會主義市場經濟與愛國主義精神〉, 《前沿》2002年 12期 ; 徐安莉, 〈市場經濟條件下的愛國主義〉, 《瀋陽師範學院學報》, 1996年 1期 참조.

27 논자에 따라서는 자유주의를 제국주의의 대변인, 민족허무주의의 대표로 보기도 한다. 章清, 〈自由主義與'反帝'意識的內在緊張〉, 《二十一世紀》1993年 2月號, 44쪽. 이를 감안하면 자유주의를 민족주의로 분류하는 것이 타당하지 않을 수도 있다. 그러나 여기에서 자유주의를 민족주의의 한 시각으로 분류한 까닭은 자유주의자들이 나름의 민족주의 입장을 밝혔기 때문이다.

인의 연합체가 건립되어야 한다고 주장한다.[28] 인바오윈이 개인의 권리를 주장하는 것은 중국 문혁의 극단적인 경험에 대한 성찰과 법치에 근거한 민족국가 건설이라는 방향을 제시한 것[29]과도 관련된다.

중화문명 구세설을 비판하면서 셩훙과 논쟁을 벌였던 친후이는 합리적인 민족주의는 공민권리의 실현을 전제로 해야 하고 어떤 경우에도 민족주의가 공민의 권리를 압제하는 구실이 될 수는 없다고 주장한다. 동시에 그는 민족주의의 기본은 민주주의 실현에 있음을 명시한다.[30]

허지아동도 현재 중국에서 논의되고 있는 왕샤오둥 류의 '현대 중국 민족주의'는 그 안에 공민정신을 포괄할 수 없다고 주장한다. 그는 민주주의는 하나의 이데올로기의 집합체로서 개인주의(자유주의), 향토주의(자치주의), 헌법애국주의(헌정주의)와 세계주의(전지구공동체주의) 등을 포괄해야 한다고 본다.[31] 이들은 개인의 자유라든가 기본적 평등성 등 인류의 보편 원리에 대한 지향과 결합해서 이해하는 한스 콘의 민

---

28 尹保云, 〈論民族主義的發展〉, 《民族主義與轉型期中國的運命》(時代文藝出版社, 2000), 408쪽.

29 尹保云, 414~145쪽 참조. 그러나 그는 각종 문화소수집단의 권리는 실제로 개인의 권리 안에 한정되어야 한다는 견해를 취한다. 그는 또 그동안의 경험을 근거로 개인의 권리를 강조하는 동시에 집단권리를 강조하면 국제질서가 안정되기 힘들다고 주장한다(같은 글, 407쪽 참조). 그의 이런 주장은 중국의 상황에서 소수민족의 자기결정권을 부정하는 것으로 읽힐 소지가 다분하다.

30 秦暉, 〈自由主義與民族主義契合點在哪裡?〉, 《民族主義與轉型期中國的運命》(時代文藝出版社, 2000), 385~386쪽.

31 何家棟, 〈中國問題語境下的主義之爭〉—就"中國民族主義"與王小東商榷, 《戰略與管理》 2000年 第6期, 110~111쪽. 또 何家棟, 〈人權與族權的差異〉, 《戰略與管理》, 1998年 第3期 참조, 허지아동은 중국에서 대표적 민족주의자로 꼽히는 왕샤오둥王小東(〈民族主義與民主主義〉, 《民族主義與轉型期中國的運命》(時代文藝出版社, 2000])과 민족주의를 놓고 논쟁을 벌인 바 있다. 그는 인권이 민족주의의 원동력이 되어야 한다고 말한다(〈中國問題語境下的主義之爭〉— 就 "中國民族主義" 與王小東商榷, 101쪽).

족주의 개념에 근접해 있다.

③ 이성적 민족주의는 진관타오金觀濤와 우궈광吳國光 등이 견지하는 시각이다.

진관타오는 미국 학자 루션 파이Lucian W. Pye가 주장한 이른바 '공동적空洞的' 민족주의를 수용해 근대 시기의 중국 민족주의가 왜 그런 모습을 보일 수밖에 없었는지 설명하면서 주장을 펴나간다.[32] 진관타오에 따르면 그 공동의 이데올로기는 바로 화하중심주의華夏中心主義, Sinocentrism인데, 이 화하중심주의는 서양 세력이 들어오면서 붕괴했다. 그러나 신문화운동 이후 세계주의와 근대 민족주의 사조는 마르크스-레닌주의와 삼민주의 속으로 흡수되어버렸다. 진관타오는 이 마르크스-레닌주의를 새로운 화하중심주의라고 일컫는데, 그에 따르면 신화하중심주의가 극단으로 나타난 것이 바로 문화대혁명이며 그중에서도 핵심은 마오쩌둥 사상이다. 20세기에 중국은 전통적인 화하중심주의에서 벗어나 근대 민족주의를 건립해야 했는데 그러지 못했기 때문에, 그것이 21세기 중국 문화 재건의 중요한 임무가 되어야 한다고 강조한다.[33]

자오쯔양趙紫陽의 브레인이었던 우궈광은 중국이 봉쇄된 국제 환경에 대항하여 취해야 할 길은 협애한 민족주의도 국익을 무시한 이상주의 정책도 아닌, 일체의 신중한 제도 개혁으로 국력을 증강하고 이데올

---

32 金觀濤, 〈百年來中國民族主義結構的演變〉, 《二十一世紀》 1993年 2月號, 65쪽. 여기서 루션 파이의 글은 白魯恂(Lucian W. Pye), 〈中國民族主義與現代化〉, 《二十一世紀》 1992年 2月號를 말한다. 이 글은 중국 민족주의와 관련하여 가장 많이 읽히는 글 중 하나이며 Bái Lǔxún(白魯恂)은 그의 중국식 이름이다.

33 金觀濤, 71~72쪽.

로기적 색깔이 없는 현실주의적 국제전략을 만드는 것이라고 강조한다. 그리고 그는 이것을 이성적 민족주의라고 일컫는다.[34]

④ 과격한 '대중적' 민족주의는 대표적인 민족주의자로 꼽히는 왕샤오둥王小東이 취하는 시각이다. 왕샤오둥은 현재 상황에서 중국의 국익과 발전을 위해서는 강권强權이 여전히 현 세계의 공리이며 기본법칙이라는 점을 인식해야 한다고 강조한다. 따라서 오늘날 중국에서 가장 필요한 이데올로기는 민족주의라고 주장한다.[35] 세계가 국가, 민족 또는 종족으로 획분되어 있는 이상은 민족주의의 존재 가치는 여전하다고 생각한다. 그가 중국에서 대표적인 민족주의자로 꼽히는 이유도 이런 강력한 주장 때문이다.[36] 따라서 그에게서 인권은 종족과 완전히 이탈하여 존재할 수가 없다.[37]

왕샤오둥은 전통에 근거한 민족주의, 전통을 비판하는 민족주의 양쪽 모두를 비판한다. 중국문명의 화의 정신으로 서양문명의 쟁의 정신을 극복하자는 셩훙의 주장에는 "힘없는 자의 실없는 말"이라고 일축한다.[38] 1980년대에 문화열 논쟁을 일으킨 〈허샹〉 현상에 대해서도 의사가 결핵에 걸린 환자를 놓고 조상의 염색체를 문제 삼는,[39] 이른바 모든

---

34 吳國光, 〈以理性民族主義抗衡'囲堵中國'〉, 《二十一世紀》 1996年 4月號, 26쪽 참조.

35 王小東, 〈民族主義與民主主義〉, 《民族主義與轉型期中國的運命》(時代文藝出版社, 2000), 86쪽 참조.

36 그래서 그런지 뒤에 나올 셩훙이 민족주의를 박래품으로 취급한다면 왕샤오둥은 이것을 국산품화하려 한다는 논자도 있다. 砂山幸雄, 〈ポスト天安門時代における中國ナショナリズム言說の諸相〉, 《東洋文化》 2005년 3월, 東京大學東洋文化硏究所, 19쪽.

37 王小東, 〈民族主義與民主主義〉, 《民族主義與轉型期中國的運命》(時代文藝出版社, 2000), 94쪽.

38 王小東, 〈當代中國民族主義論〉, 《戰略與管理》 2000年 第5期, 70쪽 참조.

39 房寧·宋强·王小東 외, 《全球化陰影下的中國之路》(中國社會科學出版社, 1999), 105쪽.

것을 전통 탓으로 돌리려는 민족허무주의에 불과하다고 본다.

왕샤오둥은 '국익'에 근거하여 자원, 영토, 인구 문제에 대해 노골적인 주장을 펼친다. 자원 문제에 대해서는 이야말로 중국이 당면한 가장 중요한 문제이며, 현재 지식인들은 중국 인구의 4분의 1도 못 되는 미국이 자원 수입에서는 중국의 3배가 넘는다는 사실을 문제 삼아야 한다고 주장한다.[40] 또 중국의 인구 문제에 대해서도 선진국과 견주었을 때 생존공간의 불평등 문제와 함께 이민의 문제가 제기되어야 한다고 말한다. 생존공간의 넓고 좁음에 대해서도 전쟁으로 결정해왔던 역사 경험을 얘기하면서 상무정신의 중요성을 역설하기도 한다.[41] 이처럼 상무정신을 거론하는 등 과격하게 보여서인지 그의 민족주의는 비교적 청년대중에게 인기가 있다. 앞에서 소개한 베스트셀러《불쾌한 중국》에 실린 글 44편 중 14편이 왕샤오둥의 글이라는 것은 그의 주장이 인터넷의 세론에 크게 어필하고 있음을 말해준다.[42]

⑤ 또한 문화보수주의적 민족주의가 있는데, 그 대표주자는 중국의 보수주의자로 관민官民에게서 동시에 주목받고 있는 샤오궁친蕭功秦이다. 그는 유가사상에 기초한 민족주의를 구상한다. 따라서 앞에서 소개한 극단적인 민족주의자 왕샤오둥이나 신문화기의 저항민족주의를 높이 평가하는 신좌파 모두에 대해 비판적이다. 그는 신문화운동기의 저

40 조경란,《현대 중국 사상과 동아시아》(태학사, 2008), 243~244쪽 왕샤오둥과의 인터뷰 부분.

41 王小東,〈當代中國民族主義論〉,《戰略與管理》2000年 第5期, 70~76쪽 참조.

42 왕샤오둥 민족주의의 이러한 과격성은 나중에 정부와 자유주의자 양쪽에서 집중포화를 받는다. 그것은 아마도 그의 과격한 주장이 서방을 불안하게 하여 중국이 화평굴기和平崛起할 수 있는 안정적인 조건을 해칠 수도 있다는 우려에서 나온 것으로 보인다.

항민족주의는 유가문화를 민족 진보의 장애로 여겼다는 점에서 문제가 있다고 본다.[43] 더 나아가 샤오궁친은 중국의 민족주의가 메시아주의적이지 않기 때문에 비종교적이며 세속성이 강하다고 주장한다. 중국의 유가문화는 평화·온화·관용·용인·중용의 특징을 띠는데, 이런 문화 전통은 중국 민족주의에 제어작용을 할 수 있다는 것이다. 따라서 21세기 중국의 민족주의는 가장 민족주의적이지 않은 민족주의가 될 것이며 모든 민족주의 중에서 가장 협애성을 띠지 않은 민족주의가 될 것으로 내다본다.

그리하여 샤오궁친은 유가의 천하일체관, 유가에서 말하는 '사해四海 안은 모두 형제'라는 이상은 아마도 인류가 "후민족주의 시대"에 진입한 뒤에야 비로소 그 진정한 뜻을 알게 될 것이라고 말한다.[44] 샤오궁친의 이러한 보수주의적 민족주의는 2004년 후진타오의 조화사회론이 나오고 2005년 이후 공자제례를 국가 주도로 치르는 상황에서 국가로부터도 꽤 주목받고 있다.[45]

⑥ 서양적 패러다임에 대항하는 민족주의가 있다. 여기에는 미국에서 활동하고 있는 중국의 신좌파 문화연구자 장쉬둥과 현재 중국에서

---

43 蕭功秦, 〈淸末以來中國現代化的三鐘兩難矛盾〉, 《與政治浪漫主義告別》(湖北敎育出版社, 2001), 378쪽.

44 蕭功秦, 〈民族主義,儒家文化與中國的未來〉, 237~238쪽.

45 중국공산당이 중국 미래에 대한 전망을 사회주의보다는 유가사상에서 구하려 한다는 것은 어제오늘의 일이 아니지만, 유가문화를 이야기한다고 해서 모두 중국정부로부터 공인을 받는 것은 아니다. 사실상 유가문화에 대한 제도적인 접근은 중국공산당에 대한 충성을 약화할 수 있다는 점에서 양날의 칼인 측면이 있기 때문이다. 예컨대 장칭蔣慶의 《政治儒學 : 當代儒學的轉向,特質與發展》(北京 : 三聯書店, 2003)은 정치적 탄압 때문에 탈고 이후 출간하기까지 5년이나 걸렸다. 이에 관한 자세한 내용은 앞의 2부 참조.

가장 주목받는 사상가 가운데 하나인 왕후이汪暉 등이 포진하고 있다. 장쉬둥은 중국의 민족주의가 냉전체제 해체 이후 자유주의 세계의 이데올로기가 찾아낸 새로운 '죄악제국罪惡帝國'에 대한 일련의 반응 속에서 성장했다고 본다. 이 점에서 중국에서 민족주의는 역사의 무대 뒤로 사라진 공산주의를 대신해 서양에 항거하는 하나의 형식이라고 주장한다. 장쉬둥에게 민족주의는 서양적 세계질서와 가치관에 항거하는 잠재적 형식인 것이다. 그렇기 때문에 그의 문제 제기는 중국 위협론과 오리엔탈리즘적 시각으로 중국을 신비화하는 견해 모두에 대한 이의제기적 성격을 띤다.

장쉬둥에 따르면 중국의 민족주의 이론은 세계 자본주의의 언술체계를 벗어나 존재할 수 없으며, 이러한 언술체계는 역으로 국제적 맥락 속에 위치한 중국의 사회·문화·사상·정치·경제를 규정한다. 즉 자본주의 발전의 불균등성이라는 엄연한 물질적 사실을 바탕으로 민족주의를 설명한다. 민족주의란 민족들이 깨어나 자기의식을 얻게 되는 과정이 아니라 경제성장의 필요가 그것을 발생시킨다는 것이다.[46]

장쉬둥의 이러한 논리는 많은 부분 민족주의 이론가인 어니스트 겔너와 톰 네언Tom Nairn에게 의존하고 있다. 그들은 민족주의의 진정한 기원이 정체성을 희구하는 개인의 억압된 정열에 있는 것이 아니라 세계경제의 작동에 있다는 점을 간파했다. 그것도 경제의 발전 과정 그 자체에 있는 것이 아니라 '불균등 발전론uneven development'에 대한 인식과 직접적으로 관련된다.[47] 장쉬둥은 결과적으로 대안적 민족주의를 사고

46 Ernest Gellner, p. 153 참조.

47 Tom Nairn, "The Modern Janus", *Break-Up of Britain : Crisis and Neo-nationalism*(London, 1977) ;

하는데, 그 모델은 1920년대의 신지식인이 담지한 것이었다.

왕후이는 천하주의와 성격은 조금 다르지만 민족주의의 대안으로서 과거 천하주의의 정치경제적 구현체였던 조공체제의 경험을 바탕으로 대안적 민족주의를 제시하려는 견해를 보여준다. 이는 최근 세계화를 앞세운 신자유주의의 파고를 주시하면서 이에 대한 대항적 성격을 띠는 지역주의regionalization 구상과도 맞물려 있다.[48] 이 구상은 중국정부의 발전주의를 핵심으로 하는 애국주의, 그리고 문화민족주의와도 대립한다.[49] 그러나 왕후이가 2000년대 초반에 제시한 이런 구상은 10여 년이 지난 지금은 이 책 1부의 중국모델론 부분에서 본 것처럼 많이 달라졌다.

⑦ 리션즈李愼之, 셩훙盛洪, 자오팅양趙汀陽 등으로 대표되는 천하주의적 민족주의가 있다. 이들의 민족주의 내용은 천하주의라는 유학의 핵심 사상을 기초로 한다는 점에서 앞의 문화보수주의적 민족주의와 비슷해 보이지만, 이들의 사상적 기반은 자유주의라는 차이가 있다. 자유주의를 견지하는 것과 천하주의를 주장하는 것은 모순이 없어 보인다.

특히 자유주의자 리션즈는 천하주의를 오늘날 이야기하는 세계주의全球主義로 이해한다.[50] 일찍이 그는 1990년대에 중국에서 강렬하면서도

〈민족주의의 양면성〉, 백낙청 엮음,《민족주의란 무엇인가》(창작과비평사, 1988), 228~229쪽.

48 왕후이의 민족주의는 그의 아시아 구상에서 드러난다. 왕후이, 〈아시아 상상의 계보〉,《새로운 아시아를 상상한다》(창비, 2003).

49 이에 대해서는 조경란, 〈중국 지식인의 현대성 담론과 아시아 구상— 왕후이(汪暉)의 주체화 학문에 대한 평가와 비판〉(《역사비평》 2005년 9월)이 있다.

50 경제학의 대가로 개혁개방때 덩샤오핑의 브레인을 지낸 경험이 있는 리션즈는 전반서화全般西化와 중국본위문화 논쟁이 벌어진 뒤 후스가 '전반서화'라는 말에 어폐가 있음을 깨닫고 '충분세계화充分世界化'로 바꿔야 됨을 인정했다고 전한다. 그런데 그는 지금의 시점에서 이 말은 '전구화全球化'로 바꾸어야 한다고 본다. 또 중국문화의 현대화는 반드시 전통을 기초로 하고

배타적인 민족주의가 왜 일어났는가에 주목해, 그 배후에 중국이 본래 지니고 있는 천하주의가 민족주의와 상호보강적으로 작동하고 있을 수도 있다는 점을 선지적으로 간파한 인물이다.[51] 그는 중국에서 민족주의는 제국주의와 식민주의의 침략에서 벗어나기 위해 제출된 것이었을 뿐, 중국의 전통적인 이상은 민족주의가 아니라 천하주의였다고 말한다.[52]

자오팅양과 셩훙은 리션즈를 계승해 천하주의로 민족주의를 억제하고 극복해야 한다고 주장한다. 철학 연구자 자오팅양은 중국에서 화제가 되었던 저서[53] 《천하체계》에서 "자기와 타인을 대립시키고, 신도와 이교도를 대립시키고, 서양과 동양을 대립시키는 등 모든 대립하지 않는 것을 대립시키는 것은 서양의 기본 정치의식에서 비롯된다. 이러한 정치의식으로는 세계가 있을 수 없으며 더욱이 세계를 책임질 수 없다"고 주장한다.

경제학자인 셩훙 또한 민족주의가 결국 인류의 멸망을 초래할 것이고 인류의 재난을 피하기 위해서는 천하주의를 선택할 수밖에 없다고 주장한다.[54] 심지어 셩훙은 서양문명을 반자유주의적인 야만문명이라고 본다. 따라서 근대 중국과 서양의 교류사를 '신만족新蠻族의 침략론'이라고 규정한다. 자유주의는 세계를 구제할 수 있는데, 중국문명은 자

전구화를 목적으로 해야 하며, 전구화의 보편규율을 체體로 하고 중국특색을 용用으로 해야 한다고 주장한다. 李慎之, 〈全球化與中國文化〉, 《太平洋學報》 1994年 第2期, 8~9쪽 참조.

51 리션즈는 1990년대에 팽배하기 시작한 중국인의 조야한 민족주의는 전구화 추세에 위배되고 또 중국의 전통과도 위배되는 것이라고 비판한다. 공자의 "己所不欲 勿施於人, 己欲立而立人 己欲達而達人"이 중국의 정신이라는 것이다. 李慎之, 〈全球化與中國文化〉, 《太平洋學報》 1994年 第2期, 7쪽 참조.

52 李慎之, 〈全球化與中國文化〉, 8쪽.

53 趙汀陽, 《天下體系 : 世界制度哲學導論》 (江蘇教育出版社, 2005).

54 盛洪, 〈從天下主義到民族主義〉, 《民族主義與轉型期中國的運命》 (時代文藝出版社, 2000).

유주의 문명이고 서양문명은 그렇지 않기 때문에 중국문명은 세계를 구제할 수 있고 서양문명은 그렇지 않다는 주장이다.[55]

4. 민족주의 담론 속의 동아시아 인식과 비판

(1) 중국 민족주의에 대한 동아시아적 논의의 지평

위에서 중국 민족주의의 내용을 살펴봤는데 "서양적 패러다임에 대항하는 민족주의"를 제외한 모든 민족주의의 토대를 관통하는 개념은 역시 부국강병이라는 발전 패러다임인 듯하다. 이를 상위 개념으로 하여 소수민족, 제국적 국민국가, 사회주의, 국익, 유학 등 차원이 다른 하위 개념들이 다양한 형태로 도열한다. 그런데 여기서 한국과 일본의 학계 일각에서 상식처럼 여겨지는 탈근대라는 잣대를 중국의 민족주의에 들이대는 것이 정당한지, 평가의 지평을 어떻게 마련할 것인지가 문제 될 수 있을 것이다.

평가의 지평을 위해 국민국가가 전 세계로 확산되는 과정에서 수행한, 민족주의와 상반되어 보이는 두 역할에 새삼스럽게 주목할 필요가 있다. "하나는 반체제운동이라고 부를 수 있는 민족해방투쟁이다. 다른 하나는 부국강병을 뒷받침하는 역할이다. 일단 어떤 민족이든 국가 건설에 성공하게 되면 민족주의는 거의 예외 없이 관제적official 성격을 띠게 된다. 국민통합과 국민화를 위한 문화적 하부구조를 대규모로 확충

---

55 盛洪, 〈文明是什麽?〉, 《戰略與管理》 1995年 第5期.

하고 민족적 정체성을 국민 모두에게 내면화하기 위한 공세가 그런 형태로 나타나는 것이다. 사실 민족주의의 이 두 가지 면모는 해방-억압/분리-통합/반체제-체제의 대립쌍을 함께 나눠 갖고 있다."[56]

중국을 포함한 제3세계였던 나라들에서 나타난 민족해방투쟁은 인간 해방이라는 가치와 결합할 수 있었다. 결과적으로 이 투쟁은 이제 자본주의체제를 강화한 것으로 해석하는 것이 상식이 되었지만, 20세기 초중반에는 부국강병을 이루기 위한 조건으로서 주권 확보가 가장 중요했고 따라서 민족해방은 절대적인 가치였다고 할 수 있다. 그러나 개혁개방 이후에는 그런 조건이 더는 문제가 되지 않았다. 그런 만큼 부국강병 자체가 직접적인 목표의 도정 위에 제시될 수 있었지만, 이제는 그것이 해방보다는 억압이나 통합의 의미로 다가오고 있다. 이렇게 본다면 현대 중국의 민족주의야말로 비판받아 마땅하다고 할 수 있다.

사실 따지고 보면 중국은 100년 동안의 '전국戰國시기'를 거쳐 1949년에 겨우 전국적 통일국가를 달성할 수 있었다. 그렇지만 그것은 동시에 세계 자본주의체제로부터 퇴출을 의미했다. 즉 사회주의 국민국가가 수립된 것이다. 그런데 이것마저 1966년 시작된 문화대혁명으로 그 기반의 많은 부분이 파괴되었다고 할 수 있다. 따라서 자본주의 국민국가 체제를 만들기 시작한 것은 개혁개방 이후에나 겨우 가능했다.

중국은 이제 막 개혁개방 30년이 지났다. 자본주의적인 근대 국민국가체제가 닻을 올린 지 겨우 30년이 된 것이다. 한국의 경우에도 1960~70년대 근대화 초기에 민족주의 담론이 부국강병론과 결합되어

56 최갑수, 〈내셔널리즘의 기원과 특성〉, 《西洋史硏究》 제31집(2003), 16~17쪽.

그 자체가 사회적으로 공인된 가치로 받아들여지는 압도적인 분위기에서 그 가치 자체를 되돌아보는 작업은 현실적으로 쉽지 않았다. 일본의 경우에도 시기만 다를 뿐 대동소이하지 않았을까. "유럽이 국가형성과 국민형성을 자생적으로 이룩하는 데 '짧게는 300년 길게는 1,000년'에 달하는 시간이 경과했음"[57]을 상기할 필요가 있다. 근대의 문제를 의식할지라도 근대에 푹 빠져 충분히 머무른 뒤에야 근대에 대한 의사擬似 성찰이 아닌 진짜 성찰이 가능한지도 모른다.

내가 여기서 이런 근대화의 과정과 단계를 의식적으로 강조하는 것은 중국 지식인들의 부국강병론을 일방적으로 옹호하자는 것이 아니라 부국강병론을 근본적으로 문제 삼되 그 평가의 지평을 마련한 뒤에 하자는 것이다. 일본과 한국의 진보 학계에서 진행되는 '부국강병에 대한 문명론적이고 발본적인 검토' 분위기를 지금의 중국에 그대로 적용한다면 중국인들은 '이것은 말 그대로 자기는 다 올라간 뒤에 사다리를 걷어차는 것과 뭐가 다르냐'고 반박할 것이기 때문이다. 어쩌면 사회주의를 경험한 나라일수록 근대 성찰에 기꺼워하지 않을 수 있다. 왜냐하면 반근대성, 즉 사회주의의 허구성을 직접 체험했기 때문이리라. 더욱이 문화대혁명에 대한 다른 목소리가 나오고는 있지만, 아직도 그로 인한 집단적인 트라우마가 중국의 현재를 구성하는 매우 중요한 요소로 작동하고 있다. 예컨대 자본주의에 대한 환상을 버렸다는 사실이 중국인으로 하여금 사회주의를 역사로 보게끔 자동적으로 보증해주지 않는 현실은 바로 이 때문이다.

---

57 최갑수, 16쪽.

이처럼 어찌 보면 중국에 대한 '착시' 현상을 교정하고 나서 중국의 민족주의 담론을 논평하려면 무엇을 어떻게 질문해야 할까? 앞의 민족주의 담론 중 '서양적 패러다임에 대항하는 민족주의'와 '천하주의적 민족주의'(경우에 따라서는 문화보수주의적 민족주의 포함)를 비판적으로 검토하면서 이 질문에 답하고자 한다.[58]

다른 여타의 민족주의는 중국뿐 아니라 다른 나라에서 국민국가를 형성하는 시기에 보편적으로 만날 수 있는 유형의 민족주의다. 이에 반해 앞의 두 유형의 민족주의는 국민국가의 형성이라는 과제와 함께 그 안에 중국만의 독특함을 보여주는 요소가 들어 있으며, 따라서 별도의 이해가 필요하다. 그것은 동아시아의 인식과 직간접으로 연결되어 있어 우리의 주목을 끈다. 특히 이 두 민족주의 담론 안에는 앞에서 말한 문명중국에 대한 사유가 담겨 있다고 보이는데, 그 안에서 민에 대한, 근대성에 대한, 제국에 대한 사유가 어떻게 펼쳐지고 있는지가 중요하다 할 것이다.

(2) 서양적 패러다임에 대항하는 민족주의

먼저 서양적 패러다임에 대항하는 민족주의를 보자면, 이를 주장하는 장쉬둥은 일단 중국위협론과 오리엔탈리즘의 시각에서 양산되는 중국 민족주의 이슈가 '가상'으로 부단히 자기복제되고 있는 현실을 지적하고[59] 중국 민족주의를 세계 자본주의의 글로벌화라는 보편주의적인 과정 안에서 볼 것을 요구한다. 중국의 민족주의도 예외 없이 국민국가

58 앞에서 이 점을 의식하여 그 밖의 다른 민족주의를 조금 길게 소개한 것이다.

59 張旭東, 〈民族主義與當代中國〉, 《民族主義與轉型期中國的運命》(時代文藝出版社, 2000), 429쪽.

체제 속의 불균등발전론에 근거하여 설명할 수 있다는 이야기다. 그렇지만 또한 장쉬둥은 민족주의를 민족주의 이데올로기와 정치과정의 결합으로도 이해해야 하며 문화가 민족주의 형성에 관계하지 않는다고도 할 수 없다고 본다. 이처럼 그는 중국 민족주의도 보편성과 특수성의 상호작용 속에서 파악할 필요가 있음을 피력한다.[60] 어쨌든 장쉬둥에게는 민족주의의 도덕주의적·문화주의적 측면보다는 경제학적·사회학적 성격을 파악하는 것이 훨씬 중요하다.[61]

그런데 적지 않은 중국 연구자들은 중국 민족주의를 세계 자본주의 억술체계를 벗어나 민족국가가 출현하기 전에 존재했던 화이지변華夷之辨이나 천조심태天朝心態라는 전통적 담론을 이와 양립할 수 없는 근대 민족주의 담론과 뒤섞어 논의한다는 것이다.[62] 장쉬둥은 이러한 자아중심적 우주관은 중국 근대사에서 서구 근대 민족주의 공격을 받으면서도 영향력이 사라지지 않았으며, 서양 주류 학계의 고정된 연구대상이었지만 20세기 중국의 사회·경제·정치·문화·사상의 발전에 힘입어 그러한 문제틀을 극복突破했으며, 세계 자본주의의 모순에 깊이 말려들어가게 되었다고 본다.[63]

그런데 이러한 연구 풍토는 장쉬둥에 따르면 서구 시민사회에 뿌리박고 있는 정치·경제의 이익에서 출발한다. 따라서 서구의 가치 관념과 권력체계를 비판하는 일은 중국 민족주의의 임무와 연결되어 있다.[64]

---

60 張旭東, 430~433쪽 참조.
61 張旭東, 431쪽.
62 張旭東, 433쪽.
63 張旭東, 433~434쪽 참조.
64 張旭東, 430쪽 참조.

예컨대 "중국 현대화의 걸림돌은 그 자체가 완전한 문명 체계로서 민족국가의 대열에 끼어들어가려는 데 있다"는 루션 파이의 지적을 인용하면서 이러한 인식은 중국이 시민사회, 즉 자산계급사회로 변화해야 한다는 뜻을 전제하고 있다고 지적한다.[65]

따라서 장쉬둥은 현재의 중국에서는 민족주의가 공산주의를 대신해 서양의 세계질서와 가치관에 항거할 잠재적 형식이 될 수밖에 없음을 인정한다. 여기에는 몇 가지 원인이 있는데, 국제화와 에스닉ethnic의 자주의식이 대두하면서 민족국가가 안팎으로 도전을 받고 있지만 이런 움직임은 민족국가의 소멸이 아니라 새로운 형식을 요구하는 것으로 해석해야 한다는 것이다. 그리고 지역화도 민족국가의 정치 · 경제 · 법률에 종속되어 있고 세계정부 구상은 아직 현실성이 없다는 것이다. 또 현실적으로 서양에서 양산되는 중국위협론에 대응해야 한다는 인식이 강하게 깔려 있다. 그리고 장쉬둥이 모델로 삼고 있는 민족주의는 5 · 4 지식인이 보여주었던 형태와 비슷하다. 이들이 담지한 민족주의는 세계주의적이기도 하고 자각적이기도 하다는 것이다.[66]

장쉬둥의 민족주의와 관련한 주장은 기본적으로 수용할 수 있지만, 몇 가지 토론이 긴요한 부분도 있다. 장쉬둥의 민족주의 담론은 근대성의 일정한 역할을 인정하면서도 동시에 탈근대적 전망을 드러낸다는 점에서 중국 민족주의의 가능성과 한계를 복합적으로 보여준다고 할

---

65 張旭東, 435쪽.

66 張旭東, 437쪽. 5·4 시기 민족주의와 민족주의를 초월한 세계주의의 공존 상황을 설명한 글로는 장쉬둥 외에 張灝, 〈重訪五四—論"五四"思想的兩歧性〉, 《二十世紀中國思想史論》 上卷(東方出版中心, 2000) ; 汪暉, 〈中國現代歷史中的"五四"啓蒙運動〉, 許紀霖 編, 《二十世紀中國思想史論》 上卷(東方出版中心, 2000) 등을 참조.

수 있기 때문이다.

우선 장쉬둥의 주장처럼 중국의 민족주의를 근본적으로는 근대성과 연결해 사고할 필요가 있다는 점에는 기본적으로 동의한다. 그러나 자아중심적 우주관, 다시 말해 우리가 흔히 말하는 화하중심주의가 이미 극복되어 자본주의적 모순 속으로 얽혀 들어가게 되었다고 했는데, 과연 그런가 하는 문제가 제기된다.[67] 이것이 중국 민족주의에서 벌써 해소되었다면 중국 밖의 지식인은 물론이고 중국 내부의 지식인조차 왜 여전히 이 점을 문제 삼고 있는 걸까? 첸리췬, 천핑위안陳平原, 양녠췬楊念群, 왕차오화王超華 등 중량급 지식인들이 공히 이것을 문제삼고 있다.[68] 이 문제는 중요하긴 하지만, 지면 관계상 여기서는 이 정도만 지적하고 넘어가고자 한다.

다음으로 장쉬둥이 얘기하는 서양적 세계질서와 가치관에 대한 근본적인 문제 제기의 방식도 검토해봐야 한다. 이와 관련하여 두 가지 질문이 필요하다. 하나는 예컨대 서양에 대한 근본적인 문제를 제기할 때도 서양적 근대가 달성한 최소한의 가치를 인정하면서 이루어지는 방식과 그렇지 않은 방식이 있다.

이 맥락을 염두에 두고 여기서 잠시 서양의 자유주의, 공동체주의 논의에 주목해볼 필요가 있다. 공동체주의자로 알려져 있는 왈저Michael Walzer가 계몽의 합리주의와 보편주의를 공공연히 비난하고 전통과 공

---

67 이에 대해서는 이 책의 6장 참조.

68 양녠췬楊念群, 〈'동아시아'란 무엇인가〉—근대 이후 한 중 일의 '아시아'상상의 차이와 그 결과, 《대동문화연구》 제50집(2005) ; 王超華, 〈90년대 중국 사상계의 정신〉, 《고뇌하는 중국》(길, 2006) ; 陳平原, 〈학술·사상·정치〉(같은 책) ; 錢理群, 〈망각을 거부하라〉(같은 책). 이 문제에 관해서는 다른 지면을 빌려 논의하고자 한다.

동체 등의 개념을 재평가하자고 제안하는 이유는 서양의 맥락에서 민주주의의 이상을 더 효과적인 방식으로 옹호하기 위해서다. 왈저와 찰스 테일러Charles Taylor는 자유주의의 인식론적 전제들을 비판하기는 하지만 권리와 다원주의 분야에 대한 자유주의의 정치적 기여를 받아들이려 노력한다.[69] 이들은 공동체주의자라 해도 윤리적인 것과 정치적인 것을 구분하지 않으려는 공동체주의자인 샌델Michael Sandel이나 매킨타이어Alasdair MacIntyre와는 구분된다. "샌델이나 매킨타이어는 현대 민주주의의 정치공동체가 단일하고 실체적인 공동선의 관념을 중심으로 조직될 수 있다고 본다."

이들 간의 가장 큰 차이점은 무엇보다 왈저와 테일러가 근대성 또는 자유주의를 비판적으로 보면서도 그 기여한 바를 인정하는 반면, 샌델이나 매킨타이어는 근대성의 성과를 인정하지 않는다는 점이다. 여기서 후자는 근대성에 대해 역사적인 시각에서 복합적으로 평가하지 않기 때문에 보수로의 선회라는 위험성을 내포한다고 할 수 있다. 또 정치공동체가 단일하고 실체적인 공동선의 관념을 중심으로 조직될 수 있다고 본다는 점에서 전체주의로 흐를 위험성도 안고 있다. 샌델과 매킨타이어처럼 실체적 공동체를 말하는 이들의 주장을 중국의 맥락으로 가져오면 유교로의 회귀를 주장하는 견해와도 매우 근접한다.[70] 장쉬둥은 서양의 근대를 문제 삼는 방식에서 현대의 신유가보다 훨씬 배타적이다. 두웨이밍을 비롯한 현대 신유가는 근대성의 가치를 웬만큼 인정

69 샹탈 무페, 〈급진 민주주의 : 근대적인가 탈근대적인가〉, 이보경 옮김, 《정치적인 것의 귀환》(후마니타스, 2007).

70 조경란, 《현대 중국 사상과 동아시아》(태학사, 2008), 15쪽.

한 바탕 위에서 '사적 수양의 새로운 모델'과 '공적 통치의 새로운 모델'을 구상한다.

서구 근대성에 대한 수용 없는 극복만을 주장하는 것은 유럽중심주의를 극복하기 위해 유럽과 미국이 한 역할을 거부하는 것이 된다. 그러나 유럽과 미국의 근대성이 특정한 역사적 시기의 산물이긴 해도 자본주의에서 계몽운동, 민족국가에서 식민주의에 이르는 이 근대성에서 나오는 힘은 전 지구를 변화시켜나갔다. 이처럼 세계를 변화시키는 역할은 지구적인 동질화와 구별되어야 한다.[71] 이는 또 중국의 맥락에서 이해하자면 중국의 20세기 역사를 거부하는 것이 되기도 한다. 더 나아가 이것을 동아시아적 맥락에서 이해할 경우 의미 있는 역전이 아니라 단순한 패권의 이동, 즉 서구의 패권을 중국이 가져오려는 구상으로 오해받을 가능성이 크다. 그러므로 여기에서 중요한 것은 그들의 문제의식이 그 안에 동아시아적 · 아시아적 계기를 포함하고 있느냐다. 그렇지 못할 경우 중국중심주의로 떨어질 공산이 매우 크기 때문이다.

그렇다면 동아시아적 · 아시아적 계기는 무엇이고 어떻게 확보되는 것일까? 여기서 비판적 동아시아론을 펼치고 있는 백영서의 '이중의 주변의 눈'[72]을 떠올려봄 직하다. '이중의 주변의 눈'은 1차적으로 약한 동양과 강한 서양의 불균형한 현실 구도에서는 동양에 주목하지만, 여기에 머무르는 것이 아니라 강자에 대한 약자가 또 다른 국면에서는 강자가 될 수도 있다는 점에 주목한다. 그리고 이는 무한 반복되는 것이다.

---

71 아리프 딜릭, 〈역사와 대립되는 문화인가? : 동아시아 정체성의 정치학〉, 《발견으로서의 동아시아》(문학과지성사, 2000), 108쪽.

72 백영서, 〈동아시아론과 근대적응·근대극복의 이중과제〉, 《창작과비평》 2008년 봄호, 40쪽.

그렇기 때문에 "왜 삼중의 주변이 아니고 이중의 주변이냐"라는 질문 자체가 성립하지 않는다.[73]

그리고 궁극에 가서는 주변적인 문제가 최종적으로 집적된 이른바 '보편적 주변'[74]에 당도하게 된다. 여기서 '보편적 주변'을 설명하기 위한 가장 적절한 예는 신분제가 무너져가는 20세기 초반 과도적인 중국 사회를 배경으로 한 루쉰의 소설《축복》의 상림수가 될 수도 있다. 그녀는 신분제 사회에서 가장 하위에 위치하는 식모이며, 게다가 남편을 두 번이나 잡아먹은 부정 타는 식모이기에 식모의 위계hierarchy 속에서도 가장 하위에 위치한다.

'이중의 주변의 눈'에 담긴 의미를 이렇게 이해하고 서구중심주의에 대한 중국 신좌파 지식인들의 비판행위를 곱씹어봤을 때 이 비판행위가 다시 그들 자신을 향해 있는지가 중요해진다. 서양이라는 타자를 향한 질문이 똑같이 자기를 향해 있을 때 이중의 주변의 눈을 가지게 되었다고 말할 수 있기 때문이다. 서구를 향한 비판이 서양중심주의가 중국에 비주체화의 길을 강요한 데 대한 주체의 회복을 위한 몸부림이라면, 자기를 향한 질문은 자기가 중심이 되는 것에 대한 또 다른 이의제기인 셈이다. 자기를 향한 질문이 가능하다는 것은 동아시아 역내 국가

---

73 마루야마 마사오丸山眞男가 말하는 억압의 이양移讓은 바로 이러한 시각을 갖추지 못했을 때 일어나는 현상이기도 하다. 그는 일본사회를 위로부터의 억압감이 아래로 발휘되어 순차적으로 이양해감으로써 전체의 균형이 유지되는 체계라고 설명한다. 그리고 일본이 세계의 무대에 등장하면서 이 억압의 이양 원리는 다시 국제적으로 연장되었다고 본다. 마루야마 마사오, 〈초국가주의의 논리와 심리〉, 김석근 옮김,《현대정치의 사상과 행동》(한길사, 2007), 61쪽 참조.

74 이 '보편적 주변'이라는 말은 루카치의《역사와 계급의식》에서 시사받은 것이다. 그 책에서 루카치는 노동자계급을 자본주의 사회의 모순이 집적된 가장 압박받는 계급이라는 의미로 '보편적 계급'이라는 말을 쓴다.

들의 존재와 다양성을 인식하고 있다는 방증이 될 수도 있다. 거꾸로, 자기를 향해 질문하지 않는 것은 동아시아가 하나로 인식되어 있다는 것을 말해준다.

논리를 조금 비약해보면, 그러니까 자기를 향한 질문은 '중국 속의 동아시아'가 아니라 '동아시아 속의 중국'으로 사유했을 때만 가능해진다. 자기를 향해 질문을 던지지 않는다는 것은 역으로 '동아시아 속의 중국'이 아니라 '중국 속의 동아시아'로 사유한다는 이야기가 된다. 따라서 동아시아적 계기를 확보한다는 것은 자기를 향한 질문이 가능해진다는 것을 뜻하는 것이다. 결과적으로 동아시아의 계기를 내포하지 않은 채 서구의 지식체계를 문제 삼는 행위는 곧장 패권의 논리로 떨어질 수밖에 없다. 이는 강약의 근본적 해소가 아니라 강약의 위치 교환일 따름이다.

신좌파는 서구중심주의에 대해서도 비판적이고 전통 근본주의에 대해서도 비판적이기 때문에 중국 내부의 사상지형도에서 자유주의에 대해서도 비판적이며 문화민족주의, 즉 신유학에 대해서도 비판적이다.[75] 이는 근대성과 봉건성에 대한 양면적 비판의 면모를 보여준다는 점에서 중국의 사상유파 가운데 동아시아 지식인으로서 가장 주목할 만하다고 생각한다.

그러나 동아시아 이웃나라 지식인들이 신좌파의 서구중심주의에

---

75 그런데 시간이 흐를수록 자유주의와 점점 멀어지고 신유가와 점점 가까워지는 듯한 인상을 지울 수가 없다. 이와 관련하여 다지마 에이이치는 신유가나 신좌파의 일부는 각각의 입장에서 자유주의를 자주 비판했고 그 결과로서 그들은 체제옹호파를 형성해버리고 말았다는 견해를 피력하며, 특히 신유가와 체제 간에 친화적인 관계가 생겨났다고 본다. 田島英一, 〈中國ナショナリズム分析の枠組みと實踐〉, 加加美光行, 《中國の新たな發見》(日本評論社, 2008), 276쪽.

대한 비판에 동의하고 문제의식을 공유하면서도 이들의 비판 행위를 회의의 시선으로 바라볼 수밖에 없는 이유는 동아시아, 아시아에 대한 '이중의 주변의 눈'이나 '보편적 주변'의 시각을 발견하기 힘들기 때문이기도 하다. 물론 중국 내부적으로는 민의 존재와 그들이 주변화하는 사태에 대해 어떤 대안적 시각을 보여주기 위해 노력하고 자본주의의 대안을 모색하고 있는 것은 어느 유파와도 비교되는 측면이긴 하다. 그러나 반복하건대, 내부 인식과 외부 인식은 따로따로일 수가 없다.

우리는 여기서 진정한 주체로서 나이고 중국이기 위해서는 루쉰과 다케우치 요시미竹內好의 인식처럼 '자기이고자 하면서도 자기를 극복하고자 하는'[76] 이중의 저항이 필요하다는 점을 기억할 필요가 있다. 여기서 '자기이고자 하는 것'이 강자에 대한 저항이라면 '자기를 극복하고자 하는 것'은 자기가 강자가 되는 것을 거부하고 자기보다 더 약한 자에게 눈을 돌리는 것을 가리킨다.

장쉬둥은 자신의 민족주의 논설에서 중국에서 민족주의는 역사의 무대 뒤로 사라진 공산주의를 대신해 서양에 항거하는 하나의 형식이라고 주장하며, 중국이 과연 스스로의 역사적 구체성과 차이성을 바탕으로 고전적인 부르주아 민족주의와는 다른 새로운 유형의 민족국가를 창조해낼 수 있을 것인지 자문한다. 그런데 이 질문 이전에 지금의 민족주의가 과연 이전의 공산주의를 대신해 서양에 항거할 수 있는 내용을 갖추고 있는지부터 엄밀하게 검토할 필요가 있다. 사회주의 시기 그것

---

76 다케우치 요시미, 《일본과 아시아》(소명출판, 2004), 47쪽 참조. 이 책에서는 "자신인 것을 거부하고 동시에 자기 이외의 것인 점도 거부한다"라고 표현되어 있다. 위 본문의 표현은 이것을 뒤집은 것이다.

을 건설하는 과정에서 민족주의는 부차적이나마 반근대적인 요소를 지니고 있었던 측면을 부정할 수는 없다. 그런데 이제 반근대적인 요소가 소실되면서 민족주의의 근대적 지향이 전면에 부각되고 이 과정에서 애국주의를 동반하는 국가중심주의가 강화되었다.[77]

이 지적대로 현재의 중국 민족주의가 근대적 지향이 탈각되고 국가중심주의적 성격을 띠고 있으며 게다가 민중의 주체성마저 배제된 것이라면, 그런 민족주의로 서구에 대항하면서 새로운 유형의 민족국가를 창조해낼 가능성은 낙관하기 힘들지 않을까. 지금 중국에서의 민족주의는 앞서 말했던 민족주의의 두 역할 중 해방과 반체제의 논리라기보다는 억압과 체제의 논리로 작동하고 있다고 보는 편이 옳다. 특히 민民의 처지에서 보면 그렇다. 또한 저항적 민족주의로서의 성격을 벗어나고 있다고 봐도 좋을 것이다. 1990년대 이후 민족주의는 관제적 성격을 띠면서 부국강병 논리를 뒷받침해주는 역할을 하기 때문이다.

그리고 새로운 유형의 민족국가 건설을 위해 다시금 대오를 정비하기 위해서라도 지금 중국에서는 문화대혁명을 포함한 중국사회주의 역사 자체를 엄격하고 진지하게 검토할 필요가 있다. 이러한 절차 없이 언명식으로 던져버리는 새로운 유형의 민족국가 운운은 사회주의 트라우마 자체가 아직도 사회를 움직이는 하나의 중요한 원리로 작동하고 있는 현재 중국에서 구사회주의의 기억을 환기하려는 의도로 오해받을 가능성이 크다.

현재 중국에서 떠도는 다양한 형태의 사회주의의 유령과 향수는 또

77 백승욱, 〈동아시아 속의 민족주의—한국과 중국〉, 《문화과학》 2007년 겨울호.

한 중국인들에게 성찰을 가로막는 장애물이 될 수도 있다는 점에 주의해야 한다. 이를 불식하기 위해서라도 중국의 현실 사회주의가 또 다른 변종의 부국강병론에 불과했을 수도 있었다는 쓰라린 사실을 인정하고 어떤 새로운 꿈을 꾸어야 할 것이다. 세계 자본주의와 사회주의 역사가 우리에게 가르쳐준 것은 근대가 많은 문제를 안고 있다 해도 그것을 극복하기가 그리 쉽지 않다는 점이었다.

(3) 천하주의적 민족주의와 동아시아 인식

사실 천하주의 담론은 여러모로 허점이 많기 때문에 논리적으로 논박하기가 매우 쉽다. 문제는 그 논리성 여부가 아니라 이들이 왜 지금 이런 주장을 펼치느냐다. 천하주의 담론은 지나간 제국의 기억과 다시 올 제국에 대한 기대 속에서 지닐 수 있는 보편주의적 고민의 한 모습이라고 이해하면서도, 21세기의 시점에서 다시 호출되는 천하주의가 세계주의로서보다는 세계를 자기중심적으로 보는 이데올로기로서 기능하고 있다는 느낌이 드는 것은 왜일까?

천하주의와 민족주의의 관계에서는 100년이 지난 현재 완전히 역전현상이 일어나고 있다. 천하주의로 민족주의를 극복하자고 하는 지금의 이 슬로건은 100년 전, 그러니까 19세기 말 20세기 초의 슬로건이 완전히 뒤집힌 것이라 할 수 있다. 100년 전 국민국가와 국민 형성을 자신들의 과제로 인식하고 있던 지식인들에게 천하주의는 민족주의로써 극복해야 하는 대상이었다. 천하 관념만 있지 국가 관념을 갖추지 못한 국민 아닌 '부민部民'은 극복 대상일 뿐이었다. 그때는 천하에서 국가로, 백성에서 국민으로의 전환이 가장 큰 과제였기 때문이다. 그러나 지금은 민족국가에서 문명중국으로 다시 전환되고 있다.

이 같은 역전 현상은 개혁개방 이후 경제성장에 대한 자신감을 반영하는 것이겠지만, 그렇더라도 격세지감이 느껴지지 않을 수 없다. 사실 량수밍의 지적에서도 알 수 있듯이 천하주의는 중국의 전통적인 이상이었다. 그는 "민족주의는 공公인 것처럼 보이지만 실은 사私이고, 천하주의는 사인 것처럼 보이지만 실은 공이다. 중국의 전통적인 이상은 민족주의가 아니라 천하주의"[78]라고 정리한다. 앞에서 소개한 리션즈의 주장도 량수밍의 주장과 대동소이하다.

전통적으로 중국 지식인들이 추구한 천하주의는 국가의 경계가 불분명했던 근대 이전의 문화 보편주의로서 존재했다. 그런데 모든 면에서 메커니즘이 달라진 근대 이후 이 천하주의는 어떤 형태로 거듭날 수 있을까. 앞에서 말한 바와 같이 천하주의를 주장하는 중국 지식인들의 논설은 이에 대해 디테일한 고민을 보여주지는 못하고 있다.

만약 천하주의를 세계주의로 해석할 수 있다면 민족주의와는 서로 상극이다. 따라서 용어상으로만 보면 천하주의적 민족주의는 형용모순이다. 그렇다면 이 둘의 관계가 모순적인 것처럼 실제 현실에서 서로 대립적으로 작용했을까? 내가 민족주의를 부정하려는 '천하주의'를 '천하주의적 민족주의'로 명명하고 하나의 민족주의로 분류한 이유는, 이름은 천하주의를 내걸었지만 실제 주장은 하나의 특이한 중국식 민족주의에 지나지 않는다고 보기 때문이다. 이는 앞에서 리션즈가 우려하고 있는 천하주의와 민족주의의 상호보강 구도만 봐도 납득할 수 있다.

---

78 梁漱溟, 〈中國文化之要義〉, 《梁漱溟學術論著自選集》(北京師範大學出版社, 1992), 401~405쪽.

일본 아이치 대학愛知大學의 가가미 미쓰유키加加美光行는 앞의 리션즈의 논리를 받아들여 "천하주의와 민족주의를 보편·개별 융합적, 상호보강적 구조로 이해하면서 제국 경험이 있는 미국과 일본의 경우에도 비슷한 형태의 민족주의가 나타났다"고 주장한다. 그의 주장을 좀 더 소개하면 심지어 "티베트 불교와 위구르의 이슬람, 서양의 기독교 등 세계의 여러 종교 또한 강렬한 보편주의를 담고 있기 때문에 그것이 민족주의와 결합될 때는 상호보강적인 형태가 된다." 그리고 "그것이 정교합일이 작동하는 경우라면 강력한 배타성을 띤 울트라 민족주의로 나타나게 된다. 배타성은 자기우월적인 의식을 지닌 민족주의에도 일어나지만 자기가 억압받고 있다고 의식하는 민족주의에도 나타난다."

따라서 가가미 미쓰유키가 보건대 "중국이 갖고 있는 '세계국가'적인 구조와 주변 민족, 특히 티베트·위구르·몽골 등의 민족이 갖고 있는 보편·개별 융합적인 민족주의는 동질성을 띠고 있으며 그 배타성이 서로 격렬한 충돌을 일으킨다." 그러므로 우리가 먼저 해야 할 일은 '세계' 보편주의와 '국가' 개별주의가 상호보강적으로 결합해가는 구조를 해체하고, 그런 다음 세계주의·천하주의로 배타적 국가주의를 억제하는 것이다. 그리고 "이런 주장을 하는 사람이 달라이 라마 14세"[79]라는 것이다.

사실 우리가 중국을 '제국적 국민국가'로 본다면 그것은 내용은 제국이고 형식은 국민국가라는 뜻이다. 신해혁명으로 왕조는 무너졌지만 중화민국은 청나라의 판도를 그대로 이어받음으로써 제국을 국민국가

---

79 加加美光行, 〈現代中國の國家原理と民族問題のゆくえ〉, 《中國研究月報》 2009년 1월, 5~6쪽 참조. 원문에는 '내셔널리즘'이라고 되어 있는 것을 인용문에서는 모두 '민족주의'로 바꾸었다.

라는 틀 안에 수렴해야 했다. 다시 말하면 공화국 시대를 맞이했음에도 이때의 중국 정치지도자들에게는 청대가 이룬 영토적 판도와 다민족국가의 형태, 즉 제국의 형태를 어떻게 지속적으로 이어갈지가 가장 큰 고심거리였다고 할 수 있다.[80]

그런데 이러한 고심거리는 중국의 영토와 다민족이라는 객관적 조건이 바뀌지 않는 한 앞으로도 지속될 수밖에 없다. 따라서 중국 처지에서 보면 현실적으로 천하사상과 국가사상의 공존이 필요해지는 것이다. 그리고 바로 이런 점에서 20세기 중국의 국민국가 형성을 중화세계와 근대세계 시스템의 상호침투, 구망救亡과 구국救國의 상호침투로 설명하는 것이 타당성을 띨 수도 있다.[81] 중국으로서는 제국과 국민국가라는 내용과 형식을 필요로 하는 한 천하주의와 민족주의 모두 버릴 수 없는 덕목이기 때문이다.

그렇다면 왜 지금 중국에서 천하주의와 조공체제 또는 그 기억이 강조되는 것일까? 첫째, 천하주의는 중화제국 체제의 중심원리로, 보편주의의 중국식 버전이었다. 제국의 꿈을 꿀 수 있는 위치에 다시 오른 중국으로서 보편주의를 고민한다는 것은 어찌 보면 자연스러울 수도 있으며, 민족주의 극복이라는 반근대성의 문명론적 발상을 담아 다시 나온 이 천하주의는, 당연한 이야기지만 중국식 소프트파워 구상과 관

---

80 이 문제에 대해서는 조경란, 〈현대 중국의 소수민족에 대한 '국민화'이데올로기—중화민족론을 중심으로〉, 《시대와 철학》 2006년 가을호 참조. 이 글은 중화민족 개념을 '국민화' 이데올로기로 보고, 이 개념이 100년 동안 민족·중화민족·중화민족다원일체구조론中華民族多元一體構造論으로 변주되면서 소수민족을 어떻게 통제하고 관리했는지를 보여준다.

81 이런 논지로는 다음 논문을 참조하라. 西村成雄, 〈二十世紀中國を通底する'國民國家の論理'とナショナリズム·社會主義〉, 《歷史評論》 515(1993).

련된 것일 수도 있다. 그러나 그것이 문명론적 발상다우려면 자본과 부국강병에 대한 근본적인 문제 제기가 동반되어야 한다. 그러나 천하주의를 주장하는 핵심 논객이라 할 수 있는 셩훙의 경우는 오히려 정반대로 자본주의 이데올로기라 할 수 있는 자유주의가 중국에서 발원한 것이라고까지 주장한다.

예컨대 앞에서 소개한 "자유주의는 세계를 구제할 수 있는데, 중국문명은 자유주의 문명이고 서양문명은 그렇지 않기 때문에 중국문명은 세계를 구제할 수 있고 서양문명은 세계를 구제할 수 없다"는 주장은 자본주의를 중국의 천부적인 자질로 설명하려는 것이다. 아리프 딜릭Arif Dirlik은 이런 주장에 대해 이들의 설명 방식은 유럽 중심적으로 개념화하는 데 수반됐던 시간성과 공간성에 그대로 의존하고 있으며, 다른 역사 전통에서 발견될 수 있는 유럽과 미국 자본주의의 근대성에 대한 대안을 소멸시키고 있다고 비판한다. 또한 이 같은 셩훙 류의 주장에 대해 유럽중심주의를 벗어나려는 시도에서조차도 유럽중심주의가 그림자를 드리우고 있다고 지적한다.[82]

이처럼 천하주의를 주장하는 중국의 자유주의자들은 중국 자본주의 자체를 문제 삼지 않으면서도 자본주의 경제의 성공에 따르는 파괴적인 결과를 억제하는 수단으로 전통을 이용하려는 모습을 보여준다고 하겠다. 결과적으로 이들이 제시하는 문명중국은 자본주의 발전의 단위로서의 민족국가와 민족주의에 문제를 제기하는 성격을 띠는 것이 아니라 중국문명이 서양문명의 문제점을 극복할 수 있다는 구세론적

---

82 아리프 딜릭, 106~107쪽 참조.

차원의 언명으로만 머물게 됨으로써 변형된 패권주의에 불과하다는 비판을 면할 수 없다. 그리고 더 나아가서는 자기가 극복하고자 했던 민족주의를 한층 강화하는 결과를 초래한다.

둘째, 내가 관찰한 바에 따르면 중국에서는 가장 어려운 시기에도 천하와 대동을 동원해 세계평화를 말하고, 가장 번창한 시기에도 똑같은 현상이 벌어진다. 100년 전에도 그랬고 지금도 그렇듯이 말이다. 지금 중국에서 천하주의가 유파를 막론하고 적지 않은 공감대를 형성하고 있는 것이 단순한 우연의 일치일까? 당연한 얘기지만 이것이 바로 이 천하주의와 조공체제 담론이 중국에서 동아시아론, 아시아론을 대신하고 있음을 뜻하는 것은 아닐까.

그리고 천하주의, 중화주의의 현실 구현체인 조공체제가 역사에 현실로 존재했기에, 그것도 마크 셀던Mark Selden이 주장한 바와 같이 '중화제국 질서가 정점에 이른 18세기에 동아시아가 지속적인 평화와 상대적인 번영을 구가했다는 평가'[83]가 있는 바에야 굳이 정교한 이론을 만들어 제시할 필요가 없다고 생각할 수도 있다.[84] 내 즉자적 반응인지는

---

83 마크 셀던, 〈동아시아 지역주의의 세 시기〉, 《창작과비평》 2009년 여름호, 337쪽.

84 중화제국 시절 동아시아가 평화로웠다는 사실은 충분히 인정한다. 조공질서가 중국 쪽의 일방적인 구심적 질서가 아니라 그에 편입된 이夷의 자기 필요에 따라 이루어지는 측면도 있다. 그러나 조공과 책봉의 관계가 '자각적인' 평등의식에서 비롯된 것이기보다는 정치적인 것과 문화적인 것이 혼재된 동아시아 외교의 한 형태였기 때문에 서로를 이용하려는 다소 기만적인 성격을 띠는 '편의로운 오해'(민두기, 〈동아시아의 실체와 그 전망〉, 《시간과의 경쟁》[연세대출판부, 2001], 42~45쪽 참조)에 근거해 움직였고, 이런 점에서 조공체제를 '상황의 정당화 체계'(이성규, 〈중화사상과 민족주의〉, 《동아시아, 문제와 시각》, [문학과지성사, 1995])로 보는 논자들도 있다는 점을 새겨둘 필요가 있다. 오늘날 중국이 다시 부상하고 있고 동아시아 질서가 재편되는 상황에서 그 역사 해석은 민감한 사안이 아닐 수 없다. 따라서 한국의 인문학은 이에 대해 좀 더 면밀하게 검토하고 논의할 필요가 있다고 생각한다.

모르겠지만, 천하주의와 조공체제를 둘러싼 논의가 세기의 교차기에, 그것도 중국이 경제적으로 부상하는 시기에 나왔다는 것은 중국의 지식인들이 동아시아를 '지역'으로 보는 것이 아니라 여전히 중국의 '내부' 또는 '주변'으로 인식하고 있다는 증거라고 생각한다.

그런데 여기서 중요한 것은 동아시아를 주변으로 인식할 경우에는 그것이 어떤 식으로든 내부의 약자에 대한 인식과 연동될 수밖에 없다는 점이다. 이것이 바로 내가 첫머리에서 말한 민, 자본주의, 제국에 대한 인식이 서로 연결되어 있다고 말한 이유다. '동아시아 속의 중국'이 아닌 '중국 속의 동아시아'로 사유하는 습속은 결국 이처럼 내부적으로든 외부적으로든 중국 지식인에게 대등한 타자인식을 가로막고 있다고 할 수 있다. 이렇게 본다면 '문명중국'의 회복으로 과연 타자에 대한 성찰을 기대할 수 있을까.

5. 중국의 민족주의와 민주주의 — 21세기적 왕도의 모색

계급중국 모델의 종언과 문명중국 모델로의 회귀가 중국 안팎으로 던지는 의미가 무엇일까라는 질문으로 이 장을 시작했다. 문명중국에서 중요한 것은 결국 민, 자본, 제국에 대한 인식이 어떠한가였다. 이는 천하주의, 조공체제의 재구성이 운위되는 지금의 상황을 우리는 어떻게 봐야 할까 하는 질문이기도 했다.

우선 문명중국으로 사士, 즉 지식인이 주류가 되었다는 것은 중국에서는 곧 민의 주변화를 뜻한다. 사실상 개혁개방 이후 구체적으로는 문화적·경제적·정치적으로 민의 3중의 주변화가 이루어졌다.[85] 문명중국의 회복은 이런 의미에서 사士와 서庶라는 계서적階序的 사회 시스템의 현대적 재현을 의미할 수도 있다. 유교를 바탕으로 하는 문명중국은 이처럼 계급적 이해와 결부되어 있다. 문명중국은 그렇기 때문에 앞으로 중국 내부의 민주주의 문제를 어떤 식으로든 제기하게 만들 것이다. 그리고 문명중국 안에 자본과 제국에 대한 대안적 의식이 있느냐 없느냐가 중요하다. 이 대안적 의식의 존재 여부는 어쨌든 새롭게 형성되고 있는 동아시아 질서에 영향을 끼칠 것이기 때문이다.

사실 계급중국이 끝나고 개혁개방이 시작되면 어떤 식으로든 신사와 같은 미묘한 계급이 생겨나리라는 것을 예상하지 못했던 바는 아니다. 물론 그것은 실체로서의 계급이라기보다는 생활양식이나 생활수준 따위에서 생겨나는 계급화를 뜻한다. 아무리 사회주의를 거쳤어도 수천 년의 계층적 전통이 있는 나라에서 그것이 다시 되살아나지 않는다고 단정하기는 힘들 것이기 때문이다.[86]

그러나 문명중국을 유교 그 자체의 회귀로 직결시키는 것은 좀 곤란할 수도 있다. 여기서 문명중국이라는 것은 사유방식이나 역사적 전통으로 이해하는 것이 타당할지도 모르기 때문이다. 그런 점에서 천하주의에서의 천하도 가치로서의 천하, 그러니까 도덕의 원천 같은 그런 의미로 읽어야 한다.

그러나 만일 경제성장을 토대로 한 문명중국을 유교의 회복으로 해석할 수 있다면 전통적으로는 신사계급이 주류로 등장하게 된 것을 의

---

85 田島英一, 273~275쪽 참조.

86 민두기, 〈중국의 전통과 현대적 전개〉, 《중국근대사론 I》(지식산업사, 1988), 156쪽 참조.

미하고, 이들에 의해 다시 구상되는 동과 서에 대한 인식의 전환은 '동아시아 속의 중국'이 아닌 '중국 속의 동아시아'라는 인식을 강화하는 방향으로 흐를 가능성이 크다. 앞 장章에서 이런 현상을 '신중체서용론'의 출현으로 설명한 바 있다.[87] 이는 그나마 동과 서로 와 있던 중국 지식인들의 문제의식이 다시 중과 서로 바뀌었다는 것을 의미하며, 100년 전의 수세적인 중체서용론이 경제성장을 배경으로 공세적인 중체서용론으로 전환했음을 말해준다. 따라서 문명중국 안에 만일 서구에 대한 대안 개념이 없다면 그것은 중국의 제국주의화를 은밀한 방식으로 부추기게 될 소지가 있다고도 할 수 있다.

지금 시점에서 나온 천하주의나 조공체제 담론을 동아시아론의 대체물이라고 한다면 그것은 바로 중국인의 자각되지 않은 동아시아론이며, 그 안에서는 동아시아 지역이 '지역'이 아닌 '주변'으로 인식될 수밖에 없을지도 모른다. 만약 그렇다면 이 동아시아론은 19세기에서 20세기를 건너뛰고 21세기로 직행한, 그래서 중요한 무언가를 누락한 그런 동아시아론이다. 동아시아 20세기의 인간해방을 위한 고투의 역사를 상실한 '19세기적 21세기의 동아시아론'이라고나 할까?

지금은 20세기를 넘어 21세기이며, 동아시아 역내 국가들의 민중은 20세기의 근대가 성취한 평등의식을기본 상식으로 보유하고 있다. 이와 관련하여 21세기의 동아시아 젊은이들에게는 쑨원이 '대아시아주의'에서 말한 '제국적 왕도'가 더 이상 통하지 않을 수도 있다는 점을 중국 지식인들은 기억해야 할 것이다.[88]

87 조경란, 〈5·4 신지식인 집단의 출현과 보수주의—신문화운동에 대한 보수주의의 초기적 대응〉, 한국중국근현대사학회, 《중국근현대사연구》 44집(2009년 12월).

쑨원의 왕도는 어떤 면에서는 그들만의 도덕이다. 그런데 중국 지식인들은 이것이 동아시아와 아시아에 통용되는 도덕이라고 생각하고 있다. 중국 지식인들이 주위를 살펴 동아시아 역내 지식인과 청년들의 목소리를 조금만 경청한다면 자신들과는 다른 다양한 목소리가 존재한다는 사실을 알 수 있는데도 말이다. 이처럼 소통적 도덕이 안 되는 까닭은 중국 지식인들이 자신을 포함한 중국 자체를 상대화해서 보는 습관이 결여된 것과 밀접한 관련이 있을 수 있다. 동아시아와 아시아에 통하지 않는 도덕이라면 진정한 의미의 중국인의 도덕도 될 수 없지 않을까.

지금의 중국 젊은이들이 쑨원의 대아시아주의를 보면 어떤 생각을 할지 궁금해진다. 일본의 한 연구자에 따르면 "중국의 젊은이들은 자국의 경제성장과 더불어 일종의 들뜬 조躁의 상태를 경험하고 있다. 그러나 이러한 사태의 배후에는 중국의 독특한 '정치적 무력감'이 자리한다. 즉 경제성장의 조躁는 정치적 무력감의 울鬱과 표리일체를 이루고 있다."[89]

따라서 젊은이들이 일반적으로 취하고 있는 배금주의와 실리주의 태도는 이 둘의 타협선에서 취하게 되는 하나의 탈출구일 수도 있다는 해석이 가능하다. 젊은이들의 '정치적 우울'을 생각하면 중국은 빠른 시일 안에 민주주의에 대한 제도적 차원의 준비가 절실한 상태다. 그것이 불가능할 경우 지금까지 이룬 경제적 성취도 다음 단계로 도약하기 힘

---

88 쑨원의 왕도에 대해서는 4부 2장에 나오는 배경한의 논문과 조경란, 〈21세기 쑨원과 삼민주의는 어떤 의미인가 : '제국성'과 국민국가의 이중성〉, 《성균차이나브리프》 제4권 제2호(2016) 참조.

89 다카하라 모토아키, 《한중일 인터넷 세대가 서로 미워하는 진짜 이유》(삼인, 2007), 246~247쪽.

들어질 가능성이 크다. 정치와 경제는 서로를 지렛대로 삼아 발전하기 때문에, 정치와 경제의 부조화가 일정 기간은 통할지 몰라도 오랫동안 지속될 수는 없다. '괴물 자본주의'는 언제 폭발할지 예측을 불허하는 존재인 탓이다.

중국의 이런 현실에 비추어볼 때 현재 중국 지식인들이 가장 크게 고민해야 할 점은 민의 주변화가 심해지면서 나타나는 대중 민족주의의 강화 현상일 것이다. 이는 국가와 사회가 분리되는 현상에 맞춰 정치 시스템이 제대로 형태를 갖춘 단계까지는 아직 이르지 못했다는 사실과도 밀접하게 관련되어 보인다. 분출하는 민의가 국가정치에 반영되어 해소될 수 있는 어떤 시스템이 필요하다는 뜻이다.[90]

따라서 현재 중국에 필요한 것은 민족주의의 과잉과 민주주의의 부족이 아니라 민족주의와 민주주의의 내면적 결합일 수 있다. 마루야마 마사오丸山眞男에 따르면 이 둘의 내면적 결합은 역설적으로 내셔널리즘의 합리와에 비례하는 민주주의의 비합리화가 이루어질 때 가능하다.[91] 여기서 민주주의의 비합리화란 내 주관적 해석으로는 그 나라의 상황에 맞게 변형되는 것을 의미하는 것으로 보인다.

그러므로 지금 상황에서 중국 지식인들은 계파를 초월해 민주주의의 비합리화, 즉 중국 상황에 맞는 민주주의가 어떤 것일지를 구체적으로 검토해야 한다. 물론 이 작업은 중국의 싱크탱크에 의해 여러 차원에서 진행 중인 것으로 알고 있다. 이 작업을 진행하는 데서 분명하게 기

90 加加美光行,《中國の民族問題》(岩波書店, 2008), 327~328쪽 참조.

91 마루야마 마사오, 〈일본의 내셔널리즘〉, 백낙청 엮음,《민족주의란 무엇인가》(창작과비평사, 1981), 291쪽.

억해야 할 점은 민족주의가 중국의 민중을, 그리고 동아시아를 매개로 한 것이라면 민주주의와 자연스럽게 만나게 된다는 사실을 상기하는 것이다.

일본이 중화체제를 해체하고 난 뒤 진정한 아시아연대론에 입각해 동아시아의 새로운 질서 건설자로서의 황금 같은 기회를 내팽개친 것[92]을 중국은 반면교사로 삼아야 한다. 중국으로서는 100년 만에 찾아온, 아시아를 쇄신할 좋은 기회이다. 다케우치 요시미는 일본의 메이지유신 10년이 모든 것을 결정해버렸다[93]고 했다. 중국의 경우 지나간 개혁개방 30년은 그렇다 치고 앞으로 10~20년이 관건이다. 이 기간에 세계에, 동아시아에, 중국에 통용되는 21세기의 진정한 왕도를 제시하지 못한다면 미래를 기약하기 힘들어진다. 여기서 중국 지식인들이 중국은 구미제국과 일본제국에 견주어 월등히 도덕적 우위를 지켜왔다고 한 주장을 나는 앞으로 그렇게 할 것이라는 규범의 의미로 받아들인다.

중국 민족주의는 확실히 조공체제에 대한 화려한 역사 기억을 보유하고 있다. 그렇지만 중국은 더 가까이는 5·4와 민족해방투쟁 경험의 기억도 지니고 있다. 조공체제에 대한 기억이 사라지지 않는 것처럼, 20세기 중국의 전통과 근대에 대한 '이중 저항'의 역사적 흔적 또한 쉽게 사라지지 않을 것이다. 따라서 중국의 다수 민중, 중국의 다수 농민은 여전히 중국정부와 지식인의 사유 결정에 가장 큰 변수가 될 수밖에 없다.

중국사회주의가 일반 민중에게 받아들여진 이유도 유교적 사유방식과 많은 면에서 비슷했다는 점 외에, 중국이 오랜 전통의 차별적 사

---

92 최원식, 〈비서구식민지 경험과 아시아주의의 망령〉, 《제국 이후의 동아시아》(창비, 2009), 119쪽.
93 다케우치 요시미, 58쪽.

회였다는 데서 찾을 수 있다. 중국 민중이 사회주의를 받아들인 것은 이런 고질적인 차별에 대한 역사적 저항이라고 할 수 있기 때문이다. 물론 중국사회주의혁명이 성공할 수 있었던 원인에 대해서는 따로 면밀하게 검토해야 한다. 현재 중국에서 사회주의를 재평가하는 작업이 서서히 닻을 올리고 있긴 하지만,[94] 다수 중국인들은 아직도 사회주의 역사를 평정한 마음으로 받아들일 준비가 되어 있지 못하다.[95]

자본주의 사회에서 경제가 다른 모든 부문을 좌지우지하는 것이 어제오늘의 일도 아니고 국지적인 현상도 아니지만, 중국의 자본주의가 '괴물 자본주의'로 불리는 것을 보면 그 정도가 심각한 수준인 것 같다. 따라서 새로운 의미의 '정치'가 필요한 시대가 되었는지도 모른다. 그런데 중국의 경우에는 앞에서 말한 바와 같이 문화대혁명이라는 트라우마가 중국인들의 현재적 정서를 구성하는 가장 강력한 요소 중의 하나이기 때문에 '정치'의 회복은 더욱 어려울 것으로 전망된다.

문제점이 없는 것은 아니지만 중국의 인문학은 개혁개방 이후 세계, 아시아, 동아시아를 꾸준히 사유해왔다. 한국의 인문학은 이런 사유를 했는지 궁금하다. 물론 한국의 동아시아론은 이런 고민에서 시작되었고 어느 정도 공감대를 만들어낸 것도 사실이지만, 중국의 부상과 함께 꼬리를 내리고 있는 형국이다. 그러나 다양한 방식으로 중국을 향

---

94 조지프 퓨스미스Joseph Fewsmith에 의해 신국가주의자로 평가받는 왕샤오광王紹光은 인민공화국 30년은 개혁개방 이후 30년의 발전에 견실한 기초가 되었다고 평가한다. 王紹光, 〈全球視野下的中國道路 : 1949~2009〉, 《中國社會科學》 2009年 第5期, 4쪽.

95 중국사회주의의 역사 평가는 시간이 흐른다고 저절로 해결될 문제가 아니라 적극적이고 엄중한 평가작업이 동반될 때 가능한 사안이다. 그러나 이는 공산당 내부의 변화가 없는 한 기대하기 힘들다.

해 따가운 질의를 해야 한다. '지향을 가진 지역'으로서의 동아시아, 유산이 아닌 '계획으로서의 동아시아'를 만들어가려면 중국 지식인은 물론이고 일본의 지식인과도 어떻게 대화하고 소통하고 실천할 것인지를 심각하게 고민해야 한다.

6장

중국 근대 민족주의의 구조와 성격

1. 근대 중국 민족주의의 아포리아

마루야마 마사오丸山眞男가 일본 내셔널리즘의 구명은 결국 일본의 근대국가로서의 발전 그 자체의 특이성에 귀착된다[1]고 말한 것처럼 중국의 경우에도 중국 민족주의의 구조와 연원을 추적하여 구명하는 일은 곧 중국 근대화의 성격을 밝히는 일이기도 할 것이다. 이 문제의식을 다케우치 요시미竹內好와 미조구치 유조溝口雄三의 '중국의 독자적 근대'와 연결해보면 근대 중국의 민족주의[2]에서 유럽이나 일본과는 다른 어떤 독자적인 무언가를 찾을 수 있다는 의미로 읽힌다. 그 독자적인 무엇이 과연 있는 걸까? 있다면 무엇일까? 이 글은 이 두 사람의 질문을 머금고 시작한다.

위의 두 일본 사상가가 이런 발언을 했을 때의 1950년대라는 동아시아 시공간은 지금과 같이 민족주의가 보편적으로 비판받는 그런 분위기는 아니었다. 적어도 1950년대까지는 동아시아에서 민족주의가 혁신의 시각에서 논의되었다는 것은 지금과 같은 탈민족주의적인 분위기에서는 상상할 수 없을 정도였다. 그런데 이 말이 근대 중국의 민족주의

---

1 마루야마 마사오, 〈일본의 내셔널리즘〉, 백낙청 엮음, 《민족주의란 무엇인가》(창작과비평사, 1981), 274쪽.

2 이 장章에서는 근대 중국의 민족주의를 잠정적으로 19세기 말부터 사회주의 시기까지로 한정한다. 사실 이 시기의 민족주의는 엄격히 말하면 현대 민족주의라고 해야 한다. 그러나 개혁개방 이후 시기의 민족주의를 일반적으로 현대 또는 당대當代 민족주의라고 부르기 때문에 양자를 구분하기 위해서 할 수 없이 개혁개방 이전의 민족주의를 근대 중국의 민족주의라 부를 것이다.

를 무조건 긍정적으로 봐야 한다는 것을 의미하지는 않는다. 다만 근대 중국의 민족주의를 '공정하게' 다루기 위해서는 민족주의에 대한 지금의 정서와 감각으로써 평가하는 한편으로 또한 당시의 담론 체계 속에서 평가하는 지평의 미덕이 필요하다는 말이다.

이런 조건을 염두에 두고 중국 근대 민족주의로 들어가면 민족주의의 성격을 규정하는 두 가지 기본 요소에 주목하게 된다.

하나는 제국주의 열강의 철저한 침입을 받으면서 근대 중국의 민족주의가 형성되었다는 점이다. 중국 민족주의는 따라서 제국주의와 결탁한 봉건세력에 대응하여 구 사회를 근본적으로 개조해야 하는 임무를 띠었으며, 그럼으로써 사회개혁 운동과 자연스럽게 결합할 수 있었다. 이처럼 중국의 민족주의는 새로운 근대 국민국가의 형성이라는 과제와 결부해 이해할 수 있으며, 그것은 구망救亡이라는 소극적인 방법을 넘어 근대 국민국가 건설이라는 적극적인 방법을 통한 위기 해결의 요구와 연결된다.

다른 하나는, 하나의 자족적인 '세계'로 존재했던 '중국', 즉 중화제국 체제가 무너진 사실과 관련된다. 여기서 중요한 것은 중화제국 체제가 무너졌어도 청조를 이은 영토의 판도와 민족 구성에서 예전과 전혀 달라진 것 없이 제국적인 형태를 유지하고 있었다는 점이다. 그러니까 근대 국민국가 형성을 목표로 하는 민족주의운동은 이런 현실 앞에서 원했든 원하지 않았든 '제국적 국민국가'를 건설해야 하는 임무를 떠맡을 수밖에 없었다고 하겠다. 이 문제와 관련해 정체政體에서는 왕조가 무너지고 공화제가 형성되었다 하더라도 영토와 다민족 구성이라는 중국사회의 존재론적 기반이 바뀌지 않는 한 그 의식의 반영인 중화주의는 지속될 수밖에 없었다는 점을 지적할 수 있다.

근대 중국 민족주의의 구망과 국민국가 건설(계몽)이라는 두 요소는 때로는 합쳐지기도 하고 때로는 상극하기도 하고 또 서로 상승작용을 하면서 복잡한 상황을 연출한다. 그러니까 중국의 근대 국면에서 양자는 어느 한쪽이 우세하여 다른 한쪽을 지배한 것이 아니라 상호 협력하면서도 길항하는 관계였다고 해야 할 것이다. 리쩌허우가 말한 식으로 구망이 계몽을 압도했다기보다는 양자가 엎치락뒤치락하면서 상호 영향을 주는 형국이었다고 하는 편이 옳을 것이다.[3]

20세기 중국의 국민국가 형성은 중화세계와 근대세계 시스템의 상호 침투성과 그 응집의 특징을 보여준다. 영역적으로는 청조의 판도를 계승하고 오족공화를 표방한 한민족을 중심으로 다수의 종족ethnic 집단을 그 안에 함축한 국민을 형성했다. 즉 다민족, 다언어, 다종교의 중화세계적 국민국가로의 변용과 다름없었다. 니시무라 시게오西村成雄는 이것을 담당한 것이 근대 중국 민족주의이며, 중국 민족주의는 구국 이데올로기와 구망 이데올로기로 구성된다고 설명한다. 또한 그는 구국 이데올로기는 근대 국민국가를 형성하려는 이념과 운동의 응집성을 반영하고, 구망 이데올로기는 중화민족의 자율성과 중화세계의 회복을 기도하는 중화세계 수준의 응집도를 반영한다고 설명한다.[4]

근대 중국의 민족주의를 이렇게 본다면, 약간의 오해의 소지는 있겠지만 경향적으로는 전자를 급진주의(이후에는 사회주의)와 결합한 민

---

3 리쩌허우가 말한 구망救亡의 계몽 압도설은 1980년대 이후 중국사회에서 계몽이 필요하다고 역설하기 위한 의도된 해석이었다는 점을 지적할 필요가 있겠다.

4 西村成雄, 〈中國の國民國家〉, 《歷史學事典》 4(弘文堂, 1996), 198쪽.

족주의, 후자를 보수주의와 결합한 민족주의로 이해할 수 있으며, 또 달리 표현하자면 전자를 정치민족주의, 후자를 문화민족주의와 유사하다고도 할 수 있다.[5] 여기에서 사회주의와 결합한 민족주의 또는 정치민족주의는 보수주의와 결합한 민족주의 또는 문화민족주의와 달리 전근대 시기를 거쳐 적어도 민중성과 반근대성이라는 가치 획득을 의도했었다고 할 수 있을 것이다.

이런 분류와 성격 규정이 어느 정도 타당하다고 한다면 당대當代, contemporary 중국 민족주의의 주류는 위에서 말한 민족주의의 두 요소 중 전자, 즉 민중성과 반근대성을 탈각시킨 보수주의와 결합한 민족주의 또는 문화민족주의가 차지하고 있다고 할 것이다. 현재 중국 민족주의는 유가사상(중화주의)과 자본주의가 결합한 것이라고 할 수 있다. 과거 제국의 기억에 자본주의적 근대성까지 가세하고 있는 것이다.[6]

사실 마오쩌둥의 신중국 건설이 근대 민족주의의 두 측면 중 전자, 즉 사회주의와 결합한 민족주의가 승리한 결과라고 한다면 현재 중국의 상황은 그때의 상황이 완전히 뒤집힌 형국이라고 할 수 있다. 미국의 유명한 정치학자 파이Lucian W. Pye는 이제 많은 중국인들이 영혼의 깊은 곳으로부터 민족귀속감과 현대화의 함의 문제를 탐색하기 시작했음을 간취할 수 있다[7]고 말한 바 있는데, 이 말은 중국에서 민족주의가 더 이상 이데올로기가 아닌 근대화라는 실제 문제와 결합되고 있음을 가리

---

5 물론 이 둘을 기계적으로 분류할 수는 없으며 경향적으로 그렇다는 의미이다.

6 이에 대해서는 Keongran Cho, "Contemporary Chinese Nationalism and Thinking of East Asia", *Journal of Northeast Asian History*, Vol. 6, No. 2 참조.

7 白魯恂(Lucian W. Pye), 〈中國民族主義與現代化〉, 《二十一世紀》 1992年 2月號, 25쪽.

키는 것이다.

이 장은 위와 같은 문제의식을 토대로 근대 중국 민족주의를 논의하려는 것인데, 그 전에 확인해둘 점이 있다. 그것은 민족주의가 태생적으로 안고 있는 아포리아의 문제다. 기본적으로 민족주의는 정체성 정치학의 아포리아를 일반적으로 가지고 있을 수밖에 없기 때문이다. 예를 들면 강자이면서도 약자이기도 한 집단이 자신들은 약자라는 자기인식에 기초하여 집단행동을 취했을 때 그것은 종종 과잉방어—타자의 눈으로 본다면 과잉공격—가 되어버린다. 이것은 민족문제에 한정되지 않고 좀 더 일반적으로 '강자'와 '약자', '가해자'와 '희생자'의 선긋기의 어려움이라는 문제와 중첩되어 있다.[8]

예컨대 글로벌하게는 동서양의 패권 구도 속에서 근대 중국의 민족주의를 어떻게 볼 것인지, 동아시아 역내에서의 침략·독립·혁명의 문제와 관련시켜 민족주의를 어떻게 평가할 것인지, 또 중국 내부에서 소수민족이나 기층 민중에게 중국 민족주의가 어떤 의미인지 등 민족주의가 놓인 구체적이고 유동적인 맥락을 고려하면서 디테일하게 논의해야 한다는 의미다.

이 장은 민족주의 일반의 이러한 민감한 문제들, 그리고 현대 중국 민족주의와 관련한 다양한 현상을 의식하면서 근대 중국 민족주의의 구조와 성격을 앞에서 말한바 두 가지 요소를 중심으로 분석하려 한다. 이 속에서 과연 앞서 언급한 '중국의 독자적인 근대'라고 말할 수 있는 어떤 사유의 단서들을 찾을 수 있을지, 그리고 그것이 현재 유학·자본

8 鹽川伸明,《民族とネイション》(岩波書店, 2009), 186쪽.

주의와 결합해 끝 모를 질주에 여념이 없는 보수화한 민족주의에 성찰의 계기를 마련해줄 수 있을지 비판적으로 탐색해보고자 한다.

2. 중국 민족주의의 구국적 성격 —사회주의와 결합한 정치민족주의

중국의 근대는 일본을 포함한 서구 제국주의의 침략으로 시작되었다. 민족, 민족주의 담론이 19세기 후반 중국에 들어와 20세기 초까지의 학계를 장악하게 된 주요 원인은 서구세력의 침략이 심화하고 이에 대응한 분투가 존재했기 때문이다.[9] 중국 근대의 출발은 일본의 경우와 비교하면서 접근할 때 그 차이가 선명해진다.

마루야마 마사오에 따르면 중국과 일본의 역사적 운명의 갈림길, 곧 두 나라 민족주의의 발전형식의 큰 차이는 바로 역사적 시련에 대한 두 나라 구 지배계급의 대응태도와 방식의 차이에서 비롯된다. 중국에서든 일본에서든 역시 지배계급 중 비교적 진보적 인물들 속에서 '가려쓰기'를 위한 필사적인 몸부림이 '부국강병'의 구호를 치켜들고 일어났다. 그리고 널리 알려진 바와 같이 일본은 메이지유신이라는 위로부터

---

9 그러나 중국 민족주의를 얘기할 때 우리는 중국 내부의 소수민족 문제를 함께 사유해야만 이 문제를 통일적으로 인식했다고 할 수 있을 것이다. 이는 앞에서 말한 강자와 약자의 선긋기의 아포리아이기도 하다. 배경한에 의하면 신해혁명으로 만주족의 지배에서 벗어난 한족은 티베트와 몽골의 독립 요구는 묵살했는데, 이 점에서 오히려 저항적 민족주의와는 상반되는 팽창적 민족주의 모습을 보여주었다고 해야 한다고 주장한다(배경한, 〈19세기 말 20세기 초 중화체제의 위기와 중국 민족주의〉, 《역사비평》 2000년 여름호, 247쪽 참조).

의 혁명에 성공해 동양에서 처음으로 중앙집권적 민주국가를 수립했으며, 세계를 놀라게 할 만큼 빠른 속도로 열강과 어깨를 겨루는 제국주의 국가로까지 성장했다. 반면 중국은 양무운동에서 변법운동에 이르는 일련의 위로부터의 근대화 노력에도 불구하고 끝내 청조 정부의 강대한 보수세력 앞에 굴복하고 말았다.

이러한 차이가 나타난 데는 여러 가지 원인이 있겠지만, 중요한 것은 그 원인보다도 이러한 차이가 출발점의 차이를 만들었고 결국은 이 두 나라의 민족주의에 거의 대각적인 운명을 부여함으로써 근대의 전 시기를 통해 작용했다는 사실이다.[10] 중국은 지배계급이 내부적 체제 개혁으로 근대화를 이룩하는 데 실패한 까닭에 제국주의의 철저한 침략을 받았는데, 그것이 거꾸로 제국주의에 반대하는 민족주의 운동으로 구사회=구정치 체제를 뿌리부터 뜯어고치는 임무를 안겨주었다.[11]

낡은 지배계층은 살아남기 위해 외국의 제국주의와 결탁했다. 이는 다른 한쪽에서 민족주의와 사회혁명의 결합을 자극하고 촉진했다. 이리하여 근대 중국의 민족주의는 사회혁명과 내면적으로 결합하게 됐는데, 이 자체가 중국의 근대로 하여금 반근대성을 추구하도록 작용했다고도 할 수 있다. 물론 여기서의 반근대성이 근대에 대한 자각적인 성찰의 결과인가와 관련해서는 별도의 논의가 필요하지만 말이다. 이러한 현상은 중국에서 가장 전형적으로 나타났지만, 일본을 제외한 동아시아에서 식민지를 경험한 나라들이 공통적으로 보여주는 역사적 특질이

---

10 마루야마 마사오, 〈일본의 내셔널리즘〉, 백낙청 엮음, 《민족주의란 무엇인가》(창작과비평사, 1981), 280쪽 참조.

11 마루야마 마사오, 《현대정치의 사상과 행동》(한길사, 2007), 204쪽 참조.

라고 하겠다.

이런 상황에서 근대 국민국가의 건설이 구체적인 대안으로 다가왔음을 인지한 당시의 중국 사대부들, 예컨대 량치차오 같은 사상가들은 지식인들에게 중화제국 체제를 떠받치고 있던 이데올로기인 중화주의나 천하주의는 민족주의에 의해 극복되어야 할 대상이라고 역설했다. 또 제1차적 집단의 1차적 연장으로서 향당의식이나 향토애에 매몰되어 있어 민족이나 국가의식으로 확대되지 못하는 정신구조를 부단히 비판했다. 천하 관념과 향당의식만 있을 뿐 국가 관념을 갖지 못한 국민 아닌 천민天民 또는 '부민部民'은 근대 국민국가의 성립을 목표로 하는 그들에게 극복 대상일 뿐이었다. 천하에서 국가로, 백성에서 국민으로의 전환은 이런 상황에서 나온 요구였다. 그리고 이와 관련하여 여기서 밝혀 둘 것은 중국 역사에서는 이들 변법파에게서 비로소 민주제적 제도개혁론이 나왔다는 점이다. 그러니까 근대 국민국가에 대한 구상이 이들에게서 처음 나왔다고 볼 수 있다.[12]

이렇게 본다면 현재 중국에서 나온 "천하주의로 민족주의를 극복하자"는 슬로건[13]은 100년 전인 19세기 말 20세기 초의 슬로건이 완전히 뒤집힌 것이라 할 수 있다. 이런 역전 현상은 개혁개방 이후 경제성장에 대한 자신감을 반영하는 것이겠지만, 그렇더라도 격세지감이 느

---

12 민두기, 〈근대중국의 개혁과 혁명〉, 《중국근대사론 I》(지식산업사, 1988), 51쪽 참조. 1990년대 이후 중국에서 급진/보수 논쟁을 시작한 위잉스도 이 점에 주목해서인지 급진의 시작을 변법파로 보고 있다. 余英時, 〈中國近代史思想史上的激進與保守〉, 《知識分子立場—激進與保守之間的動蕩》(時代文藝出版社, 2000).

13 이런 주장을 하는 논자로는 李慎之, 〈全球化與中國文化〉, 《太平洋學報》 1994年 第2期 ; 盛洪, 〈從天下主義到民族主義〉, 《民族主義與轉型期中國的運命》(時代文藝出版社, 2000) 등이 있다.

껴지지 않을 수 없다.

사실 량수밍의 지적에서도 알 수 있듯이 천하주의는 중국의 전통적 이상이었다. 그에 따르면 개인, 가정, 국가, 천하 등 네 개의 층차로 나눌 때 서양은 개인과 국가를 중시하며 중국은 가정과 천하를 중시한다.[14] 여기서 국가를 중시하는 것은 민족주의이며 천하를 중시하는 것은 천하주의다. 량수밍은 고염무顧炎武의 말을 빌려 "성씨와 국호를 바꾸는 것을 망국이라 하고 인의가 막히고 짐승을 끌어다 사람을 먹게 하고 사람이 서로를 잡아먹는 지경에까지 이르게 되는 것을 망천하亡天下라 하여"[15] 고대부터 지금까지 적지 않은 중국 지식인들이 천하흥망과 국가흥망의 구분을 강조해왔다고 지적한다. 량수밍은 "민족주의는 공公인 것처럼 보이지만 실은 사私이고, 천하주의는 사인 것처럼 보이지만 실은 공이다. 중국의 전통적 이상은 민족주의가 아니라 천하주의"[16]라고 정리한다. 전통적으로 중국 지식인들이 추구했던 천하주의는 국가의 경계가 불분명했던 근대 이전의 문화 보편주의로서 존재했던 것이다. 그런데 근대 국민국가의 건설이 초미의 관심사였던 지식인들에게 이러한 근대의 국면은 딜레마적 상황이 아닐 수 없었다.

이러한 상황을 다른 말로 표현하면, 자기를 부정하지 않고는 자기를 지속할 수가 없었다고 해야 할까? 따라서 결과적으로 보면 중국의 고유성은 부정의 부정, 즉 이중 부정을 통해서만 지켜질 수 있는 것이었다고 할 수 있다. 여기서 이중의 부정은 자기를 부정하면서 자기 이외의

---

14 梁漱溟, 〈中國文化之要義〉, 《梁漱溟學術論著自選集》(北京師範大學出版社, 1992), 331~332쪽 참조.
15 梁漱溟, 330쪽 참조.
16 梁漱溟, 401~405쪽.

것까지 거부하는 자세로, 결국은 적극적으로 자신을 유지하는 것이 된다. 다케우치 요시미는 중국의 이런 근대를 회심형回心型 근대라 표현한다. 이것은 자신을 방기하는 전향형轉向型의 일본 근대와 정확히 대비된다.[17]

그렇다면 근대 중국의 민족주의가 유학을 부정할 수밖에 없었던 것은 자기를 지속할 수 없었던 상황에서 나온 불가피한 판단이었다고 하겠다. 그러나 그 부정은 동시에 다른 긍정을 내포하고 있었다. 그것은 아마도 민중성이라 할 수 있을 텐데, 그 민중성이라는 것은 그 안에 불완전하나마 반근대성을 머금고 있었다고도 할 수 있다.

이 같은 중층의 내용을 함축한 역사적 계기는 바로 1915년에 시작된 신문화운동과 5·4운동이었을 것이다. 여기에는 왕후이의 설명이 유용하다. 중국에는 본래 비민족주의적 전통이 있었기 때문에 문화적으로 이질적인 서양이 침략해 들어왔을 때 중국에서 일어난 민족주의는 문화민족주의였다. 그러나 무술변법, 신해혁명을 거치면서 중국의 지식인은 문화가치 면에서 점차 서양문화를 받아들였다. 이때 서양 물질문명의 선진성을 받아들이면서 동시에 중국의 근현대 혁명도 반전통적인 형식이 만들어졌다. 중국의 민족주의와 전통 이반의 독특한 결합물이 탄생한 것이다.

이 때문에 5·4의 인물이 '반전통'의 과정에서 문화민족주의에 비판적인 태도를 유지한 것은 아주 자연스런 일이었다. '밖으로는 강권에 저항하고外抗强權' '안으로는 나라의 도둑을 징벌하는內懲國賊' 민족주의

---

17 다케우치 요시미, 《일본과 아시아》(소명출판, 2004), 53~54쪽 참조.

는 이제 더 이상 일반적인 문화민족주의가 아니고 정치민족주의였다. 민족독립과 정치주권은 유가문화와 전통 사회제도가 감당할 수 없었으며, 따라서 이 시기 지식인들이 제창한 신민족주의의 중심 내용이 되었다.[18] 적어도 5·4 시기에는 민족독립과 정치주권의 획득을 위해 반전통의 입장을 취하지 않으면 안 되었고, 정치민족주의는 바로 거기에 부응했으며, 이것은 문화민족주의와 대립하고 있었다는 이야기다.

반면 지금과 같이 정치주권이 안정된 시대에 민족주의는 갈수록 문화민족주의의 특징을 회복해간다. 이런 문화민족주의는 5·4 계몽사상가에게는 타도와 부정의 대상이었다.[19] 왕후이는 5·4 시기의 민족주의와 현재의 민족주의를 비교하면서 5·4 시기에는 문화민족주의에 대한 견제가 정치민족주의를 통해 이뤄질 수 있었지만, 현재의 문화민족주의에 대해서는 그럴 수 없다는 우려를 표명한 것이다.[20]

여기서 정치민족주의를 저항민족주의와 연결하여 생각해볼 수 있다. 이와 관련하여 주목되는 것은 일본에서는 내셔널리즘nationalism을 영어 발음을 그대로 살려서 가타카나로 'ナショナリズム'라고 표현하거나 '국민주의'(특히 마루야마 마사오의 경우)로 번역한다는 점이다. 이에 견주어 중국에서는 '민족주의'로 번역한다. 서양사학자 최갑수의 설명에 따르면 내셔널리즘의 기원을 말할 때 그것이 국민주의냐 민족주의냐에 따라 시기 설정과 발원지가 달라지는데, 국민주의가 프랑스혁명에서 비롯되었다면 민족주의는 이 혁명의 충격을 받아 독일에서 탄생

---

18 汪暉, 〈中國現代歷史中的"五四啓蒙運動〉, 《二十世紀中國思想史論》 上券(東方出版中心, 2000), 49쪽.
19 汪暉, 〈中國現代歷史中的"五四啓蒙運動〉, 50쪽.
20 민족주의를 바라보는 왕후이의 이러한 시각은 1990년대의 것이다.

했다는 것이다.[21] 중국의 한 논자도 이와 유사한 관점에서 중국 민족주의의 성격을 규정하는데, 중국은 프랑스·독일·이탈리아의 민족주의 중에서 독일과 이탈리아의 경우와 가깝다고 정리한다.[22] 프랑스에 대응하여 도전한 후발국 독일·이탈리아의 경우 약자라는 점에서 민족주의가 탄생한 배경이 중국과 유사하다고 보는 것이다. 그래서 중국의 민족주의를 자극應激·자위自衛적 대응형이라고 표현하는 논자도 있다.[23]

이러한 중국의 저항민족주의를 담보한 역사적 계기로서의 사건은 앞에서 말한바, 권위의 절대성에 도전한 5·4운동의 경험을 빼놓을 수 없다. 1919년 5·4를 계기로 이를테면 본격적인 노동운동의 시작, 평민학교 운동의 확대, 잡지 문화의 급성장, 남녀평등사상의 충만 등은 모두 이 운동이 가져온 사회적·문화적 변화의 주요한 내용이다. 즉 이 운동을 통해 대중의 힘을 확인하고, 사상의 힘이 강력하다는 것을 확인하는 계기를 마련했다고 할 수 있다.[24] 이를 바탕으로 중국이 서양과는 다른 길을 갈 수 있는 가능성을 타진한 것은, 이 운동의 결과 중국공산당이 창당될 수 있었고 장기간의 우여곡절 끝에 결국 사회주의 국가를 건설하게 되었기 때문이다.

여기서 중국사회주의의 역사와 그 의의를 자세하게 다룰 여유는 없지만, 근대성 문제와 현재의 민족주의를 관련시켜 몇 가지만 언급하고 넘어가야겠다. 잘 알려진 것처럼 월러스틴도 이미 지적한바, 사회주의

---

21 최갑수, 〈내셔널리즘의 기원과 특성〉, 《西洋史硏究》 제31집(2003), 3쪽.

22 〈關于“中國近代史上的民族主義”的對話〉(對談), 《中國近代史上的民族主義》(社會科學文獻出版社, 2007), 5쪽, 鄭大華의 발언.

23 蕭功秦, 〈中國民族主義的歷史回顧與前景展望〉, 《與政治浪漫主義告別》(湖北教育出版社, 2001), 240쪽.

24 민두기, 〈근대중국의 개혁과 혁명〉, 《중국근대사론 I》(지식산업사, 1988), 60쪽 참조.

도 세계체제 밖에 존재한 것이 아니며 오히려 결과적으로는 세계체제를 공고히 하는 데 기여하게 되었다. 민족주의 이론가인 톰 네언도 사회주의가 자본주의 이후의 사회 이념이기보다는 선진국을 따라잡으려는 발전 또는 산업화의 이념이 되었다고 평가한다. 따라서 그는 세계경제 속에서 사회주의는 민족주의의 하급동맹자 위치가 되었다고 평가한다. 그러나 그 속에서 사회주의의 전 세계적 확산은 자본주의가 끝내는 세계를 완전히 자기 모습대로 통일할 수 없었음을 뜻하는 것이었다고 말한다.[25]

어쨌든 부국강병의 한 방법이 될 수밖에 없었던 사회주의, 그리고 그 사회주의와 결합한 민족주의는 그렇다면 지금처럼 중국에서 자본주의·유학과 결합한 보수적 민족주의와 질적으로 구분할 수 없는 것일까?

그러나 근대 중국의 민족주의는 사회주의혁명과의 내면적 결합에서 얻은 동력으로 다음에 살펴볼 중화세계의 회복을 의도하는 또 하나의 민족주의 흐름에 방향타 구실을 해왔다고 할 수 있다. 그리고 이 동력은 어떻게 보면 지금 신좌파의 민족주의 인식으로 이어진다고도 할 수 있다. 현재 중국의 민족주의는 새로운 세기를 맞아 동아시아의 패권질서가 바뀌는 상황에서 사회주의를 대신해 중국의 입장을 대변하는 실제적 이데올로기로 여겨지고 있기도 하다.[26] 신좌파는 적어도 1990년대까지는 근대 중국 민족주의의 각인을 매우 강조하는 편이었다.[27] 이

---

25 톰 네언, 〈민족주의의 양면성〉, 백낙청 엮음, 《민족주의란 무엇인가》(창작과비평사, 1981), 254쪽 참조.

26 이런 주장을 펴는 대표적인 학자로 미국에서 활동하고 있는 신좌파 문화비평가 장쉬둥(〈民族主義與當代中國〉, 《民族主義與轉型期中國的運命》[時代文藝出版社, 2000])이 있다.

27 물론 냉전체제 해체 이후 민족주의가 바야흐로 국가의 내연과 외연을 확정하는 이데올로기

들은 이러한 근대 중국 민족주의의 각인이 개혁개방 이후 중국의 새로운 국민국가 건설에 중요하게 작용했으면 하는 바람을 현재의 중국에 투영하고 있었다. 그러나 이들의 생각도 많이 변화해왔다. 중화제국의 재건에 가장 적극적인 이데올로기를 제공하고 있는 사상유파가 바로 그들이다.

3. 중국 민족주의의 구망적 성격 —보수주의와 결합한 문화민족주의

중국의 근대사는 중국이 맞이한 역사적 위기와 관련해 네 단계로 나눌 수 있다. 첫째, 1898년 변법운동으로 중화제국 질서를 갖춘 국민국가로의 전환 시도, 둘째, 1911년 신해혁명으로 중화민국의 성립, 셋째, 1928년 국민정부의 성립과 국공이 합작한 항일운동 전개, 넷째, 1949년 중화인민공화국의 수립과 동시에 세계 자본주의 체제로부터의 퇴출이다.

사실 모든 단계가 구국과 구망 민족주의 이데올로기가 함께 작용했지만 이 가운데 첫째와 셋째의 경우에 주목해볼 필요가 있다. 즉 첫째

가 되었기 때문에 민족주의 담론을 이용한 신좌파의 자기주장도 이해는 할 만하지만, 민족주의 담론 안에서 중국의 전망을 내놓는 것은 어딘가 궁색해 보인다. 그러나 중국사회주의는 지금 학자들을 포함한 중국인들을 통제하는 수단으로만 활용되고 있으며 더 이상 중국정치의 미래에 대한 가이드라인이 되지 못하고 있다(Daniel A. Bell, *China's New Confucianism : Politics and Everyday Life in a Changing Society*[Princeton and Oxford : Princeton University Press, 2008], p. 7)는 진단이 나온 것을 보면, 중국의 전도를 걱정하는 비판적 지식인들도 진정 난감할 것이라 생각한다.

단계에서는 변법운동이 3개월여의 시도로 실패했지만 중화제국 내에서 국민국가의 응집을 의미하는 구국론적 민족주의가 생출되었고, 그 후 서태후의 신정新政으로 이어졌다. 이와 동시에 민중적 기반에서 생겨난 비공식적인 민중적 민족주의로서의 구망 이데올로기는 의화단 운동으로 최고조에 다다랐다. 셋째 단계에서는 1928년 국민정부가 성립하고 국민당 일당 독재의 훈정체제 아래에서 저장浙江 부르주아의 경제력을 배경으로 국민경제적 응집력을 높이고 대외적으로 국가승인을 획득, 관세자주권의 회복, 불평등 조약의 철폐 등 세계 시스템이 주변에서 반주변부로 상승을 지향하게 되었다. 그러나 다른 한편 1931년 만주사변 후 민중적인 항일 구망운동이 전개되고 1936년의 시안 사건, 1937년의 노구교 사건을 계기로 항일 정치공간이 전국화함으로써 국민당, 국민정부의 항전건국론 또는 구국적 민족주의와 나란히 항일을 제1의적 과제로 하는 구망적 민족주의가 중요한 역할을 하게 되었다. 이것이 중국공산당이 주장하는 항일 민족통일전선의 사회적 기반이 되었다. 이처럼 구국과 구망이 상호침투하면서 존재했다.[28]

이렇게 본다면 여기서 구망의 측면을 반드시 보수문화와 연결하는 것은 무리가 있을 수 있다. 그러나 이 글에서 주목하고자 하는 것은 절대적인 의미에서 구망민족주의가 보수적이라는 것이 아니라, 구국민족주의와 비교했을 때 상대적으로 그럴 수 있다는 것이다. 특히 구망민족주의는 구국민족주의에 비해 민중성과 더 연관이 있다고 할 수도 있다. 그러나 때에 따라서는 맹목적 민중성이 방향을 잘 잡지 못하거나 독재

28 西村成雄, 《中國ナショナリズムと民主主義》(研文出版, 1991), 31~33쪽 참조.

자에게 잘못 인도될 경우, 다시 말해 어떤 합리성에 의해 매개되지 못할 경우 갑작스럽게 보수화하는 예도 무수히 존재한다. 그러므로 민중성은 민주주의적 요소와 결합하는 것이 그만큼 중요해지는 것이다.

여기서 우리는 중국 민족주의를 논의할 때 앞에서 말한 반근대성과 민중성의 측면, 그리고 근대 국민국가의 형성과 경제적으로는 자본주의의 발전이라는 변수 외에도 중국이 '제국적 국민국가'라는 사실을 반드시 염두에 두어야 본질에서 벗어난 논의를 피할 수 있음을 알아야 한다. 앞에서 말한 것처럼 중국이 제국적 국민국가라는 점과 관련하여, 신해혁명으로 제국에서 벗어났지만 여전히 제국의 형태를 유지하게 된 중국의 현실이 중국인으로 하여금 의식상 중화주의에서 벗어나는 것을 어렵게 만드는 조건이 되었으리라는 점을 기억할 필요가 있다.

중화민국은 형태상으로는 국민국가였지만 영토와 민족에서 청나라의 판도를 그대로 계승한 제국적 국가였다.[29] 한족은 만주족 통치의 청제국을 무너뜨렸지만, 그와 동시에 몽골이나 티베트의 독립 요구는 묵살한 것으로 잘 알려져 있다. 만주족의 청제국 대신에 한족의 중화제국이 건설된 것이다.

이와 관련해서는 장빙린이나 량치차오, 쑨원 같은 청말 민초 지식인들의 글을 통해 그 사유의 흔적을 어렵지 않게 확인할 수 있다.[30] 중국의 마지막 조공국이었던 조선이 일본의 식민지가 되었을 때 이들이 식

---

29 이에 대해서는 大崎雄二, 〈中華人民共和國における國民統合と民族政策〉(《法政大學教養部紀要》 1995년 2월) 참조.

30 양일모·조경란, 〈중국 민족주의의 신화—진화론·인종관·박람회 사건〉, 《중국 민족주의의 신화》(지식의 풍경, 2006) 참조.

민지화한 사실을 가슴 아파하기보다는 자신의 조공국을 상실했다는 안타까움을 순망치한의 논리로 설명했다는 이야기는 잘 알려져 있다. 그리고 중화민국이 성립한 뒤 중국 지도부에 의해 중화민족, 즉 국민화 이데올로기 교육을 지속적으로 받아온 중국 인민들은 계층을 떠나 영토성과 중화사상을 자기 내면화했다고 할 수 있다.

민두기는 이와 관련하여 중요한 지적을 한다. 중국인의 영토에 대한 집착이 근대국가의 단순한 주권의식을 표현하는 것이 아니라 역사적·문화적 주체로서 중국을 '전체상'으로 표상하는 차원의 영토 집착이라는 것이다. 이것은 중국을 지나치게 특수하게 인식한다는 인상을 줄 수도 있지만, 민두기는 그 이유로 세계에서 가장 오래된 중국문화가 창세기에서 오늘까지 그 문화의 특성과 담당자가 변하지 않고 일관되어 광대한 땅에 뿌리박고 있다는 점을 지적한다. 더구나 그 문화는 가장 고도로 발전한 것 중의 하나였고 강한 국력과 병행하여 인근 민족에게 우월하게 작용한 것이었기 때문에 중국인들의 강한 자존의식의 기초가 되어 있다는 것이다.[31] 역사적으로 보면 중화사상이 첨예해진 때는 이민족에게 중국인이 지배당했을 때다. 이념이나 명분이 현실을 따라가지 못하는 현실적 욕구불만에서 명분이나 이념이 비대해져 중화사상이 첨예화할 수도 있는 것이다.[32]

마루야마 마사오는 중화사상은 황국 관념과 유사한 측면이 있지만 결정적으로 다르다고 말한다. 즉 중화의식은 문화적 우월을 중심관념으로 한 데 견주어 일본의 황국 관념은 무력적 우월을 불가결한 계기로

---

31 민두기, 〈전통사상과 현대중국의 이해〉, 《중국근대사론 I》(지식산업사, 1988), 117~118쪽.
32 민두기, 〈次植民地와 近代化〉, 《중국근대사론 I》(지식산업사, 1988), 43쪽.

삼았다는 것이다. 그러므로 중화의식의 경우는 이적夷狄에게 무력으로 정복되어도 별로 본질적인 타격을 입지 않지만, 금구무적金甌無敵이라는 관념은 황국필승皇國必勝과 신주神州의 영토를 여태껏 침노당한 적이 없다는 '역사적 사실'이 입증한다고 믿게 만들었던 만큼 전쟁에 졌다는 사실은 그와 같은 믿음으로 지탱되어온 각종 상징의 가치를 하락시킨다는 분석이다.[33] 중화사상과 황국 관념의 차이에서 중화주의의 특징이 잘 드러났다고 할 수 있다.

여기서 중화, 중국, 세계, 천하 개념을 개념적으로 조금 정리해두는 것이 좋겠다. 중국=중화 개념은 역사적으로는 천하=세계 개념과 동의同義이며, 국國 개념과는 명확하게 구별되어왔다. 량치차오와 쑨원은 신해혁명 이후 그 '중국=중화'를 민족 개념과 연결시키고 '중국민족=중화민족'이라는 신개념을 만들어냈다.[34] 이것은 근대 국민국가의 주 구성원인 국민 개념에 필적한다. 그 결과 천하=세계 개념의 연속인 중국=중화가 사상 처음으로 국가 개념으로 재편성되었지만, 그때 중국의 관념에 포함된 세계 관념에 대해서는 한 번도 '자각적'으로 토론된 적이 없다. 그렇다고 중국이라는 개념에서 제거된 적도 없다. 그렇게 해서 중국인의 잠재의식 속에서 중국이라는 관념 안에는 국가 관념과 세계 관념이 융합, 혼합되어 존재하고, 세계국가의 관념으로 작동하게 된 것이다.

그러나 청말에 이르면 서양 제국주의의 침략을 받아 세계국가 개념으로서의 중국=중화 개념이 재편성된다. 거기에서는 정관잉鄭觀應의

33 마루야마 마사오, 〈일본의 내셔널리즘〉, 백낙청 엮음, 《민족주의란 무엇인가》(창작과비평사, 1981), 288~289쪽 참조.

34 사실 중화민국이라는 국호는 장빙린이 만든 것이다.

《성세위언盛世危言》이나 옌푸嚴復의《천연론天演論》에 나타난 주장처럼 19세기 중국이 직면한 위기를 단순한 왕조 교체의 역성혁명의 위기가 아니라 중화세계의 근본적 붕괴 위기로 봤다는 데 차이가 있다. 이렇게 볼 수밖에 없었던 이유는 중국=중화=천하의 중심부와 주변부 제국의 구심형 구조를 이루는 시스템인 조공책봉체제가 19세기 이후 아편전쟁, 청불전쟁, 청일전쟁을 계기로 구심력이 급속히 쇠약해져 붕괴하기 시작했기 때문이다. 그럼으로써 세계 시스템의 구심력에서 중핵을 이루었던 문화적·문명적인 선진성에 대한 주변부의 신뢰가 크게 동요하게 되었다고 할 수 있다.[35]

그런데 우리가 보기에 이미 하나의 문화적 습속이 되어버린 중화주의는 중화민국이라는 공화국이 탄생하면서 없어졌다가 1990년대에 갑자기 다시 나온 것은 아니다. 역사를 소급해 올라가면 가까운 문혁 시기에도 중화주의는 또 다른 형태로 존재했다는 류칭펑과 진관타오의 연구가 있다.[36] 계급론으로 혈통론을 치받았던 문혁 시기에조차 중화주의가 존재했다는 연구결과는 우리의 예상을 뛰어넘는다. 즉 화하 중심의 문화민족주의는 1960~70년대에는 중국이 세계혁명의 중심이라는 형태로 출현했다.

진관타오에 따르면 문혁 중의 홍위병 운동과 대규모 군중시위는 거의 두 가지 성격을 보여준다. 하나는 마오쩌둥 사상과 다른 모든 것에 반대하는 것이고, 다른 하나는 마오쩌둥 사상을 세계로 넓혀가는 것이다.[37] 그는 그 증거로 랴오광셩廖光生의 통계를 인용한다. 문혁 기간 소

---

35 加加美光行,《中國の民族問題》(岩波書店, 2008), 16~17쪽 참조.

36 金觀濤·劉青峰,〈中國文化的意識形態牢籠〉,《二十一世紀》1992年 2月號, 30쪽 참조.

련을 포함한 서양에 반대하는 시위가 수없이 벌어졌는데, 1967년에는 141차례, 1969년에는 362차례로 증가했다. 1970년에는 260차례의 시위가 벌어졌는데, 1970년 말에는 27차례로 줄었고 1977년에는 군중성 배외의식이 급격히 감소했으며 1978년에는 거의 완전히 없어졌다고 한다.[38]

1970년에 시위가 급격히 줄어든 것은 문혁이 진행되고 있는 상황이라는 점을 감안하면 잘 이해되지 않을 것이다. 하지만 이것은 1970년 중국이 안전보장이사회에 들어가는 등 미국과 화해 무드가 시작되어 세계적으로는 냉전체제에 균열이 가기 시작했음을 의미한다. 중국의 자본주의적 개방이 사실상 이때부터 시작된 것으로 봐야 한다는 견해는 이를 근거로 한다. 이 관념은 개혁개방 이후 외부세계에 대한 이해가 비교적 많아지면서 어느 정도 충격을 받았지만 1990년대 들어 다시 과거의 형태로 회귀하게 된 것이다.

이렇게 본다면 중화주의는 일정한 변주는 있었지만 어떤 시대든 시대성을 초월하여 존재했다고 보인다. 중화민국 시기에도, 사회주의 시기에도, 개혁개방 이후에도 눈에 보이지 않게 중국정부의 통합 이데올로기 역할을 했던 셈이다. 여기서 우리는 중국의 민족주의에 어떻게 접근해야 하는가 하는 문제에 부딪치게 된다. 근대적 국민국가가 형성되는 과정에서 나타나는 일반적인 의식 형태의 경과 속에서 중국의 민족

37 金觀濤, 〈百年來中國民族主義結構的演變〉, 《二十一世紀》 1993年 2月號, 71~72쪽.

38 廖光生, 《排外與中國政治》(明報出版社, 1987), 188~227쪽 참조, 金觀濤, 〈百年來中國民族主義結構的演變〉; 章淸, 〈自由主義與'反帝'意識的內在緊張〉, 《二十一世紀》 1993年 2月號, 71~72쪽에서 재인용.

주의를 봐야 한다는 것을 의식하면서도 '상수'로서의 중화주의를 인접한 동아시아인으로서 어떻게 이해하고 처리해나갈 것인가 하는 것이다.[39] 더욱이 항일 시기나 사회주의 시기에는 잠재태로만 존재했지만 지금은 현실태로 바뀌고 있으며 부강이 어느 정도 실현된 바탕 위에서 나온다는 데 문제의 심각성이 있다.

그러나 이 중화주의 문제를 좀 더 냉철하게 생각해보면 아래에서처럼 조금 다르게 볼 수 있다. 청나라가 무너지면서 다시금 '제국적 국민국가'를 건설해야 한다는 중국 특유의 사명감이 지식인들 사이에 충만해지면서 중화주의는 오히려 근대적으로 재편, 강화되었을 가능성이 상당히 높다. 중국은 영토적으로는 조공국가의 영역을 포함하는 '무제한'의 '천하'는 포기한다 해도 티베트나 위구르, 몽골 지역을 포함하는 '구주九州'의 '천하'는 지켜야 했다. 또한 인구 측면에서는 56개 소수민족으로 구성된 다민족 국가라는 점에서 중국은 '규모의 중국'이며 그 존재 자체로 제국이다. 따라서 중국인들이 중화주의를 지니고 있는 것은 존재론적으로 당연한 일일 수 있다. 그렇기 때문에 우리가 중국 지식인을 향해 문제 삼아야 할 것은 그들이 그것을 상대화해서 볼 수 있느냐 여부

39 중화주의, 화하중심주의는 중국의 민족주의 논의에서 빼놓을 수 없는 문제이다. 그런데 중화주의 문제와 관련해 우리가 매번 이렇게 지적하는 것만으로 책임 있는 태도라 할 수 있을까? 우리는 이제 이 문제를 대하는 태도를 고민해야 한다고 본다. 그 문제점을 지적하고 비난의 대상으로 얘기하는 것으로 끝내는 것이 아니라, 우선 학문적으로 왜 중화주의에 대한 역사적 접근이 요구되며 중국인들과 이 문제를 가지고 어떻게 대화할 것인가, 또 어떤 대안이 있을까를 염두에 두고 논의해야 한다. 그리고 그 대화의 장에는 한국과 중국뿐 아니라 일본 지식인도 함께하는 것이 좋을 것이라 믿는다. 이는 동아시아 인문학을 하는 행위자로서의 최소한의 실천 또는 책임의 문제일 수 있다. 또 중화주의에 대해 중화제국 체제의 이데올로기로서 역사적으로 접근할 때는 지금 우리가 미국을 대하는 정서를 대입해보는 것도 분석의 지평을 고르게 하는 데 매우 유용하다고 생각한다.

이지, 그들이 중화주의를 지니고 있는지 여부는 아니라고 할 수 있다.[40]

개혁개방 이후 나타나기 시작한 유교 부활 현상, 중화성의 분출 현상, 그리고 이것과 민족주의의 결합은 그 심각성을 더해준다. 2004년부터 중국정부가 공식적으로 조화사회론을 내건 이래 중국에서는 유교가 공식적으로 살아났는데, 이는 민족주의에도 적지 않은 영향을 주고 있다. 본래 유교와 민족주의의 세계관은 정반대이기 때문에 원칙적으로는 상호 배타적일 수밖에 없다. 근대 시기 중국 지식인들에게는 자연도태될지도 모른다는 위기감 때문에 민족주의에 적응하지 않으면 안 된다는 기본적 인식이 있었다. 그래서 천하주의와 화이사상을 주 내용으로 하는 중국의 전통적 세계상인 유교와 민족주의의 불연속성을 강조했다.[41] 여기서 전자는 비판하고 후자는 선양했는데, 후자의 선양에 사회진화론의 논리가 필요했다. 물론 얼마 지나지 않아 곧 현실적으로 중화주의의 논리가 필요하여 끌어들이긴 하지만, 근대 시기 중국의 주류 민족주의는 일단 유교와의 단절 속에서 형성되었다.

그리고 또 하나, 20세기 초반 유교문화를 중심으로 민족주의적 입장을 취한 유학자들이 주장했던 문화민족주의는 많은 부분 구망도존救亡圖存이라는 의도에서 보종保宗·보교保教라는 의미를 담고 있었다. 그러나 유교와 민족주의의 상호 결합인 문화민족주의는 현재 구망의 계기를 상실했다. 게다가 자본주의까지 가세하고 있으며 그것을 정책으로 뒷받침해주는 강력한 주체인 중앙정부까지 존재한다. 또 포스트모던

40 이에 관한 자세한 논의는 조경란, 〈중국 탈서구중심주의 담론의 아포리아—20세기 국민국가와 중화민족 이데올로기의 이중성〉, 《중국근현대사연구》 제68집(2015년 12월) 참조.

41 佐藤慎一, 〈儒教とナショナリズム〉, 《中國—社會と文化》 4호(1989), 36쪽 참조.

분위기에 편승한 후현대론자들이 근대성 비판보다는 중화성으로 회귀하는 현상 또한 문화민족주의를 강화하는 기능을 하고 있다.

유교, 문화민족주의, 중화성이 중국의 민족주의와 결합했을 때 과연 중국사회 내부적으로는 차별을 지양하고 외부적으로는 서구의 일원적 자유주의의 폭력성과 확장성을 비판하고 다른 대안을 제시할 수 있는 담론이 될 수 있을지 곰곰이 따져볼 일이다. 결국 근대 중국 민족주의에서 서로를 견제하기도 하고 서로 상승작용을 하기도 했던 구국 이데올로기와 구망 이데올로기는 지금에 와서는 민중적 반근대성의 계기를 상실한 채 보수주의적 민족주의로 단순화했다고 할 수 있다.

4. 중국의 독자적 근대와 민족주의의 향방

태도로서의 중국 근대를 고민했던 다케우치 요시미는 앞에서 말한 것처럼 일본의 근대가 전향형이라면 중국은 회심형이라고 했다. 역사로서의 중국 근대가 아니라 사상으로서의 중국 근대를 볼 것을 요구한 그는 그 점에 근거해 중국의 독자적인 근대를 역설한다. 근대 중국의 민족주의에는 다케우치 요시미의 이와 같은 직감적인 중국 인식이 포착한 측면이 분명 들어 있다. 그러나 일본의 '전향형轉向型' 근대에 견주었을 때는 그렇게 평가할 수 있겠지만, 식민지 근대를 경험한 아시아의 다른 나라들의 민족주의와 비교했을 때 중국만이 유독 특이한 근대를 경험했다고 할 수 있을까.

마루야마 마사오는 동아시아 민족주의의 급진성의 시원을 중간계급의 불안정성과 절대다수의 극빈 민중이 놓여 있는 비인간적인 생활 조건에서 찾는다.[42] 중국의 근대 민족주의가 공산주의와 결합해 급진성을 띠게 된 것도 제국주의와 결탁한 극소수 지배층이 열악한 생활환경에서 살아가는 다수의 극빈대중을 짓누르는 구도에서 비롯되었다고 보는 것이다. 그러니 이때의 민족주의에는 반제국주의적인 요소와 함께 빈곤에서 탈출하려는 의지가 내재할 수밖에 없었고, 따라서 어느 정도 진보성을 띠고 있었다고 해야 할 것이다.

그렇지만 근대의 이런 민족주의라고 하여 그 안에 반드시 진보성만 존재하는 것은 아니다. 민족주의는 상황에 따라 자유와 억압, 독립과 침략의 성격을 띠기 때문에 진보성과 반동성을 동시에 지닌다고 볼 수 있다. 따라서 민족주의는 어떤 이데올로기와 결합하는지, 그리고 어떤 상황에서 누가 그것을 전유하는지, 상황적 맥락을 잘 관찰해야 한다.

현재 중국의 민족주의는 가장 중요하게는 자본주의적 근대화라는 시대적 임무를 바탕에 깔고 있지만, 시간이 지남에 따라 울트라 민족주의 요소를 띠어갈 가능성을 완전히 배제할 수는 없다. 현재 중국의 민족주의는 자유와 독립이라는 진보적 가치를 상실한 지 오래이며 그것을 보수세력이 담당함에 따라 갈수록 전통을 강조하고, 국익을 강조하고, 사명감을 강조하는 형태를 띠게 되었다. 중국의 천하주의로 민족주의의 폐해를 극복할 수 있다고 주장한다든가 서양의 근대 이론체계 자체

42 마루야마 마사오, 《현대정치의 사상과 행동》(한길사, 2007), 329쪽 참조. 동아시아 민족주의에서 엿보이는 이런 특징들은 유럽과 많은 차이를 드러낸다. 유럽의 경우 내실이 반드시 명료하지는 않지만, 국민적 자기결정이라는 관념으로 합류해간 민족주의와 자유민주주의가 결합하는 데 추진력이 되었던 계층이 신흥부르주아지와 지식층이었다. 앞의 책, 324쪽 참조.

를 근본부터 부정하는 주장 등, 최근 등장하고 있는 다종다양한 중국문화 구세설救世說은 모두 중국의 보수적 민족주의에서 엿볼 수 있는 언설이다.

지금까지의 논의를 바탕으로 우리는 민족주의와 관련하여 중국의 맥락에서는 자유주의가 매우 독특한 위치를 차지하고 있다는 결론을 내릴 수 있다. 그것은 중국에서 자유주의가 한 번도 주류가 된 적이 없다는 사실로도 확인되는데, 이를 토대로 감히 나는, 중국에서 자유주의가 주류가 된다는 것은 중국의 많은 고질적인 문제들이 해결되었음을 의미하는 것일 수도 있다고 생각한다. 이 말은 자유주의가 주류가 되는 상황이 올 때까지의 과정을 자유주의 스스로 책임질 수 없다는 무력감의 역설적인 표현일 수도 있다. 그러나 중국에서 자유주의가 민족주의와 결합할 수 없었기 때문에 주류가 될 수 없었다는 것은 보수주의와 급진주의의 견제세력으로서 자유주의의 존재가치가 꾸준히 이어질 수 있다는 것을 의미하는 것은 아닐까.

4부

중국의 소수민족 문제와 중화민족론

7장

중국의 주변 문제, 티베트를 보는 다른 눈

—

한족 출신 양심적 지식인 왕리슝과의 대담

이 대담은 2008년 11월 초에서 중순 사이 두세 번의 이메일 교환을 통해 이루어졌다. 대담이 서신으로 이루어졌기 때문에 좀 더 디테일한 문제를 다루기에는 한계가 있었다는 점을 밝혀둔다. 예컨대 시장화 전반에 대해서는 여러 이야기가 나왔지만 구체적이지 않으며, 티베트 문제에 관한 국제사회의 개입이나 미국에 대한 왕리숑의 시선은 지나치게 소략하게만 언급되었다. 또 왕리숑이 티베트를 연구하게 된 구체적인 계기를 자세히 묻지 못한 것도 아쉬움으로 남는다. 그러나 이 대담의 가장 큰 의의는 티베트 문제에 대한 관방의 입장이 아닌, 한족 출신의 비판적 지식인의 육성을 가감 없이 들을 수 있었다는 것이다.

티베트 문제와 관련해서는 물론 다양한 시각과 관점이 존재한다. 국내에는 아직 이 문제를 다각도에서 본격적으로 다룬 예가 없지만, 현 시점에서 좀 더 다양한 시각을 접하고 싶은 독자라면 2008년 7월 일본에서 임시증간으로 나온《현대사상》티베트 특집호를 함께 읽으면 도움이 될 것이다. 이 잡지는 현재의 티베트 문제를 여러 분야에서 다루고 있는데, 그중에는 본지의 왕리숑 대담과 내용적으로 대비되는 논문들도 있다. 대담에서도 언급하는 왕후이의 글 〈オリエタリズム, 民族區域自治, そして尊嚴ある政治〉와 함께 쑨거孫歌의 〈'綜合社會'中國に向き合うために〉, 마루가와 데쓰지丸川哲史의 〈現代中國周邊問題の基本構造〉 등이다.

1. '황화黃禍'를 예언하는 불복종의 작가정신 —왕리숑의 작품세계와 이력[1]

조경란 티베트에 관한 질문에 들어가기에 앞서 선생님에 대한 간략한 소개를 부탁드리겠습니다. 인터넷상에서 선생님은 '중국의 체제 외 티베트 전문가中国体制外的西藏問題專門家'로 소개되어 있습니다. 한족으로서 관방의 시각에서 벗어나 자유로운 신분으로 연구와 작품활동을 해 온 것으로 알고 있는데, 이와 관련하여 선생님이 티베트에 관심을 두게 된 배경이나 계기가 있다고 생각됩니다.

왕리숑 저는 1953년에 조선족들이 많이 살고 있는 중국 지린성吉林

1 왕리숑王力雄은 1953년 지린성吉林省 창춘시長春市에서 태어났다. 1966년 문화대혁명이 일어났을 때 초등학교를 졸업했지만 중학교에 들어가지 못했다. 1968년 왕리숑의 아버지는 주자파, 소련 수정주의자의 스파이로 몰려 장기간 수감생활 끝에 자살했다. 1969년 '뉴펑牛棚(외양간이라는 뜻으로 문혁 당시 비판의 대상이 되었던 사람들이 연금당했던 장소)'에서 풀려난 어머니를 따라 시골로 내려가 4년 동안 생산대에서 일했고 거기에서 시를 쓰기 시작했다. 1973년 '공농병학생工農兵學員'이 됐으며, 지린 공업대학에서 자동차를 전공했다. 1983년부터는 소설을 쓰기 시작했다. 왕리숑은 서구 사회에는 비교적 널리 알려진 인물이다. 티베트 문제에 관해서는 중국 일변도의 시각에서 벗어나 티베트를 이해하려고 노력하는 얼마 안 되는 중국인(한족) 출신의 양심적 지식인으로 평가받고 있다. 대담에서도 알 수 있듯이 그는 티베트 현지에서 많은 시간을 보내고 있다. 그런 점 때문에 그가 티베트 문제에 실천적으로 접근할 수 있었던 게 아닌가 한다. 그는 네 차례에 걸쳐 달라이 라마를 접견하고 티베트 문제의 '평화적 타결'을 모색하기도 했다. 왕리숑이 쓴 글이나 인터뷰는 그의 블로그(http://wlx.middle-way.net)에서 볼 수 있다. 그런데 이 블로그는 2008년 베이징올림픽이 시작되기 얼마 전부터 중국정부에 의해 차단되었다. 이 인터뷰가 진행될 무렵 왕리숑은 가택연금 상태에 있었는데 이후 곧 풀린 것으로 알고 있다. 2008년 이후의 저작으로《聽說西藏》(大塊文化出版, 2009)이 있으며, 이 책의 영어본이 2013년 홍콩대학교 출판부에서 "Voices from Tibet : Selected Essays and Reportage"라는 제목으로 출간되었다. 참고로 유명 작가인 그의 부인 웨이써는 티베트인이다.

省에서 태어났습니다. 문화대혁명 시기 하향下鄕[2]되어 4년 동안 일했고, 그 후 공농병학생工農兵學員[3]으로 대학에 진학했습니다. 당시 전공 선택은 자신의 의사와 상관없이 정해주는 대로 따라야 했고, 저는 자동차 관련 학과를 다니게 되었습니다. 졸업 후 중국에서 규모가 가장 큰 두 자동차공장에서 일했지만 자동차를 별로 좋아하지 않았기에 1980년 공장을 떠나게 되었습니다. 처음엔 영화를 만들다가 그 후 소설을 썼으며, 중국의 정치적 전향을 연구하기 시작했습니다. 어린 시절부터 황화가 중화문명의 요람이라는 교육을 받으면서 자란 저는, 1984년에 직접 만든 뗏목으로 황하 표류를 시도했습니다. 그런데 석 달 동안 1,200킬로미터를 표류했는데도 티베트 지역을 벗어나지 못했습니다. 그 과정에서 또 다른 위대한 문명을 '발견'했으며, 이후 티베트와 떼려야 뗄 수 없는 인연을 맺게 되었습니다.

조경란 선생님은 1994년에 다른 분들과 함께 중국 최초의 환경조직인 '자연지우自然之友'를 만들어 지금까지 장기적 프로젝트 활동을 해온 것으로 알고 있습니다. 이 활동을 간략하게 소개해주시고, 이 단체가 티베트를 비롯한 소수민족 문제와 어떤 관련성이 있는지에 대해서도 설명을 부탁드립니다.

---

2 문혁 시기 중국 공산당이 도시 지식인들이나 학생들을 농촌으로 보내 육체노동을 하게 하고, 이를 통해 정신교육을 했던 조치.

3 문혁 시기 정식학교가 문을 닫으면서 특수한 형태의 학교가 문을 열었는데, 이때의 고교생들을 공농병학생이라고 한다. 1977년 고교입시가 부활할 때까지 중국에서 공농병학생 모집은 7년간 지속되었다.

왕리슝 정정해야 할 점이 있습니다. 저는 이제 '자연지우'의 회원이 아닙니다. 2002년 중국정부는 제가 회원으로 가입되어 있으면 '자연지우'를 민간단체 연례심사에서 통과시키지 않겠다고 위협했습니다. 연례심사를 통과하지 못하면 합법단체의 지위를 잃게 되는 것이어서 당시 '지연지우' 책임자는 저에게 자진탈퇴를 권유했는데, 저에게는 탈퇴할 이유가 없었기 때문에 강제탈퇴를 시켜달라고 요구했습니다.

당국이 그렇게 한 이유는 '백색분자白色分子'가 '녹색겉옷綠色外衣'을 걸치고 '홍색정권紅色政權'을 변화시킬 것을 우려했기 때문이었지만, 사실 제가 '자연지우'의 설립과 활동에 참여한 것은 단지 어떤 자세를 보여주기 위한 개인적인 행위에 불과했습니다. 환경보호를 통해 사회를 바꾸겠다는 생각을 한 적도 없었고, 중국의 정권을 바꾸겠다는 생각은 더더욱 없었죠. 제가 회원으로 있을 때 '자연지우'는 티베트의 영양羚羊(칭짱青藏의 고원 일대에 서식하는 동물) 보호활동을 전개했고, 몇몇 티베트 회원이 있었지만 민족문제와는 관련이 없었습니다. 지금 '자연지우'가 티베트 지역과 관련된 프로젝트를 진행하고 있는지는 저도 잘 모릅니다.

조경란 선생님은 많은 시간을 티베트에서 보내는 것으로 알고 있습니다. 아마도 그런 노력이 티베트에 대해 다른 한족 지식인과 차별화된 접근을 가능하게 하는지도 모른다고 생각하는데, 티베트에서 주로 어떤 작업을 하는지, 그리고 그것이 선생님의 티베트 연구에 어떤 영향을 주는지 말씀해주시겠습니까.

왕리숑 지금까지 저는 티베트와 각 성의 티베트 지역에 30여 차례 다녀왔습니다. 거의 모든 길을 경유했고, 대부분의 현縣을 방문했습니다. 대개는 특별한 일을 하려고 간 것이 아니라 현장을 직접 체험하기 위해서였습니다. 저는 사실을 알아가는 데 가장 중요한 것이 '현장'이라고 생각합니다. 저는 많은 시간을 현장에 할애했으며, 이를 통해 다른 연구자들보다 더 많은 것을 실감하게 되었습니다. 그러다 보니 책을 읽을 시간이 줄어들 수밖에 없었는데, 그것이 저의 단점이기도 합니다.

조경란 선생님의 이력을 보니 1999년 신장新疆에 가서 조사활동을 하다가 '기밀을 훔친 죄竊密'로 42일간 수감당한 경험이 있는데, 이를 나중에 《신장추기新疆追記》라는 책으로 발표하셨습니다. 그때의 경험을 말씀해주실 수 있을까요?

왕리숑 당시 저는 신장의 민족문제에 관한 책을 쓰려고 자료수집 여행을 떠났습니다. 그때 비밀경찰이 줄곧 저를 감시하고 있다가 체포했죠. 제가 수집한 자료 중 한 서류의 표지에 '비밀秘密'이라는 글자가 적혀 있었다는 것이 이유였습니다. 중국 법에 따르면 개인이 그런 서류를 갖고 있는 것 자체가 범법행위입니다. 문제는 권력자들이 임의로 공공정보를 '비밀'이라는 두 글자로 봉쇄하거나 독점할 수 있다는 것이죠. 만약 공산당이 선언한 것처럼 국가가 국민 소유라면, 공산당이 나라를 어떻게 통치하고 관리하는지 아는 것은 국민의 기본적인 권리입니다. 관련 정보는 국민에게 공개되어야 합니다. 그러나 현실에서는 중국 사람이 이런 정보를 조금 아는 것 자체가 '기밀 탈취'의 죄가 되며 이런 정보를 조금 말하는 것은 '기밀 누설'의 죄에 해당됩니다. 국민의 알 권리가 철저하게 박탈된 것이죠. 《신장추기》에서 저는 "나는 이런 법을 어기는 것을 부끄러워하지도 않고 후회하지도 않는다. 나는 글 쓰는 일을 선택했고 글 쓰는 일의 기능은 바로 사람들로 하여금 알게 하는 것이다. 나에게는 국민의 권리야말로 최고의 법률이며, 최고의 법률은 모든 악법惡法을 멸시할 권리가 있다. 기밀 탈취든 기밀 누설이든 모두 악법이 정한 죄명이며, 악법이 초래한 것이다. 따라서 악법이 바뀌지 않는 한 과거에 그랬듯이 앞으로도 나는 내 방식을 따를 것이다!"라고 썼습니다.

조경란 선생님의 대표작으로 《황화黃禍》와 《천장, 티베트의 운명天葬 : 西藏的命運》 등을 알고 있습니다. 1991년에 출판된 《황화》가 홍콩에서 발행하는 유명한 국제적 중문 시사주간지 《아주주간亞洲週刊》이 1999년에 뽑은 '20세기 가장 영향력 있었던 중문소설 100권'에서 41위에 올랐다는 기사도 봤습니다. 그리고 1995년부터 1998년에 걸쳐 쓰신 《천장, 티베트의 운명》을 쓰기 위해 10여 차례나 티베트 전 지역을 주유走遍하셨다고 들었습니다. 선생님의 작품을 간단하게 소개해주시겠습니까?

왕리슝 《황화》는 1988~1991년에 걸쳐 쓴 작품이며 우언寓言의 성격을 띠고 있습니다. 정치환상소설이라고도 할 수 있지요. 이 책은 중국 공산당 정권이 무너지면서 중국이 붕괴되는 과정을 이야기로 엮은 것인데, 재미있는 사실은 《황화》의 첫 해외 번역본이 한글판이라는 것입니다. 그러나 출판 이후 한국에서 별 반응은 없었습니다. 한글판이 시중에 나올 무렵 중국의 발전 추세가 책의 내용과 정반대되는 상황이었기 때문입니다. 덩샤오핑은 중국을 독재정치와 자본주의가 결합된 길로 이끌었고, 전 세계가 놀랄 만한 경제기적을 이뤄냈죠. 천안문사태의 어두운 그림자는 비즈니스의 물결에 씻겨나갔고, 정치적인 적대관계 역시 화려한 경제성장 속에서 사라져버렸습니다. 사람들은 또 다른 이미지의 중국을 감싸 안았고, 중국의 미래를 점칠 때도 용의 비상을 전망했습니다. 더 이상 '황화'와 연결시키려 하지 않았습니다.

그러나 저는 독재정권의 붕괴는 시간문제라고 생각합니다. 늘 그랬듯이 그런 상황은 예상 밖의 순간에 벌어집니다. 구소련의 갑작스런 붕괴가 바로 그 예입니다. 오늘날 중국에서는 여러 가지 갈등이 사회 깊숙한 곳에서 들끓고 있고 폭발 직전으로 치닫고 있습니다. '황화'는 중국과 세계 도처에 도사리고 있으며 언제 갑자기 들이닥칠지 모릅니다. 《황화》가 출판된 지 이미 20년이 지났지만 이 책의 주요 내용, 즉 독재정권 아래의 중국이 해체되는 과정과 해체된 후의 상황은 아직 발생하지 않았습니다. 하지만 그 시기가 도래하지 않는 한 이 책은 시대에 뒤떨어지지 않을 것이며, 중국이 과연 붕괴될 것인지, 주변 국가들에게 재난을 안겨줄 것인지 등의 문제는 지켜보면 알게 될 겁니다.

조경란 선생님은 티베트의 저명한 작가 웨이써唯色와 부부라고 알고 있습니다. 우선 두 분의 의미 있는 활동에 경의를 표합니다. 한국의 독자들을 위해 이 기회에 웨이써의 작품세계도 간략하게 소개해줄 수 있으신가요? 또 이건 극히 개인적인 질문입니다만, 티베트에 관심을 두면서 지금의 부인과 만나신 것인가요, 아니면 결혼 이후 티베트 문제에 관심을 두게 되신 건가요?

왕리슝 저는 2004년 웨이써와 결혼하기 전에 이미《천장, 티베트의 운명》을 비롯한 티베트 관련 책을 출판했습니다. 우리가 만나게 된 계기가 바로 저의 그 책이었죠. 결혼은 제가 티베트 문제에 관심을 기울이게 된 이유가 아니라 결과였고, 저에게 주어진 상과도 같았습니다. 웨이써가 2003년에 출판한 문집《티베트 필기西藏筆記》는 당국에 의해 금서로 분류되었고, 그녀는 그 때문에 직장에서 해고당했습니다. 그 뒤로 그녀는 해외에서만 작품을 발표하고 있습니다. 최근 몇 년간 출판한 작품으로는《살겁殺劫》《티베트 기억西藏記憶》《보이지 않는 티베트看不見的西藏》《서장이라는 이름의 시名爲西藏的詩》《진홍색의 지도絳紅色的地圖》《염주 속의 이야기念珠中的故事》를 비롯해 시집《티베트의 진실한 마음*Tibet's True Heart*》이 있고, 저와 함께 집필한 문집《티베트를 열다*Unlocking Tibet*》가 있습니다. 웨이써는 "당대 티베트인들 중 처음으로 토론 화제를 사적인 범위에서 대중적 공간으로 옮겨놓았고, 티베트로 말하자면 이것은 거대한 진전을 이루어낸 것"이라고 평가받았습니다(《사우스 차이나 모닝포스트*South China Morning Post*》).

2. 일상화·대중화한 민족 갈등 —3·14 티베트 사태의 배경과 국제사회의 대응

조경란 이제 티베트의 최근 사태에 대한 질문을 드리겠습니다. 2008년 3월 14일부터 시작된 티베트 사태가 일어난 근본 원인은 무엇이라고 보십니까? 그리고 1980년대 말의 대규모 시위와 다른 점은 무엇인가요? 1980년대에는 시위가 라싸拉薩로 한정되었지만 이번에는 시짱 전역으로 확대되었습니다. 지금까지 중국의 시짱 정책이 실패했음을 의미하는 것으로 해석해도 될까요?

왕리슝 예를 하나 들어보죠. 3·14 티베트 사태가 일어났을 때 저는 "마취현瑪曲縣에서 전례 없는 대규모 항의시위가 일어났다. 모든 외래민족 상가가 파괴되고 16대의 자동차가 불탔으며 어젯밤부터 정부가 계엄을 실시하고 있다. 마취현 전체가 폐허를 방불케 한다"는 문자를 받았습니다. 저는 현장에 없었지만 그곳의 격렬한 상황을 상상할 수 있었습니다. 그러나 결코 놀라지는 않았습니다.

저는 간쑤성甘肅省 남부 시짱지구西藏區에 위치한 마취를 방문한 적이 세 번 있습니다. 처음 그곳을 찾은 것은 1984년 황하를 표류할 때였죠. 그곳에서 일주일 넘게 머물렀습니다. 그때의 마취는 티베트 문화 특색이 농후한 곳이었고, 저에게 깊은 인상을 남겼습니다. 두 번째는 2001년이었는데, 곳곳에서 건물을 짓고 길을 닦는 등 어딜 가나 공사 현장이었고 혼란스러웠습니다. 2007년 세 번째로 마취를 방문했을 때 그곳은 이미 티베트 문화의 흔적을 찾아보기 힘들 정도로 바뀌어 있었습니다. 마치 초원에 내륙의 도시를 옮겨놓은 것 같은 느낌이었죠. 티베트인은 소수가 되었고, 거리마다 외지인의 상점이 늘어섰으며, 상점을 운영하는 사람들도 대부분 외지인이었습니다.

바로 이런 인구이동과 한화漢化 과정에 상호충돌의 근본 원인이 내재해 있었던 거죠. 만약 외지인의 대량 유입이 없었다면 민족분쟁은 형이상학적 수준에 머물렀을 겁니다. 주로 정부, 상류계층, 민족 엘리트들이 주목하는 문제로 국한되었을 테고 일반 서민들과는 동떨어진 문제였겠죠. 그러나 인구 이동의 충격은 이런 갈등을 일반 서민 모두가 보게 했고, 일상생활 곳곳에 드러나게 했으며, 대중의 민족감정을 자극하고 부추기는 결과를 낳았습니다.

중국 당국은 시장경제를 이용해서 세속화를 추진했으며 이를 통해 티베트 민족문제가 해소되기를 희망했습니다. 그런데 티베트의 경제상황은 개선되었지만 티베트인들은 외지인에 의해 자신의 고향에서 변두리로 밀려나고 말았고, 시장경제에서 계속 실패를 맛보았습니다. 경제 발전의 성과 대부분을 외지인들이 차지함으로써 티베트인은 더더욱 곤경에 빠지고 좌절하게 되었습니다. 이 때문에 민족 갈등이 예전보다 더 심각해졌고, 일단 기회가 생기면 외래 타민족에 대한 불만을 해소하려는 사태로 이어지게 된 겁니다.

중국 당국은 티베트인들이 한족 등 외래민족을 겨냥하여 상가를 때려부수고 약탈, 방화를 저질렀다는 소식만 전하고 있는데, 사실 그것은 문제의 표면일 뿐입니다. 사건의 본질은 식민주의의 뿌리에서 자라난 열매입니다. 티베트 사태와 같은 결과를 초래한 근원을 뿌리 뽑지 않고 이런 식으로 선전하는 것은 민족 갈등을 더욱 부채질하는 격입니다. 더 큰 민족분쟁이 일어날 수 있는 원한을 묻어두는 일입니다.

1980년대의 시위는 라싸에 국한되었습니다. 이는 민족 갈등이 상층에 집중되었음을 의미하지요. 그러나 이번 사태를 보면, 라싸에서 움직임이 시작되자 시짱지구 여러 곳에서 연속적으로 시위가 일어났습니다. 마취현 같은 작은 도시에서도 폭동이 일어났죠. 이는 20여 년 동안 티베트 문제가 해결되지 않았을 뿐만 아니라 더욱 심각해졌음을 보여줍니다. 상식적으로 생각해도 정책의 실패라는 것을 알 수 있습니다.

물론 위에 언급한 마취현의 예는 사태의 한 측면에 불과합니다. 이번 티베트 사태가 초래된 데에는 물론 다른 원인도 있습니다. 그러나 논하자면 너무 긴 내용인지라 짧은 문장으로 설명할 수가 없네요.

조경란 올림픽이 개최되기 직전에 소요사태가 일어난 데는 중국정부가 말하는 것처럼 어떤 특별한 의도나 목적이 있었다고 보시나요?

왕리슝 올림픽은 전 세계가 주목하는 행사이고 중국정부가 더할 나위 없이 중요하게 여기는 행사였습니다. 일부 사람들이 말하는 것처럼 이 기회에 의견을 표명하고 시선 집중을 기대하는 것은 비난받을 일이 아닙니다. 오히려 평소 의견을 표출할 루트가 부족했기 때문에 사람들이 굳이 어떤 기회를 노리는 것입니다. 이는 중국의 '상팡저上訪者(억울함을 정부기관에 진정하는 자)'들이 줄곧 해오던 방식이죠. 그러나 티베트 사태를 보면, 중국정부는 끊임없이 '달라이 라마가 사전에 조직적으로 치밀하게 계획했음을 보여주는 충분한 증거가 있다'고 주장합니다. 그러면서 증거 확보를 위해 많은 티베트인을 체포하고 고문까지 불사하면서 억울한 죄명을 뒤집어씌우고 있지만, 아직까지도 그 '충분한 증거'를 세상 사람들에게 보여주지 못하고 있습니다. 이는 오직 중국 관료들이 티베트 쪽에 책임을 전가하기 위해 거짓말을 하는 데 불과하다는 것을 의미합니다.

조경란 티베트 사태가 중국의 다른 소수민족에게 미치는 파장은 무엇인가요? 최근의 티베트 사태에 대한 다른 소수민족의 반응은 어땠습니까? 특히 위구르족의 반응이 궁금합니다.

왕리슝 티베트 사태가 일어난 뒤 다른 소수민족 지역에 가보지 않았습니다. 비록 들은 소문이 있고 상상되는 바도 있지만, 공식적인 답변으로 말씀드릴 만한 것은 없습니다.

조경란 이번 티베트 사태와 관련해 선생님을 필두로 중국의 몇몇 작가들이 '티베트 사태 처리에 관한 12가지 의견'이라는 제목으로 4월에 성명서를 발표한 적이 있습니다. 중국정부는 폭력진압을 중지하라는 등의 내용을 담고 있어 중국정부의 기존 정책들과 정면 배치되는 입장을 표명한 것이었는데, 이에 대한 정부의 반응은 어땠나요?

왕리슝 중국정부는 이 성명서에 아무런 반응도 보이지 않고 무시해버렸습니다. 반응이 없다는 것 자체가 어느 정도의 진보라고 봅니다. 적어도 저희들에게 직접적인 박해를 가하지는 않았으니까요. 물론 그들은 기억해둘 것이고, 언제 보복할지는 모르겠습니다.

조경란 티베트 문제를 보는 국제사회의 시선에 대한 견해를 듣고 싶습니다. 중국정부는 동의하지 않겠지만, 티베트 문제는 중국의 문제인 동시에 이미 국제 문제가 되었습니다. 이를테면 최근 티베트 문제가 불거졌을 때, 프랑스가 나서서 중국정부를 비난하며 올림픽 불참까지 언급했던 것으로 기억합니다. 그런데 미국은 상대적으로 잠잠했습니다.

왕리슝 서양 국가의 시민들은 자신의 일상생활과 동떨어진 티베트 문제를 판단할 때 주로 가치표준을 따릅니다. 민주제도는 그들로 하여금 중국에 대한 우월감을 느끼게 하죠. 티베트 문제를 통해 서양과 중국의 각종 가치의 분기를 종합적으로 보여줄 수 있기 때문에, 티베트 문제는 그들이 중국을 공격하는 최적의 표적이 됩니다. 서양 언론도 큰 영향을 끼쳤습니다. 시장화한 매체는 대중의 감정을 쫓아갔고, 티베트 문제에서 대중의 편을 들게 되었습니다. 다른 한편으로 대중과 언론이 상호작용할 때 '군중심리廣場效應'가 생겨나곤 하는데, 이는 마치 고대 그리스 도시 광장에서 진행된 민주주의의 행위와도 흡사합니다. 한 경쟁자가 군중의 열광적인 호응을 끌어내는 것을 승리로 간주하고, 군중은 박수와 환호로 지지 또는 반대의 뜻을 표명하죠. 오늘날 서양의 대중은 언론과 당대 통신기술에 의해 서로 연결되어 있으며 무한확대가 가능한 광장을 형성합니다. 언론과 대중은 서로 격려하면서 고대의 광장보다 더 강력한 군중심리 효과를 발생시키죠. 이런 심리가 극으로 치달으면 극단적인 정서가 전 사회로 빠르게 퍼져나가게 됩니다.

오늘날 티베트의 자유는 이미 서양 사회에서 정치적으로 옳은 것을 상징하게 되었으며, 동시에 각종 세력이 앞다투어 이용하는 감제고지瞰制高地가 되었습니다. 중국과 대립하는 집단이 단지 서양 대중과 언론이었다면, 권세만 중요시하는 중국 당국은 아마 그것을 소음 정도로 간주하고 대응하지 않았을 겁니다. 그러나 중국 당국이 신경 쓰는 서양 집권자들은 선거에서 국민의 표를 얻어야만 집권할 수 있죠. 표심을 얻으려면 우선 민의를 따라야 하고, 결국 민간의 '군중심리'에 좌우될 수밖에 없습니다. 이는 서양 민주제도의 기본적인 형태이며 본질적으로 바꿀 수 없는 것이죠. 비록 오늘날 그 어느 정부도 티베트의 독립을 인정하지 않지만 정부의 태도는 바뀔 수 있는 것입니다. 민간의 군중심리가 그 원동력 중의 하나입니다. 서양의 각국 정부는 티베트 독립 문제에서 또 다른 한 측면을 고려하고 있습니다. 천안문사태가 발생했을 때 서양 국가들은 연합하여 중국에 제재를 가했지만 그 제재는 중국정부만을 겨냥한 것이었습니다. 그들은 중국 국민의 민주주의 추구에 희망을 품었습니다. 그러나 이번 티베트 사건이 증명하다시피, 중국은 자본주의가 발전하면서 서양 진영에 편입되지 않았으며 반대로 더 큰 위협이 되었죠. 중국 당국은 덩샤오핑의 도광양회韜光養晦(자신의 재능을 밖으로 드러내지 않고 인내하면서 기다린다) 방침을 포기하고 강대함, 강경함을 추구하면서 국민에 대한 통제력을 극대화했습니다. 한편 중국 민중—적어도 서양 사람들이 본—은 민주세력으로 성장한 것이 아니라 오히려 독재정부와 동맹을 맺고서 대내적으로는 약소민족을 억압하고 대외적으로는 민주사회를 적대시하고 있습니다. 이러한 중국은 완전히 신파시스트 제국의 형태인데, 언젠가 세계 평화를 위협하지 않을까 걱정스럽습니다.

민주, 자유, 평화 등 표면에 드러난 가치의 이면에는 중국에 대한 서양의 불만과 그들 간의 직접적인 이해관계가 있습니다. 예를 들어 중국은 낮은 수준의 인권과 환경파괴를 대가로 국제자본을 끌어들여 대량의 저가상품을 제조함으로써 국제시장에 충격을 주었습니다. 서양 국가가 수백 년에 걸쳐 형성한 노사관계, 복지제도, 시장질서를 파괴했습니다. 자원에 대한 중국 경제의 거대한 수요는 설상가상으로 전 세계 생태위기를 가중시켰습니다. 중국은 자원쟁탈의 대열에 적극적으로 가담하면서 세계 곳곳에서 서양 국가들과 각축을 벌이고 있으며, 이로 인해 자원부족 현상이 가중되고 가격이 급등했습니다. 그 밖에 더 걱정되는 것은, 중국이 서양과 비슷한 소비수준에 도달했을 때 생태환경이 극한에 달한 이 지구가 붕괴되지 않을까 하는 것입니다. 서양의 정치제도상 자국 소비를 줄여 생태환경 위기를 해결하지는 않을 것이며, 다른 나라, 특히 중국 같은 인구대국의 소비를 억제하는 수단을 취하려 할 것입니다. 물론 이 속에는 명확한 패권주의와 불공평한 인권 기준이 존재하지만, 그것이 서양 국가들의 중국 정책에 잠재적인 근거로 작용할 수도 있습니다.

위와 같은 여러 가지 문제를 감안하면, 서방 국가들이 언젠가는 중국을 약화시키고 중국의 지속적인 발전을 저지하는 것을 공동의 염원으로 간주할지도 모릅니다. 그들은 이 목적을 달성하기 위해서는 중국을 해체하고 중국이 내부 분쟁과 상호견제에 빠져 헤어나지 못함으로써 경제성장을 이룰 수 있는 자원과 공간을 상실하도록 만드는 것이야말로 발본색원의 방법이라고 여길 수 있습니다. 정당한 명분만 찾으면 그들은 집단행동을 마다하지 않을 것입니다. 이런 상황에서 반제국주의, 반식민주의의 이름으로 티베트 독립을 성사시키는 것만큼 정당한 명분이 또 어디 있겠습니까? 비난받지 않을뿐더러 해방자解放者의 월계관도 쓸 수 있죠. 때문에 서양 각국 정부가 지금은 조심스럽게 중국의 심기를 건드리지 않고 있지만, 적절한 역사적 순간에 티베트 독립을 지지할 가능성은 배제할 수 없습니다.

3. 달라이 라마라는 '피안' —'고도 자치'에 대한 티베트와 중국정부의 이견

조경란 선생님은 여러 차례 달라이 라마를 접견하셨다죠. 그 느낌을 말씀해주시겠습니까?

왕리슝 그는 사람들에게 믿음을 줍니다. 이것이 그에 대한 제 인상입니다.

조경란 일반 티베트인과 달라이 라마의 관계에 대해 묻고 싶습니다. 《아주주간》 22권 12기에 실린 선생님의 인터뷰 기사를 보면 "달라이 라마가 티베트인들에게 야생동물의 모피로 만든 옷을 입는 습관은 좋지 않다고 하자 티베트인들은 매우 비싼 모피 옷을 불태워버렸다. 중국 당국이 티베트인들에게 야생동물 보호를 요구해왔을 때는 이를 듣지 않다가 멀리 인도에 있는 달라이 라마가 한마디 하자 귀중한 옷을 조금도 주저하지 않고 태워버린 것이다"라는 내용이 있습니다. 이는 티베트에 대한 달라이 라마의 영향력이 크다는 의미겠죠? 왜 그렇다고 보십니까?

왕리슝 달라이 라마가 망명생활을 시작한 지 근 반세기가 지났습니다. 그런데 그의 얼굴 한 번 본 적 없는 중국 내 티베트인들이 왜 여전히 그를 숭배할까요? 이는 달라이 라마가 티베트 종교에서 차지하는 제도적 지위와 관련이 있습니다. 티베트인들의 마음속에서 달라이 라마는 관세음보살의 화신이며, 티베트 종교 응집력의 핵심이자 티베트 정교

政教 역사의 지지점입니다. 달라이 라마 체제가 존재하지 않았다면 500여 년이나 이어져온 티베트 종교는 오늘날 그 틀을 잃어버렸을 겁니다. 때문에 티베트인들에게 달라이 라마 체제는 절대적으로 신성한 것이며 그 어떤 모독도 허용되지 않습니다.

중국정부가 반대하는 것은 단지 이번 세대의 달라이 라마이지만, 티베트 종교의 전생설轉生說에 따르면 달라이 라마는 지금까지 14대째 전해져 내려왔습니다. 14명이 아니라 같은 관세음보살이 서로 다른 육체를 통해 태어난 것이죠. 때문에 지금의 달라이 라마와 과거의 달라이 라마를 떼어놓을 수는 없습니다. 중국정부가 티베트 불교를 존중한다고 하면서 14대 달라이 라마를 반대하는 것은 모순된 일입니다.

지금의 달라이 라마는 종교적인 의미만 지닌 존재가 아니라 중국 국내 티베트인들에게 '피안彼岸'과 같은 존재입니다. 과거 망명을 선택한 것은 일종의 인과因果입니다. 그렇지 않았다면 티베트 종교는 전부 중국공산당 통치 아래 놓였을 것이며 또 다른 자유공간을 얻지 못했을 것입니다. 피안에 자리한 지도자도 없었겠죠. 티베트 문화가 해외에서 완전하게 보존된 것은 티베트에 크나큰 공덕功德이며 티베트 미래의 희망이 되었습니다. 오늘날 각종 충격에 직면한 티베트인들이 자신감을 잃지 않는 것도 관건은 마음속에 이러한 피안이 있기 때문입니다. 차안此岸과 피안 사이에 다리가 놓일 그날이 언젠가는 올 테고, 그날이 오면 차안이 피안에 의해 통합되고, 찢기고 단절된 흔적이 지워지며, 부패가 청산되고 종교가 승화하며 파괴되었던 문화도 회복될 것임을 믿기 때문입니다.

조경란 달라이 라마가 제시하는 티베트 문제의 해법은 무엇입니까? 그가 중국정부에 요구하는 것이 구체적으로 무엇인지요? 이제 더 이상 독립이 아닌 고도의 자치를 요구하는 것으로 알고 있는데, 중국정부의 입장과 구체적으로 무엇이 다른가요? 티베트의 일반 민중이 바라는 해결 방법과는 동일한 건가요?

왕리슝 말로만 보면 양측의 주장이 모순되지 않습니다. 중국정부는 티베트의 주권이 보장되길 원하며 덩샤오핑의 말처럼 "독립 이외의 모든 문제에 대해 대화할 수 있다"는 입장입니다. 달라이 라마가 요구하는 것은 티베트 종교와 문화의 보존입니다. 그는 "티베트 독립은 필요 없다. 과거에도 여러 차례 말했지만 내가 추구하는 것은 티베트인들이 진정한 자치를 누림으로써 자신의 문명과 독특한 문화, 종교, 언어, 생활방식을 보존하고 계승해나가는 것이다. 내가 가장 주목하는 것은 티베트인들의 극히 독특한 불교 문화유산을 확보하는 것이다"라고 말했습니다.

달라이 라마는 독립을 추구하지 않는다고 반복적으로 표명했고, 베이징의 중국정부 역시 티베트의 문화와 종교를 보호할 것이라고 약속했습니다. 그렇다면 양측이 왜 타협하지 못하는 것일까요? 문제는 신뢰입니다. 달라이 라마가 제시한 신뢰의 기준은 "중국은 티베트 독립을 우려하지 않고, 티베트인들은 티베트 사원이 사라질 것을 걱정하지 않아도 되는 상태"입니다. 그러나 이런 신뢰는 말로 이뤄지는 것이 아니라 확실한 보장이 필요합니다. 달라이 라마의 처지에서 원하는 것은 "티베트인들이 티베트의 내부 사무를 장악하고 사회, 경제, 문화 등 발전 정책을 자유롭게 결정"할 수 있게 되는 것, 구체적으로 말하자면 "전체 티베트 지역에서 고도 자치를 실현"하는 것입니다.

그러나 '전체 티베트 지역'의 범위는 현재 칭하이青海 · 간쑤 · 쓰촨四川 · 윈난雲南 성省의 티베트인 거주 지역을 포함하며 그 면적이 티베트자치구의 두 배에 이릅니다. 중국 국토 면적의 4분의 1을 차지하는 이 거대한 땅을 티베트인에게 넘겨 '고도 자치'를 실시하는 것에 대해 중국정부는 당연히 마음을 놓을 수 없는 것이죠. 만약 '고도 자치'가 단지 하나의 발판이 된다면 그 후에 티베트는 다시 독립운동을 할 것이며, 티베트가 정말 독립한다면 4분의 1에 해당하는 영토가 중국 지도에서 사라지게 됩니다. 이런 가능성 때문에 중국정부는 티베트를 신뢰하지 않는 겁니다. 향후 중국의 민주정권 역시 이 점을 고려할 것입니다. 어떤 방법으로 서로 신뢰를 구축할지가 앞으로 해결해야 할 주요 문제입니다. 그리고 대부분의 티베트인들은 달라이 라마의 의지에 복종하고 있습니다.

4. 마음속의 경찰, 종교—티베트의 종교와 언어 문제

조경란 티베트는 종교가 문화의 전부라고까지 말할 수 있습니다. 이와 관련하여 선생님이 쓰신 글을 보면 "티베트 고원의 엄혹한 자연환경은 종교 없이는 사람을 버틸 수 없게 한다. 그런데 티베트에는 종교가 두 종류 있는데, 승려의 종교와 백성의 종교다. 이 백성의 종교는 중국의 불교와도 인도의 불교와도 다르다. 이런 의문은 도시문명을 벗어나서 티베트의 자연환경 속으로 들어가 자연의 엄혹함과 생존의 어려움 등을 직접 체험해보면 그때 비로소 어느 정도 이해할 수 있다"고 되어 있습니다. 이 말은 종교가 곧 생사의 문제인 동시에 생존의 문제이며 '낭만적인' 샹그릴라Shangri-La[4]와 티베트의 현실은 상당한 거리가 있음을 말해줍니다. 또 승려의 종교에 대해서는 "승려는 사회노동에서 벗어나 있고 종신토록 타인의 공양을 받는다. 이미 사회노동력의 결핍현상을 겪고 있는 티베트에서 또 하나의 사회 부담이 되고 있다"[5]고도 했습니다. 그렇다면 지금 시점에서 티베트의 종교를 어떻게 봐야 한다고 생각하십니까?

왕리슝 과거 티베트 종교에 관한 제 주장은 종종 단편적인 현상에 국한되었습니다. 그러나 종교는 만상을 망라하며 결코 다른 체계에 종속되지 않는 완전한 세계관이자 철학체계입니다. 종교체계에는 다양한 측면이 포함되며, 서로 다른 역할과 내용이 그 체계 속에서 각각의 위치에 자리 잡고 있습니다. 이러한 구조에서 각각의 역할과 내용들은 종교체계 전반을 장악하거나 체계의 완전한 의미를 보여줄 필요가 없습니다. 단지 국부적인 기능만 완성하면 되는 거죠. 체계가 완전하기만 하다면 많은 국부적인 요소가 조합되어 종교의 전체적인 의미를 실현할 수 있으며 종교의 전반적인 기능을 완성할 수 있습니다. 국부적인 요소들은 도미노 골패처럼 상호 제약하고 상호 지지하면서 존재합니다. 간단

4 영국의 소설가 제임스 힐튼의《잃어버린 지평선*Lost Horizon*》(1933)에 나오는 가공의 장소. 쿤룬 산맥의 끝자락에 숨겨져 있는 신비롭고 평화로운 계곡으로, 영원한 행복을 누릴 수 있는 유토피아로 묘사되었다. 그 뒤로 지상 어딘가에 존재하는 천국을 가리키는 보통명사가 되었다.

5 〈西藏問題的文化反思〉,《戰略與管理》1999年 第5號 참조.

하게 이건 필요 없다고 단정 지을 수 없습니다. 설령 일부 요소를 단독으로 놓고 봤을 때 필요 없어 보일지라도, 그것은 전체 속의 한 지지점이기 때문에 그것을 제거하면 연쇄반응이 일어나 체계의 완전함에 결함이 생기고 맙니다. 때문에 종교에 대해 실용주의나 기회주의 태도를 취해선 안 되며, 유리해 보이는 부분을 찾았다고 해서 불리해 보이는 부분을 버릴 수 없습니다.

종교체계에서 이른바 엑기스와 찌꺼기는 마치 동전의 양면과도 같아 분리될 수 없습니다. 문외한들이 이상하게 여기거나 심지어 황당하게 생각하는 사물이라도 그것들은 완전한 시스템을 이루는 한 요소입니다. 역사 속에서 누적돼 형성되었으며 상호 조화를 이루고 있습니다. 외부인이 그것을 좋게 또는 나쁘게 보는 것은 단지 다른 가치관에 기준한 다른 평가일 뿐입니다. 종교개혁은 필요하지만 그것이 외부에 의해 추진되어서는 안 되며, 외과수술처럼 어느 부분은 절단하고 어느 부분은 이식하는 식으로 진행되어서도 안 됩니다. 반드시 종교 자체의 내부에서부터 변해야 합니다. 자발적으로, 균형을 맞추며 자연스럽게, 전반적으로 조화롭게 변화가 이루어져야 합니다.

생태 균형의 파괴든 사회 안정의 파괴든, 가장 큰 파괴는 인간 마음속의 탐욕에 기인합니다. 마음속의 생각은 법률과 경찰이 읽을 수 없습니다. 유일하게 영향을 끼치는 것이 '마음속의 경찰心中警察', 즉 도덕입니다. 종교는 바로 도덕의 주요 근원이죠. 한 사회에 경찰이 없으면 짧은 기간에 다시 경찰을 조직하면 되지만, 한 사람의 '마음속의 경찰'이 사라지면 오랜 시간을 거쳐야 되찾을 수 있으며, 한 민족이 '마음속의 경찰'을 잃으면 몇 세대를 내려와야 다시 찾아올 수 있습니다.

조경란 어떤 문화가 존속할 수 있느냐의 여부는 언어정책과 밀접한 관련이 있습니다. 티베트에 대한 중국정부의 언어 정책은 무엇인가요? 티베트의 학교에서 언어교육은 어떻게 이루어지는지 말씀해주시겠습니까?

왕리숑 1987년 티베트자치구는 '티베트어의 학습·사용 및 발전에 관한 규정'을 발표했습니다. 이 법안은 초등학교부터 대학교까지 이어지는 티베트어 교육 시스템 구축을 요구한 것입니다. 학교에서 티베트어를 가르칠 뿐만 아니라 티베트어로 수水·리理·화化(수학·물리·화학) 등 과목을 가르치게 했습니다. 법안 발표 후 티베트에는 초등학교부터 고등학교까지 티베트어로 강의하는 시범반이 개설되었습니다. 이 시범반의 대학입시 성적은 중국어반보다 뛰어났습니다. 티베트어로 수업을 성공적으로 진행할 수 있음을 증명한 것이죠. 당시 시짱대학에서도 수·리·화 강의를 티베트어로 진행했으며, 각 지방 초중고교 티베트어 강사도 육성했습니다. 그러나 2002년 위 법안의 수정안이 발표되었을 때 그 내용은 초등학교와 중학교에서만 이중언어 수업을 진행하도록 바뀌었고, 고등학교와 대학의 티베트어 강의는 거론되지 않았습니다. 정부의 태도가 바뀌면서 교육은 점차 중국어 교육으로 후퇴했습니다. 비록 2002년의 법안이 여전히 티베트어를 초·중학교에서 가르치는 두 개 언어 가운데 하나로 규정하고 있지만, 고등학교와 대학교에서 더 이상 티베트어를 사용하지 않게 되면서 교육의 연결성을 확보할 수 없어졌습니다. 중학교까지 티베트어로 수·리·화 수업을 들은 학생은 고등학교 진학시험을 치를 때 전문용어와 사고방법에서 어려움을 겪을 것이며, 성적에 영향을 받을 것입니다. 진학하더라도 그 뒤 학습에 어려움을 겪을 것이고 대학입시에도 영향을 받을 수 있습니다. 때문에 학교 측과 학생 모두 자연스럽게 티베트어 강의를 포기하게 될 겁니다. 법안이 규정한 두 종류의 언어 교학방침은 무용지물이 되고 말 것입니다.

현재 티베트 학부모들은 아이들에게 중국어나 영어 공부를 열심히 하라고 독촉하지만 티베트어를 열심히 배우라고는 하지 않습니다. 점점 더 많은 부모들이 아이를 중국어반에 보내거나 내륙에 있는 학교에 보내고 있습니다. 현재 티베트 아이들은 가족이 티베트어를 하기 때문에 평소 티베트어를 주로 사용하지만, 티베트어반에 다니는 아이들마저 작문을 보면 중국어 표현능력이 티베트어 표현능력보다 낫습니다. 그 이유는 주변에서 티베트어보다 중국어를 접할 기회가 많기 때문입니다. 예를 들어 라싸에서 시청할 수 있는 몇십 개의 텔레비전 채널 중 티베트어 채널 한 개와 중국어 · 티베트어 공용 채널 두 개를 제외하면, 나머지는 다 중국어 채널입니다. 신문이나 잡지도 중국어 위주로 되어 있습니다. 일상생활에서 티베트어를 사용할 기회는 아주 적고, 정치 · 경제 · 문화 등 여러 분야의 교류에서 아이들은 대부분 중국어를 사용합니다. 그들의 실생활과 티베트어는 점차 분리되고 있습니다.

5. 부메랑으로 돌아올 세속화정책 —중국정부의 민족정책과 시장화

조경란 중국은 사회주의 건설 이후 민족문제의 기본 목표를 국가영역의 통합, 변경의 대외안정 보장, 균질적인 국민 형성에 두었습니다.

보통 3대 정책이라 불리는 여러 민족의 평등정책, 민족자치정책, 각 민족 상층 리더와의 통일전선정책이 그것입니다. 이런 기본 원칙은 50년간 변하지 않은 것으로 알고 있습니다. 그런데 일각에서는 이것이 여러 민족의 융화를 통한 한화漢化정책에 불과하다고 비판하기도 합니다. 어쨌든 중국과 티베트 사이에는 1950년대부터 꾸준히 분쟁이 있었습니다. 중국정부의 정책은 실제로 어떻게 실행되었으며, 이에 대한 티베트인들의 대응은 어떻습니까?

왕리슝 많은 독재국가의 헌법은 듣기 좋은 말들로 도배되어 있지만 실제로 실행되는 것은 전혀 다른 양상입니다. 예를 들어 중국 법률에 '민족자치구의 행정 수장은 해당 민족 인사가 맡는다'고 규정되어 있지만, 실제로 최고 권력은 당 서기의 수중에 있으며 당 서기는 모두 한족입니다. 티베트의 '출세한 농노翻身農奴'로 불리는 러디熱地 씨는 문화대혁명 시기부터 티베트자치구 고위관리로 재직했으며 중국공산당 고위층에게 가장 신뢰할 만한 티베트인으로 평가받았습니다. 그는 오랫동안 티베트의 2인자로 지냈는데, 2000년 티베트자치구의 1인자인 당 서기 자리가 공석이 되자 중국공산당은 러디 대신 궈진룽郭金龍을 당 서기로 임명했죠. 궈진룽은 25년 전 러디가 당 부서기로 지내던 시절 쓰촨 현 중학교 체육교사였습니다. 물론 한족 출신이죠. 러디는 결국 그대로 2인자에 머물러야 했습니다. 이 사건은 티베트인 관원들로 하여금 자신들이 영원히 신뢰받지 못할 것이라는 점을 깨닫게 했습니다.

조경란 최근 티베트 사회의 가장 큰 변화라면 2006년에 베이징과

라싸를 잇는 칭짱철도青藏鐵路가 개통된 것일 텐데, 이로 인해 일반 중국인들의 티베트 여행이 쉬워졌고, 한족과 티베트족 일반인들의 접촉이 급속하게 늘어났습니다. 이를 통해 관방이 독점해온, 또는 관방의 눈을 통해서만 알 수 있었던 '티베트'를 일반 중국인들이 직접 보고 판단할 수 있게 되었다는 점에서는 환영할 만한 일이라고 생각합니다. 그러나 다른 한편으로, '동화주의적 중화주의'를 블랙홀에 비유한다면 이제 거기에 자본이라는 엔진을 단 격이 되었지요. 선생님은 어느 글에선가, 티베트 사람들이 시장과 자본에 대응하는 방식이 중국 사람들과 상당히 다르다고 쓰신 걸로 알고 있습니다. 티베트인들을 부자로 만들어주면 정치적 불만을 품지 않을 거라는 게 중국정부의 생각이었는데, 3·14 사태는 중국정부의 그런 정책이 실패했음을 증명한 것이라고 쓰셨습니다. 정치적 억압 대신 경제적 혜택을 제공하는 중국의 티베트 전략이 실패했다는 것이지요. 또 선생님은 "민족문제는 본질적으로 인문人文의 문제다. 그런데 중국 지도부에는 이것이 결핍되어 있다"고 하셨습니다. 이와 관련해 티베트지구에서 자본주의화가 진행되는 방식과 이에 대한 티베트인들의 반응이 궁금합니다.

왕리슝 중국정부는 티베트의 세속화를 추진하고 있습니다. 근래에 티베트를 방문한 사람들은 국내외 인사를 막론하고 이 점에 대해 깊은 인상을 받았을 겁니다. 라싸는 이미 향락과 물욕이 넘치는 곳으로 바뀌었고, 성스러운 도시의 기운을 잃었습니다. 세속화는 시장경제의 기초에서만 일어나죠. 마오 시대의 정치우선주의와 계급투쟁은 1980년대 중반까지 민족문제를 억누르는 유효한 수단이었지만, 1980년대 후반부터 1990년대 후반까지 마오의 수단은 점차 효력을 상실했습니다. 당시는 아직 시장화가 추진되지 않던 때라서, 낡은 방법은 끝이 났는데 새로운 방법은 아직 나타나기 전이었죠. 그 때문에 당시 티베트 문제가 수면 위로 떠오르게 되었습니다. 티베트인들의 머릿속은 주로 부흥된 종교와 내셔널리즘으로 채워졌고, 중국정부는 정치적인 고압수단과 경제적인 지원으로 대응했습니다.

그런데 1990년대 후반부터 티베트에는 날이 갈수록 시장화 요소가 늘어났습니다. 당국은 세속화로 종교와 내셔널리즘을 해소할 수 있는 수단을 얻게 되었습니다. 그 수단은 얼핏 보기엔 성공적이었죠. 티베트인들의 민족 경계심과 항쟁은 점차 수그러드는 양상을 보였고, 금전과 이익 추구가 사회의 주류를 이뤘습니다. 하지만 새로운 갈등이 나타나기 시작했습니다. 시장은 인구의 자유이동, 경제의 자유경쟁을 불러왔고, 한족이 대량 유입되자 세속화한 티베트인들은 세속적인 이유에서 한족을 반대하기 시작했습니다.

신장新疆의 시장경제는 티베트보다 일찍 시작되었고, 위구르족의 상업 참여, 이익 창출 의지는 티베트인들보다 더 강합니다. 그러나 중국정부의 세속화 전략은 신장의 민족문제를 해결하지 못했을 뿐만 아니라 시장화가 진행될수록 신장 문제는 오히려 더 심각해지고 있습니다. 원인은 바로 신장위구르자치구에 한족이 많기 때문이지요. 신장의 시장경제 발전을 통해 한족이 가장 많은 이익을 차지했고, 자원을 가장 많이 독점했으며, 좋은 일자리도 한족이 차지했습니다. 시장경제에 일단 민족 구분이 생기면 새로운 민족 갈등이 더 많이 발생합니다. 시장경제는 모든 일반 서민과 관련되며, 현실생활의 작은 부분 부분에 반영되죠.

때문에 또 다른 측면에서 더욱 광범위한 민족감정을 촉발합니다. 세속화정책은 결국 효과를 잃을 것이며 정반대의 결과를 가져올 것입니다.

6. 중화민족, 제국의 영광과 꿈
—중화주의와 민족주의 문제

조경란 사실 중국은 대표적인 다민족국가입니다. 중국정부로서는 사회주의 건설 이후에만 그랬던 것이 아니라, 개혁개방 이후에도 소수민족을 대상으로 한 본격적인 '국민화' 작업이 절실했을 겁니다. 그런 필요성에서 나온 것이 신해혁명 이후의 '중화민족론'이고, 1980년대 페이샤오퉁費孝通의 중화민족다원일체구조론中華民族多元一體構造論[6]일 것입니다. 그런 작업들은 현실적으로 소수민족 통합의 논리로서 얼마나 호소력이 있었는지요?

왕리슝 20세기 초 청제국을 뒤엎은 혁명이 초반에 내건 구호가 바로 '오랑캐를 내쫓자驅逐韃虜'라는 대한족주의였습니다. 중화민국이 청제국을 대체하면서 구호는 '오족공화五族共和'로 바뀌었죠. 그러나 중국에

---

6 중화민족다원일체구조론中華民族多元一體構造論을 간략하게 소개하면 이렇다. "중화민족이란 현재 중국 영역 내에서 민족으로서 공통인식을 갖는 11억 인을 가리킨다. 중화민족은 56개 민족의 다원으로 형성된 일체이며, 높은 단계의 공동체의식을 지니는 민족실체이다." 여기서 페이샤오퉁은 중화민족이 56개 민족을 아우르는 물리적 총칭이 아니라 '네 속에 내가 있고 내 속에 네가 있는' 상호불가분의 정체이자 공동운명체라는 점을 강조한다. 이에 대해서는 다음 절 참조.

는 한漢 · 만滿 · 몽蒙 · 회回 · 장藏족만 있는 것이 아닙니다. 동僮 · 이彝 · 묘苗족의 인구도 적지 않습니다. 그렇다면 왜 그들은 공화의 대열에 끼지 못했을까요? 오족공화란 결국 영토의 측면에서 나온 구호이기 때문입니다. 즉 만은 동북, 몽은 몽골, 회는 신장과 서북, 장은 시짱인데, 이 지역들은 바로 청제국이 확장하여 남겨준 유산인 강토疆土입니다.

당시 중국은 주권체제로 전환하는 중이었지만, 주권을 효과적으로 관철하는 능력이 부족했습니다. 또 제국 경내에 있는 그 밖의 민족들도 주권의식이 생겨나는 과정에 있었기 때문에 세계의 주권체계 속에서 자신의 위치를 찾고자 했습니다. 중화민국은 내우외환에 직면하여 자기 한 몸 가누기 힘든 어려운 시기였습니다. 위에서 언급한 지역 중 몽골에서는 절반이 넘는 영토가 몽골국으로 독립했고, 티베트는 중국과의 종번宗藩관계를 단절하고 40년 동안 실질적인 독립을 유지했으며, 신장은 동투르키스탄 국가를 두 번 건립했습니다. 동북 지역 역시 14년 동안 만주국으로 존재했습니다. 중화제국은 사실 이름만 존재했을 뿐 본토마저 일본에 강점당했습니다.

당시 중국은 멸망 위기를 벗어나 생존을 도모하기 위해 두 가지 중요한 문제를 동시에 해결해야 했습니다. 하나는 제국주의 열강의 침략을 막는 것이었고, 다른 하나는 중화제국의 내부 분열을 피하는 것이었습니다. 민족주의는 전자와 관련하여 중요한 수단이었지만 후자에는 부정적인 영향을 끼칠 수 있었습니다. 그래서 제국주의 열강을 물리치는 데는 민족주의를 활용하되 제국 내의 다른 민족들은 자체 민족주의를 지니지 못하게 막는 것이 새로운 과제로 제기되었습니다. '중화민족'이라는 개념은 이를 해결하기 위해 탄생했습니다. 만약 제국 내의 모든 민족들이 '중화민족'임을 인정하고 각 민족이 자신의 입장과 추구하는 바를 포기한 채 통일된 '중화민족'으로 단합된다면, 민족주의는 중국의 모든 사람들이 일심동체로 외부세력에 대항하는 데 이용될 수 있을 것이며 더 이상 내부의 민족 분열을 우려하지 않아도 되는 것입니다. 물론 이런 바람은 일방적인 것이죠. 민족은 긴 세월 동안 쌓아온 문화와 역사적 전통에 근원을 두며, 인위적으로 형성할 수 없는 것입니다.

마오 시대에는 '중화민족' 개념이 그리 필요하지 않았습니다. 그에게는 계급투쟁이라는 더욱 효과적인 수단이 있었죠. 당시 중국공산당의 민족정책은 '민족문제의 실질은 계급문제다'라는 말로 요약할 수 있습니다. 각 민족 내의 억압당하는 계급은 동일한 진영에 속해야지 서로 다른 민족으로 구분되어선 안 된다는 것입니다. 이런 논리에 따라 민족이라는 개념은 중요하지 않은 것이 되었으며, 갈등은 모두 계급 관점으로 처리되고 해결되었습니다. 같은 계급인 이상 민족 자치는 필요 없었습니다. 인구가 가장 많은 한족이 각 민족의 지도자가 되는 것도 안 될 이유가 없었죠.

그러나 덩샤오핑 시대에 와서 계급투쟁은 이미 천인공노의 대상이 돼버렸습니다. 경제 발전을 추진하고 서방세계에 문호를 개방하기 위해서라도 계급투쟁을 포기해야 했습니다. 이때 전통적인 과제가 또다시 새로운 형태로 수면 위에 떠올랐습니다. 문호를 개방할 때 어떻게 서양 민주제도가 중국공산당의 독재제도를 위협하지 못하도록 막을 것인지 하는 거였죠. 민족주의가 또다시 무기로 사용되기 시작합니다. 그러나 '중화민족'이 다시 중요시되었을 때 그 목적은 여전히 민족주의를 국내가 아닌 국외 세력만 겨냥하는 독재의 도구로 만드는 것이었습니다.

조경란 21세기가 된 지금 중국의 경제적 급부상을 배경으로 신중화주의가 다시 등장하는 것이 아니냐는 내외의 시각이 존재합니다. 한족만의 중국이 아닌 티베트족의 중국, 여타 소수민족의 중국을 위해서도 중국인들에게는 발상의 대전환이 절대적으로 필요하다고 생각하는데, 어떻습니까?

왕리슝 정권이 선동한 민족주의는 정권이 만든 새장 안에서 단순히 정권의 도구로만 이용되지 않습니다. 자연스럽게 매개 민족에게 작용하여 민족 내부를 단결시키고, 심지어 민족 독립의 동력으로 작용하기도 합니다. 그러나 사실 '중화민족' 개념은 애초의 목표처럼 한족과 다른 민족을 단합하게 하기도 어려울뿐더러 오히려 민족 대립을 자극하는 중요한 근원이 되기도 합니다. 중화민족의 본질은 한족을 중심으로 한 대일통大一統이며, 다른 민족의 이질성을 부정하는 것입니다. 당국은 다른 민족이 중화민족을 받아들이게 하기 위해 작은 혜택을 베풀어 인심을 사려고 했는데, 그것이 오히려 한족의 불만과 상대적 박탈감을 야기했으며 법제도 시행에 불균형을 초래했습니다. 동시에 당국자들은 매사에 '같은 민족이 아닌 자들은 그 마음이 반드시 다를 것이다非我族類 其心必異'라는 경계심으로 다른 민족의 자립 가능성을 방해했으며, 정치적으로 억압하고 문화적으로 동화시킨 탓에 소수민족의 반발은 갈수록 커지고 관계는 소원해졌습니다. 중화민족 개념의 일체화 지향 때문에 민족의 차이가 반영되지 않아, 소수민족은 자아 보호의 권리를 박탈당했습니다. 결과적으로 주류 민족인 한족이 늘 우위를 점한 채 그 밖의 민족은 경제발전에서도 자기 몫을 차지할 수 없었으며, 오히려 생태자원 측면에서 거대한 대가를 치르면서 자기 고향에서 소외당하고 있는 것이 현실입니다.

이번에 시짱 지역의 광범위한 항쟁 과정에서 한족에 대한 티베트인들의 폭력행위가 나타났는데, 이는 티베트인들이 스스로 중화민족임을 인정하지 않는다는 것을 의미합니다. 그러나 당국 역시 중화민족이라는 개념을 떠나 두 민족의 대립을 확대해서 보여줬고, 이는 한족으로 하여금 티베트인에게 적대감정을 품도록 했으며, 민족 원한을 선동하는 결과를 초래했습니다. 이렇게 된 이유는 현재 중국공산당 정권이 조종할 수 있는 이데올로기로 유일하게 남은 것이 내셔널리즘이기 때문입니다. 그들은 국제사회가 주목하는 티베트 문제에서 중국 국민들이 그들을 위해 국제사회의 비난을 막아주길 절박하게 바라고 있습니다. 비록 공산당 정권이 국내외 한인漢人들을 자기편으로 만드는 데는 성공했지만, 이런 민족주의는 이미 종족주의로 변질된 것이며 대한족주의의 본질로 되돌아간 것입니다. 혈연, 문화, 역사의 근원을 둔 민족이 일어섰을 때 '중화민족'이라는 개념은 널빤지 무대배경처럼 순식간에 무너질 것입니다.

중국의 내셔널리즘이 국내에서는 약소민족을 억압하는 종족주의로, 국제사회에서는 민주주의를 위협하는 극단적 민족주의로 바뀌었을 때, 국제사회는 중국이 파시스트 강권의 전철을 밟지 않을까 우려하겠죠. 저 역시 같은 우려를 품고 있습니다.

조경란 다른 문제에 대해서는 잘 모르겠지만, 중국의 지식인들은 타이완 문제와 소수민족 문제에 대해서만큼은 정부와 시각이 대동소이하다는 느낌입니다. 이것은 정부의 사상통제 때문입니까, 아니면 지식인 각자의 생각이 그래서입니까? 아니면 지식인의 습관화한 자기검열 때문입니까?

왕리슝 많은 중국 지식인들이 정부와 같은 시각을 보여주는 이유는 결코 정부가 두려워서가 아닙니다. 바로 그들의 생각이 그렇기 때문입니다. 심지어 일부 해외망명 중인 반정부 인사들도 이번 티베트 사태에서 정부를 지지하고 있는데, 이는 일종의 제국적 특징이라고 할 수 있을 것 같습니다. 그들은 제국의 영광과 꿈이라는 요람에서 성장했고, 제국 정서가 골수까지 깊이 박혀 있습니다. 저 역시 그들과 시각이 같았던 시기가 있었습니다. 그런 정서를 떨쳐내기란 결코 쉽지 않았습니다.

7. 티베트를 보는 균형 잡힌 관점과 아시아적 전망

조경란 선생님은 1999년에서 2002년까지 《뉴 레프트 리뷰*New Left Review*》를 통해 티베트족 출신의 티베트 연구자 체링 샤카Tsering Shakya와 논쟁을 벌이셨죠. 선생님의 글[7]을 체링 샤카가 반박했는데,[8] 티베트를 바라보는 두 분의 시각에서 가장 큰 차이점은 무엇입니까?

---

7 〈西藏：二十一世紀中國的軟肋〉,《戰略與管理》第1號, 1999；〈西藏問題的文化反思〉,《戰略與管理》第5號, 1999. 영문판은 Wang Lixiong, "Reflections on Tibet", *New Left Review*, No. 14, March/April 2002 참조.

8 "Blood in the Snows", *New Left Review*, No. 15, May/June 2002.

왕리숑 체링 샤카는 티베트 종교에 대한 저의 일부 견해를 반박했으며, 저는 그 과정에서 많은 것을 배웠습니다. 티베트 문제의 현실을 바라보는 두 사람의 견해에는 큰 차이가 없습니다. 다른 점은 주로 역사에 대한 판단입니다. 저는 마오쩌둥이 계급투쟁으로 티베트 민족을 분화시켰으며, 의식적이든 무의식적이든 티베트 전통 종교의 틀을 이용하여 '신계윤회神界輪回'의 전환[9]을 완성했다고 봅니다. 때문에 티베트 사람들 중 상당수의 하층서민들이 전통 종교를 버리고 그 대신 마오와 공산주의를 신앙으로 삼았으며, 티베트 종교 파괴활동에 적극 참여했죠. 중국 국내의 많은 티베트인들은 이러한 심경의 변화를 이해하지만, 해외의 티베트인들은 절대 동의하지 않습니다. 그들은 마오 시대의 중국이 폭력과 공포라는 수단에 전적으로 의존했으며, 소수의 정의롭지 않은 티베트인들과 손잡고 티베트인들이 복종하도록 강요했다고 생각합니다.

조경란 또 최근 티베트 사태 이후 왕후이가 이에 대한 자신의 소견을 장문의 글로 발표했습니다. 이 논문은 중국은 물론이고[10] 일본의《현대사상》특집호(2008년 4월)에도 실렸는데, 이 글에서 그는 티베트에 관

9 티베트 기층 민중에게 종교적 신이 없으면 안 되는 상황에서 원래 있던 신이 새로운 신으로 치환되었다는 뜻이다. 그러나 치환이 가능하려면 본래 신보다 새로운 신이 훨씬 강하다는 것이 전제되어야 했다. 왕리숑의 해석에 따르면, 티베트인이 보기에 마오쩌둥과 달라이 라마 중 마오가 강해 보였기 때문에 오래된 신의 시대가 끝나고 강대한 새로운 신의 시대가 문혁 전부터 시작되었다는 것이다. 그리하여 1960년대와 70년대의 시짱에서는 마오의 체계가 전승을 거두었고, 시짱에 대한 중국의 주권 통제는 전에 없이 안정된 상태를 유지할 수 있었다. 오늘날 일상적으로 일어나는 '민족 문제'는 그때는 매우 적게 존재했다. 〈西藏問題的文化反思〉,《戰略與管理》第5號, 1999 참조.

10 〈東方主義, 民族區域自治與尊嚴的政治〉,《天涯》2008年 4月.

한 여러 가지 문제를 방대한 자료를 동원해서 이야기하고 있더군요. 여기서 오리엔탈리즘을 언급한 부분만 소개하자면 "티베트 독립을 지지하는 사람들은 대체로 티베트 관련 지식에 관한 한 오리엔탈리즘의 지知에 깊은 뿌리를 두고 있다. 티베트 사태에는 특정 정치세력의 세론 유도와 조직화한 정치행동이 개입되어 있는데, 여기에 가장 많이 관계하고 있는 것이 미국이다. 티베트에 대한 동정同情에는 중국의 경제적 급부상과 이질적인 정치제도에 대한 공포와 반감이 작용하고 있다"고 했습니다.[11] 그리고 티베트 지지자들 중에는 오리엔탈리즘적 상상, 냉전 이데올로기, 할리우드 영화의 영향을 받은 사람들이 다수라고 지적하고 있습니다. 저는 왕후이의 오리엔탈리즘에 대한 지적이 꽤 일리가 있다고 생각하지만, 한편으로 반구저기反求諸己(잘못을 자신에게서 찾는다)라는 말이 생각날 정도로 티베트 문제의 근원을 모두 내부가 아니라 외부에서 찾으려 하는 건 아닌가 의구심이 들더군요. 왕후이의 이런 견해를 어떻게 평가하십니까?

왕리슝 왕후이의 면밀한 문장과 다양한 자료 인용에 늘 탄복합니다. 그의 애국적인 입장도 매우 뚜렷하고요. 이런 빈틈없는 문장은 쉽게 평가하기 힘들 것 같습니다. 그러나 저는 그가 서적에 대해서만큼 사실에 대해서도 학자적인 엄격함을 보여주고 있지는 않다고 봅니다. 그는 "시짱지구의 폭동은 엄밀한 조직, 책동과 내외협공이 없었다면 불가능한 것이다"라고 확신에 차서 말했지만, 많은 티베트인을 체포하여 조사한

11 소수민족에 대한 왕후이의 견해는, 필자의 2004년 시민사회에 관한 대담을 참조해도 좋다. 조경란, 《현대 중국사상과 동아시아》(태학사, 2008).

경찰조차 여태껏 '엄밀한 조직, 책동과 내외협공'의 증거를 찾지 못했죠. 이런 상황에서 그와 같은 문인이 어떻게 그런 결론을 추정해냈는지 궁금합니다.

그의 글 마지막 한 소절의 제목은 '항의운동은 일종의 존엄정치다'였습니다. 저는 그 제목을 보고 그가 티베트인의 항의시위를 위해 몇 마디 변호를 해주리라 기대했습니다. 나머지 글 모두가 중국의 애국자들을 위한 변호였다 해도, 아주 짧은 몇 마디만 있었다면 저는 그에게 존경심을 품었을 것입니다. 그러나 그는 장편의 글을 통해 티베트인들의 항의시위를 그렇게나 학술적으로 비난한 뒤, 모든 존엄을 중국 애국자들의 문화대혁명식 항의에 바쳤습니다. 저는 심지어 그의 글을 읽느라 괜한 시간을 허비했다는 생각마저 들었습니다.

조경란 앞에서 오리엔탈리즘 문제가 나왔습니다만, 저는 오리엔탈리즘을 비판하려면 그와 동시에 자기가 속한 해당 사회의 정치권력이나 거기에서 비롯된 여러 가지 문제를 함께 비판해야 한다고 봅니다. 오리엔탈리즘에서 벗어난다는 것은 서양이 해석한 아시아를 거부한다는 뜻입니다. 서양중심주의에서 벗어나는 것을 의미하겠지요. 그런데 동서양의 패권이 비균등적인 상황에서 이는 서양보편주의에 대한 상대주의의 저항이라는 의미를 띤다고 할 수 있을 겁니다. 그러나 현실적으로 아시아의 지식인들 중에는 서양의 패권에는 저항하면서 해당 사회의 정치권력에는 눈감는 경우가 적지 않습니다. 상대주의가 쉽게 빠지는 함정이기도 합니다. 제가 말하고 싶은 바는, 해당 사회의 봉건권력이나 독재권력에 대한 비판이 동반되지 않는 오리엔탈리즘 비판은 결국 그

해당 권력을 옹호해주는 기능을 하게 된다는 겁니다. 동시에 오리엔탈리즘에 대한 비판 없는 봉건·독재권력 비판 또한 서양중심주의에 빠지거나 서양에 대한 환상을 품게 된다는 점에서 문제가 있다고 생각합니다. 이런 점에서 티베트(민중)의 저항은 서양의 오리엔탈리즘은 물론이고 중국정부의 독재와 티베트의 봉건세력 모두를 향해야 하지 않을까요. 구체적으로 말하면, 티베트 민중이 서양인이 상상한 티베트, 즉 샹그릴라의 신화에 갇힌다거나 이들과 협력한다면 중국정부에 대한 비판의 힘도 그만큼 약해질 수밖에 없다고 할 수 있겠지요. 이 문제를 어떻게 보시나요?

왕리슝 "현실적으로 아시아의 지식인들 중에는 서양의 패권에는 저항하면서 해당 사회의 정치권력에는 눈감는 경우가 적지 않습니다." 이 말씀에 동의합니다. 이런 현상은 중국에서 특히 더 두드러집니다. 저는 이것이 단지 사상의 오류에 따른 것이라고 보지 않습니다. 이기심과 나약함에 기인한 영악한 잔꾀에 더 가깝죠. 이와 비교했을 때 "서양중심주의에 빠지거나 서양에 환상을 품게" 되는 것의 위해는 중국이라는 공간에서는 훨씬 적다고 봅니다. "서양의 오리엔탈리즘은 물론이고 중국정부의 독재와 티베트의 봉건세력 모두를 향해야" 한다는 것은 책 속의 이상적인 상황이고, 현실에서 우리는 반드시 주요한 적을 선택해야 합니다. 그리고 다른 세력과 동맹을 맺어야 하죠. 만약 저에게 선택하라고 한다면, 주요한 적으로 제일 먼저 독재권력을 선택할 것입니다.

조경란 만일 중국에서 오리엔탈리즘만을 비판하고 해당 권력을 포함한 내부 비판을 등한시한다면 전자도 힘을 받을 수 없겠지요. 중국의 상황에서 독재권력을 견제하는 의식이 없다면 소수민족은 영원히 눈에 들어올 수 없다고 봅니다. 소수민족이라는 주변 또는 내부의 타자가 눈에 들어오지 않는다면 아시아적 전망 또한 요원한 것 아닐까요? 내부를 보는 시선은 외부를 보는 시선과 별개가 아니기 때문이죠. 말씀을 종합해볼 때, 선생님은 티베트에 남다른 시각으로 접근하고 계십니다. 티베트 문제를 고민해온 경험을 바탕으로 아시아와 관련된 새로운 전망을 구상해보신 적이 있을 것 같습니다. 마지막으로 그 점을 묻고 싶습니다.

왕리슝 저는 구미보다 아시아에 훨씬 관심이 큽니다. 그 이유는 아시아의 다양성 때문이며, 아시아에 새로운 것의 창조 가능성이 더 많기 때문입니다. 그러나 저는 아시아에 대한 이해와 아시아적 교류가 매우 부족합니다. 이는 중국 사상계와 학계의 보편적인 현상일 수도 있습니다. 적어도 사상교류와 민간협력 분야에서 아시아에는 자아소통의 횡적 경로가 부족하며, 자아의 범주가 형성되지 않았고, 주로 구미를 통해 간접적으로 소통하고 있다고 봅니다. 구미의 오늘은 아시아의 미래가 아니며, 역사는 결코 구미에서 종결되지 않았습니다. 생태 문제가 나날이 두드러지고 갈수록 자원이 부족해지며 글로벌화가 빠르게 진행되는 오늘날, 자본주의와 소비주의의 이위일체二位一体는 끝내 막다른 길에 다다를 것입니다. 구미의 현행 제도는 새로운 시대에 인류가 직면할 새로운 문제를 해결할 수 없습니다. 중대한 의미를 지닌 탐구가 아시아에서 돌파구를 찾을 수 있을지 기대됩니다. 아시아 자유국가의 지식인들과 민간사회가 아시아 협력에 더 긍정적인 역할을 해낼 수 있으리라 믿습니다.

조경란 선생님 말씀은 아시아가 맞닥뜨릴 생태 문제를 염두에 두면서 새로운 발전모델을 심각하게 고민해야 될 때라는 지적으로 들립니다. 이를 위해 아시아에서 자아소통의 횡적 경로가 하루빨리 마련되어야 할 것입니다. 오랜 기간에 걸쳐 여러 문제에 친절하게 답변해주신 점,《역사비평》을 대신해 진심으로 감사드립니다.

8장

현대 중국의 소수민족과 '국민화' 이데올로기

—

중화민족론을 중심으로

1. 중화민족 개념—'국민화' 이데올로기

중국에서 근대적인 의미의 '국민화'는 신해혁명 이후 중화민국이 건설되면서부터 국가수뇌부와 지식인의 지속적인 '희망사항'이었다고 할 수 있다. 그런데 중국은 현실적으로 신해혁명을 거쳐 제국에서 벗어났으면서도 제국의 형태를 유지해야 하는 국민국가, 그리고 이에 걸맞은 국민의식을 창출해야 하는 역설적인 상황에 맞닥뜨리게 된다. 현재의 중화인민공화국도 영토와 민족구성에서는 기본적으로 청조를 계승한 국가라는 점에서 중화민국의 출발기와 역사적 국면만 달라졌을 뿐 동질의 고민을 안고 있다고 할 수 있다.[1] 신해혁명 이후 제국을 국민국가의 틀로 수렴해야 했던 중심과제가 지금까지 이어져오고 있는 것이다.

중국의 국가 수뇌부는 아직도 제국 형태에 걸맞은 중화민족으로서의 의식을 버리지 않으면서 이를 일국적 단위로서의 국민국가 의식의 창출이라는 과제와 어떻게 조화시켜나갈 것인가를 관건적 문제로 보고 있다. 따라서 중화사상(천하사상)과 국가사상이 교묘하게 공존하는 상

---

1 여기에는 역사적으로 인구증가의 문제와 더불어 최근에는 신장의 경우 구소련에서 독립한 민족국가들이 인접해 있는 탓에 국경 문제, 자원 문제, 이슬람 원리주의 문제 등 더욱 복잡한 문제가 내재되어 있다(이동률, 〈소수민족의 분리주의 운동〉, 전성흥 편, 《전환기의 중국사회 II》 [오름, 2004], 310쪽 참조). 중국에서 민족주의자로 분류되는 왕샤오둥과의 인터뷰(2004년 2월 19일 베이징에서 필자와 인터뷰)에서도 그는 직접 소수민족지구, 특히 신장은 자원 문제 때문에라도 중국정부가 포기할 수 없을 것이라고 직접 말한 바 있다.

황이 연출되는 것이다. 이 상황에서 중화사상에 내장되어 있는 ('보편주의'적) 문명 개념은 다시 근대화라는 외피를 쓰고 '국민화'의 핵심적 이데올로기로 부상하게 된다.

우선 '국민화'의 문제를 통치자의 입장이 아닌 통치의 대상, 즉 소수민족(또는 농민)의 입장에서 보자면 관리의 대상인 소수민족 자신이 중국인으로서 얼마나 자각적으로 '주체성'과 '정체성'을 지니느냐의 문제가 관건이라 할 수 있을 것이다. 이 문제와 관련해 발리바르Étienne Balibar의 논의를 빌려 설명하자면, 경제의 재생산 자체, 특히 개인의 교육, 가정 구성, 공중위생기구 등 사적 생활의 모든 공간에 개입하는 국가가 출현하고 모든 계급의 개인들은 국민국가의 시민의 지위, 즉 '동국인nationals'이라는 속성을 띠게 되는 것을 의미하는[2] 것이라 할 수 있다.

이렇게 '국민화'를 정의했을 때 우선 국가기구의 출현과 그것의 시스템적이고 추상적인 개입이 대전제가 되지만 그것을 받아들이는 주체 또한 존재해야 한다. 더욱이 이들이 국가의 개입을 수동적으로 받아들이는 단계를 넘어 능동적으로 공동체의식을 갖는 단계에 이르러야 '명실상부'한 '국민화'가 성립하는 것으로 본다. 따라서 '국민화' 문제를 근본적이고도 성찰적으로 보려고 할 때는 '국민화'를 통해 국민통합을 이루려는 통치자의 입장에서뿐 아니라 그것을 받아들이는 주체의 입장에서 이들에게 가해지는 모든 종류의 이데올로기적 작용을 어떻게 받아들이고 정체성화했는지를 고찰해야 한다.

그러나 이 장은 피통치자 입장에서 위와 같은 분석을 진행하기 전

---

2 Étienne Balibar, "The nation Form : History and Ideology", Étienne Balibar and Immanuel Wallerstein, *Race, Nation, Class*(London·New York : Verso, 1991), p. 92.

에 진행하는 선행연구다. 즉 통치자 쪽에서 어떻게 '국민화'를 진행했는지 검토하려는 것이다. 소수민족은 중국에 통합된 이래 현재까지 전 역사를 통해 문화적 · 정치적 · 경제적으로 '보편적' 타자로서 존재해왔다. 이 점에서 '보편적' 타자인 소수민족에 대한 중국 지식인들의 사고와 정치지도자들의 정책을 검토하는 것은 그들의 '주변周邊'에 대한 인식을 가늠하는 바로미터가 될 수 있다.

이 장은 서세동점이 시작되는 시점부터 100년의 사상사 속에서 중국 지식인과 정치지도자들이 중화민족 개념을 소수민족과 관련하여 어떤 식으로 개념화하고 인식했으며 정책화했는가를 알아보고자 한다. 구체적으로는 중화민족 개념을 '국민화' 이데올로기로 보고 100년 동안의 '국민화' 기획에 민족 · 중화민족 · 중화민족다원일체구조론中華民族多元一體構造論을 통해 소수민족을 어떻게 통제하고 관리하려 했는가에 대한 비판적 검토다.

따라서 이번 장은 철학적 쟁점을 중심으로 한 논의이기보다는 중국 사상가와 정책입안자들의 자기중심주의적 사고에 대한 텍스트 분석과 그에 대한 주변적 시각에서의 비판적 논의임을 밝혀둔다. 우리는 아직 중국의 중심주의적 사고습관뿐 아니라 한국을 포함한 동아시아를 주변에서 보는 시각에 익숙하지 않다.[3] 이 작업을 토대로 우리의 이웃나라인 중국은 무엇인가, 또 더 이상 약체국이 아닌 한국도 중국을 타산지석으로 삼는 계기가 되었으면 한다.

---

3 왜 주변의 시각이 필요한가에 대해서는 백영서, 〈주변에서 동아시아를 본다는 것〉, 《주변에서 본 동아시아》(문학과지성사, 2004) 참조.

2. 민족담론과 소수민족의 시선

중화민족 개념을 거론하기 위해서는 그것이 형성되는 과정이라고도 볼 수 있는 민족담론을 둘러싼 논의를 검토하는 것이 피할 수 없는 수순이다. 민족이라는 용어는 서양 세력이 중국에 들어오면서 소개·담론화·대중화하기 시작했다. 민족은 망국멸종의 위기상황이 심화하면서 인민의 단결을 위한 가장 호소력 있는 정치술어 중 하나였기 때문이다.

그렇다면 중국에서 민족이라는 용어는 중국에서 언제 출현했을까? 중국에서 '민족'이라는 단어가 출현한 구체적인 시기에 대해서는 주장이 분분하지만, 대략 1895년 《강학보强學報》로 보고 있다.[4] "50년 이래 전권 무한하여 약자가 망하지 않은 곳이 어디 있는가? 나라를 쉽게 다스리는 데는 군권의 독단과 민족이 그 명을 따르는 것이 중요하다. 하지만 결국에는 영국과 프랑스 의원의 제약을 받게 되었다는 것은 지식이 있는 사람이라면 짐작할 수 있는 일이다."[5]

19세기 말에 민족이라는 용어가 출현하기는 하지만 아직 보편적인 개념은 아니었으며 내용도 주로 서양 제국의 민족 상황을 소개하고 정황을 설명하는 데 목적이 있었다. 이때 민족이라는 용어는 일본의 메이지 시대에 출판된 책에서 차용된 것이다. 물론 민民과 족族이라는 두 문자는 일본이 중국의 고전에서 빌려온 것이며, 민과 족이 합쳐서 근대적인 의미의 네이션nation으로 쓰이게 된 것은 일본의 서양서 번역을 통해

4 韓錦春·李毅夫, 〈漢文"民族"一詞的出現及其初期使用情況〉, 《民族研究》 1984年 第2期(中國社會科學出版社), 36~37쪽.

5 《强學報》 第2號, 2쪽.

서다.[6]

하지만 얼마 안 지나 민족이라는 용어는 19세기 말 외국의 민족 상황을 설명하는 소극적인 역할에서 벗어나 중국의 민족과 민족주의의 출현을 적극 강조한다. 뿐만 아니라 민족주의를 자신들의 고유한 양지 본능이라고 하는 등 민족의 실체를 주장하는 담론들이 대세를 이루게 된다. '국민화' 기획에 민족담론이 적극 활용되는 것이다.

량치차오는 "민족주의는 세계에서 가장 광명정대하고 공평한 주의다. 다른 민족으로 하여금 나의 자유를 침략하지 못하게 하며 나 역시 다른 민족의 자유를 침해하지 못하게 하는 것이다"[7] "타인이 제국주의로 나를 침략하는 것이 두려운 줄 안다면 우리가 고유하게 가지고 있는 민족주의를 신속하게 양성하여 제국주의를 제지해야 한다. 이것이 금일 우리 국민이 당면한 것이다"[8]라고 말한 바 있다. 장빙린章炳麟도 "민족주의란 태곳적부터 그 근성이 본래 잠재되어 있었으며 오늘에 이르러 비로소 발달하기 시작했다. 이것이야말로 생민生民의 양지 본능이다"[9]라고 했으며, 왕징웨이汪精衛도 "민족의 결합은 결코 우연이 아니라 역사상 상호 공통의 관계가 있는 것이기 때문에 파괴할 수 없는 공동의 단체이며, 따라서 영구적으로 결합해야 한다. 우연히 모이고 흩어지는 것은 민족이 아니다"[10]라고 말한 적이 있다. 옌푸嚴復 또한 "금일 (정치)당파에서는 비록 신구의 차이가 있지만 민족주의에 대해서는 다투지 않

---

6 韓錦春·李毅夫, 36쪽.

7 梁啓超, 〈國家思想變遷異同論〉(1901), 《飮冰室文集》 2冊 6卷(臺灣中華書局, 1983), 20쪽.

8 梁啓超, 〈國家思想變遷異同論〉(1901), 22쪽.

9 章炳麟, 〈駁康有爲論革命書〉, 《章太炎選集》(上海人民出版社, 1981), 157~158쪽.

10 汪精衛, 〈民族的國民〉, 《民報》 1905年 第1期(11월 26일).

고 모두 단결해야 한다"[11]고 주장한 바 있다.

그러나 민족주의 담론은 위에서처럼 자신의 생존을 위한 저항적 전략의 용도로만 활용되는 것은 아니었다. 량치차오는 민족주의 다음에는 민족제국주의가, 그다음에는 만국대동주의 시대가 온다고 본다.[12] 이를 기준으로 보면 민족주의는 만국대동주의로 가는 도정에서 민족제국주의의 전 단계에 불과한 것으로, 또 민족주의가 만국대동주의로 진화하는 과정에서 비약을 허용하지 않는 한은 민족제국주의 단계를 지나칠 수 없는 것으로 보는 것이다. 여기서 민족제국주의 단계가 필연적인 과정으로 인식된 이상 이를 합리화하기 위한 담론의 등장 또한 필연적인 일이다.

"19세기 구주 각국은 민족주의에서 민족제국주의가 되었다. 제국주의는 무엇인가? 야만인이 부의 원천인 토지를 개발할 능력이 없기 때문에 문명인이 이를 대신하여 개척해야 하는 것이고 (그렇기 때문에) 우등 인종이 열등 인종을 학대하는 것은 인도의 당연한 도리라 할 수 있다."[13] 이 언설은 이미 제국주의 옹호를 넘어서서 자신을 제국주의와 동일시하는 듯한 느낌마저 준다. 조국이 서양세력에 침략당하고 있는 상황에서 이렇게 발언할 수 있다는 것을 우리는 어떻게 받아들여야 할까? 과거에 제국의 경험이 없고 앞으로도 그렇게 될 가능성이 전무하다고 생각되는 경우에도 이런 식의 서술이 가능할까?

나는 여기서 이들에게는 문명이 제국의 '보편주의'라는 이름으로

11 E. Jenks,《社會通詮》, 嚴復 譯(商務印書館, 1981), 115쪽.
12 梁啓超, 〈國家思想變遷異同論〉(1901), 18쪽.
13 〈論中國之前途及國民應盡之責任〉,《湖北學生界》1903年 第3기 선집 제1권, 460쪽.

나타나기 때문에 민족주의와 만국대동주의 사이에 존재하는 제국주의에 대한 도덕적이고 비판적 해석은 오히려 반문명적인 주장으로 들리기도 한다는 점을 확인해두고 싶다. 그리고 이와 비슷한 생각을 한 지식인이 당시 드물지 않았다는 점 또한 기억할 필요가 있다. 즉 21세기는 중국의 세기가 될 것이라는 등, 중국이 패권을 잡게 될 것이라는 등의 예언 말이다.

이런 '적극적인' 민족 개념이 출현하면서 중국 국내적으로 가장 중요한 변화를 보인 것은 당시에 논의되고 있던 연정담론이 급속하게 국가 중심 담론으로 재편성되고 이를 통해 담론상에서 국민국가 건설을 기정사실화했다는 점일 것이다. 그리고 이 국민국가 건설 담론은 고대 시기 문헌에서 보이는 문명과는 다른 근대적인 의미의 문명 개념을 동원하게 된다. 이 시기 국민국가 건설과 관련한 담론 속에서 이미 문명의 자유가 야만의 자유와 적대관계를 이루면서 칭양된 대표적인 사례를 우리는 량치차오의 글에서 확인할 수 있다. 이때 문명이라는 단어는 '국민화'를 위한 우회적인 회로라 할 수 있으며, 량치차오의 제창 아래 한국의 근대사상계에서도 대유행이 되다시피 한 '신민新民'이라는 단어는 곧 야만인에 대한 문명인이자 국민의 다른 이름이라 할 수 있다.[14]

그러나 거꾸로 문명을 부정하고 야만을 긍정한 예도 있다. 장빙린은 서양의 '보편적 문명[文]'에 대해 중국의 '야만적 문명[野]'을 강조한 바 있다. 이것은 중국 민족의 자기주장으로서 자기의 독자성을 강조한 것인데, 서양이라는 문명(제국주의)과의 동일성보다는 차별화를 통한

14 이에 대해서는 조경란, 〈중국 시민사회 담론의 초기적 특징(량치차오의 국민국가 인식의 시민사회적 함의를 중심으로)〉, 《대동철학》 2003년 9월 참조.

근대화 전략의 하나로 이해할 수 있다. 따라서 여기서 문화의 차이를 강조하는 것은 민족의 자기주장과 연결된다. 중국을 야野로 정체성화하는 것은 중국의 불행한 현실을 역설적으로 이해하는 하나의 방식이기도 하다.[15]

그런데 여기서 각도를 좀 달리해 보면 문화의 차이에 대한 강조는 국내적 헤게모니 문제와도 긴밀하게 연결되어 있다. 다시 말해 중국의 근대 시기 민족이라는 단어는 대외적 위기의식에서 구축되어 중국 국민의 정체성을 형성하는 중요한 계기로 작용하지만, 다른 한편으로는 민족을 개념화하는 과정에서 이민족 왕조인 청정부에 대한 해석을 둘러싸고 장빙린 같은 혁명파와 변법파 등 다른 정치 계파와의 사이에 헤게모니 문제가 복잡하게 얽혀 있다는 점에도 주의할 필요가 있다. 이 점에서 일반적으로 민족 창출은 상당 부분 허구적이며 기실 국내적 헤게모니의 문제와 맞닿아 있다는 발리바르의 지적[16]은 귀담아들어야 하며 중국도 이런 측면을 비켜갈 수 없다.

그렇다면 이와 관련하여 19세기 말 민족담론이 생성될 당시 중국 내부의 타자이며 또 다른 의미의 '식민지'라고도 할 수 있는 소수민족의 처지에서는 민족담론을 어떻게 봐야 할까? 소수민족의 자결과 독립 요구에 대해서 민족담론 유포를 통한 '국민화' 작업에 몰두했던 중국의 정치지도자들은 어떤 태도를 취했는지가 궁금하지 않을 수 없다. 배경한에

---

15 여기에는 청조 지배를 부정하고자 하는 정치전략이 담겨 있다. 하지만 황제의 자손 운운하면서 민족의 순수성을 강조하는 것은 이후 국면이 바뀌면 타민족과 타인종을 차별하는 논리로 변질되기도 하고 일본처럼 국수주의와 국가주의로 귀결되는 경우도 있다. 이에 대한 자세한 논의는 坂元弘子, 《中國民族主義の神話》(岩波書店, 2004) 참조.

16 Étienne Balibar, "Preface", *Race, Nation, Class*, p. 12.

따르면 신해혁명으로 만주족의 지배에서 벗어난 한족은 티베트와 몽골의 독립 요구는 묵살했고 이 점에서 오히려 저항적 민족주의와는 상반되는 팽창적 민족주의의 모습을 드러낸 것으로 봐야 한다고 주장한다.[17]

그러나 19세기 후반 중국에 들어온 민족·민족주의 담론이 20세기 초까지의 학계를 장악하게 된 주요 원인은 서구세력의 침략 심화와 이에 따른 국민국가 창출을 위한 분투의 일환이었다고 할 수 있지만, 중국 내 소수민족의 입장에서 보면 이들에게 근대는 서구제국주의가 들어오기 전부터 이미 식민화되는 과정이었다는 것이 이 문제에 일찍부터 관심을 두고 연구해온 조지프 플레처와 유장근의 견해다. 이들에 따르면 18세기에 빈번하게 일어나는 소수민족의 반란을 겪으면서 청조는 행정적 지배와 교육을 통해 이들을 한화漢化시켜나갔으며, 따라서 소수민족에게 근대는 한족에게 동화 또는 식민지화해가는 과정이었다고도 할 수 있다. 따라서 유장근은 동아시아적 근대는 아편전쟁부터 시작된 것이 아니라 청제국의 팽창이 극에 달한 18세기 중엽부터 이미 시작됐으며,[18] 근대기의 민족주의 역시 서구열강의 침입에 대응한 중국적 형태이기 이전에 중국의 팽창에 대한 소수민족의 저항에서 시작되었다고 본다. 바로 이 점에서 근대 중국은 조공국과 소수민족의 희생 위에서 발전한 측면이 있다는 것이다.[19]

---

17 배경한, 〈19세기 말 20세기 초 중화체제의 위기와 중국 민족주의〉, 《역사비평》 2000년 여름호, 247쪽 참조.

18 Joshep Fletcher, "Ch'ing Inner Asia C.1800", *The Cambridge History of China* Vol. 10, Part 1 (Cambridge : Cambridge University Press, 1978), p. 35 ; 유장근, 〈동아시아 근대에 있어서 중국의 위상〉, 《근대 동아시아 국제관계의 변모》(혜안, 2002), 47쪽에서 재인용.

19 유장근, 〈동아시아 근대에 있어서 중국의 위상〉, 47쪽.

3. 중화민족의 외연 확장과 그 의미

민족이라는 단어가 출현하는 것과 거의 같은 시기에 민족의 긍지와 각성을 의미하는 중화민족이라는 개념도 출현했다. 일본에서 들여온 '민족'이라는 말은 중국에서 민족 단독어로도 쓰였지만 20세기 초에는 주로 중화민족, 중국민족의 형태로 쓰였다. 그리고 이 용어가 출현한 이후 신해혁명기까지는 한족이라는 단어와 동의어로 쓰였다. 1905년 동맹회 구성의 목표를 "오랑캐를 몰아내고 중화를 회복하자驅逐韃虜, 恢復中華"는 데 두었다는 것은 이를 잘 말해준다.

그러나 우창武昌 봉기 이후 신해혁명을 통해 청조가 무너지고 난 다음 중화 회복에 가장 열성이었던 혁명가 쑨원은 만주족과 그 밖의 소수민족에 대한 기존의 입장을 바꾸게 된다.[20] 쑨원은 1912년 중화민국 임시대총통 선언서에서 "국가의 근본은 인민에 있다. 한漢·만滿·몽蒙·회回·장藏의 땅을 합해 일국으로 하고 한·만·몽·회·장 여러 민족을 합해 일인으로 한다. 이것이 민족의 통일이다"라는 내용의 오족공화론을 선언한다. 이는 소수민족의 독립 요구를 묵살한 데 대한 대가적 성격이 강한 것이라 할 수 있다.

이 임시약법에서 언급한 오족공화론은 많은 다른 중국 '지사'들에 의해 '위험한 발상'이라는 지적을 받으면서 신속하게 사라지기는 하지만, 그 발상만은 신해혁명 이후 필요해진 소수민족과의 통합을 위해서 나온 평등 구상임에 틀림없다. 일단은 이민족 왕조였던 청조를 무너뜨

20 이에 대해서는 조경란, 〈21세기 쑨원과 삼민주의는 어떤 의미인가 : '제국성'과 국민국가의 이중성〉, 《성균차이나브리프》 제4권 제2호(2016년 4월) 참조.

린 마당에 더 이상 만주족을 소외하는 전략을 구사할 당장의 필요성이 없어졌으며, 따라서 신해혁명 뒤 정치지도자들의 입장에서 보면 그들에게 남겨진 과제는 전 민족의 통합이었다고 할 수 있다. 이 상황에서 평등 담론의 강조는 국민통합에 더할 나위 없는 수단이 된다.[21]

하지만 20세기 초 평등을 강조하는 한편으로 중화주의적 사고가 주요 지식인들 머릿속을 떠나지 않고 있음을 우리는 장빙린과 량치차오 등에게서 발견할 수 있다. 장빙린은 중국의 영토를 한나라 시대의 지배를 기준 삼아 주변을 몇 가지로 나눠 앞으로 반드시 회복해야 하는 곳(조선과 베트남)과 자신들이 마음대로 할 수 있는 티베트·몽골·회부로 분류한 바 있다. 이에 대해 사카모토 히로코坂元弘子는 장빙린의 주장이 서구에 대해서는 소수자의 입장에 서 있고 만주족 지배에 대한 저항의 논리일 수 있지만, 그것이 국내 또는 주변의 소수자에 대해서는 완전히 역전이 일어난다고 지적한 바 있다.[22] 량치차오도 "묘족·티베트·몽골·흉노·만주 등에 대해서는 대충 한족이라 보고 4억의 동포라 불러도 될 것이다"[23]라고 한 바 있다. 오족공화론의 원형을 제공한 것으로 알려져 있기도 한 이 발언에서 량치차오는 이미 소수민족의 한족 동일화를 당연하게 여기고 있는 것이다.

위의 발언을 기준으로 보면 소수민족에 관한 한 이미 사상계에서

---

21 중국과 같은 다민족 국가에서 '국민화'는 특별히 평등을 강조하면서 진행되는데, 이는 곧 중화민족의 외연을 확장하는 과정이기도 하다. 물론 중국뿐 아니라 국민국가 형성 시기에 전근대적인 계급차별 철폐를 강조하고 수평적 국민통합을 이루기 위해 평등은 보편적으로 동원되는 언설이다. 하지만 중국에서 평등 이데올로기는 계급평등에 더하여 민족 간의 평등을 강조하는 데 이용된다.

22 坂元弘子, 《中國民族主義の神話》(岩波書店, 2004), 79쪽 참조.

23 梁啓超, 〈中國史敍論〉, 《飮氷室合集》(中華書局, 1989), 7쪽.

일반적으로 분류되는 민족주의의 주류(량치차오)와 비주류(장빙린)의 차이는 더 이상 발견되지 않는다. 거듭 말하지만, 대외적인 위기감에서 비롯되었다고 알려진 민족 또는 민족주의라는 언설은 그 내용을 들여다보면 당시의 정치 지형과 소수민족에 대한 입장 등 중국 내의 정치역학과 밀접하게 연결되어 있었으며, 이는 신해혁명으로 만주족과 한족 간의 대립이 해소된 후에는 더욱더 명확해졌다고 할 수 있다.

결과적으로 이들 애국적 지식인에게는 통치민족이었던 만주족뿐 아니라 중국 영역 내에 거주하는 한족을 포함한 모든 소수민족에 대해, 중화민국이 만들어지고 국가의 통치기구와 함께 통치 이데올로기로서의 중화민족의 의식 형성이라는 과제가 신해혁명 후에 남겨져 있었다고 할 수 있다. 민족자결의 시대에 제국이 해체되고 국민국가 건설의 단계를 맞이하면서 복수의 민족국가로 분열하지 않고 만주족까지도 자기 안에 포함시키려 했던 중국 특유의 독자성은 그들의 천하사상과 화이사상을 빼고는 설명할 수 없다. 장빙린과 량치차오처럼 한족 입장에서는 제국의 유산을 계승하고 제국 규모의 국민국가를 형성한다는 이중적인 작업이 근대 중국의 최대 과제였던 것이다.[24]

다시 말하면 공화국 시대를 맞이했음에도 불구하고 이때의 중국 정치지도자들에게는 청대가 이룬 영토적 판도와 다민족국가의 형태, 즉 제국의 형태를 어떻게 지속적으로 이어갈지가 가장 큰 고심거리였다고 할 수 있다. 따라서 신해혁명 이후 국민당 수뇌부에게는 중화제국의 틀을 국민국가의 틀로 수렴해가야 하는 것에 상응하여 중화제국이라는 이

---

24 大崎雄二, 〈中華人民共和國における國民統合と民族政策〉, 《法政大學教養部紀要》 94(1995년 2월), 24쪽.

데올로기를 ‘국민화’에 어떻게 동원할 것인가가 가장 큰 관심거리였다.

이 이중적 과제에 대한 문제의식의 연장선상에서 우리는 또한 국민당과 공산당의 소수민족에 대한 초기 선언들을 이해할 필요가 있다. “국민당의 민족주의는 두 가지 방향에서 의의가 있다. 하나는 중국 민족 스스로 해방을 도모하는 것이고, 다른 하나는 중국 내 각 민족의 일률적인 평등이다”(1924년 중국국민당 제1차 대표대회 선언). 잘 알려져 있듯이 공산당도 창당 시기에 연방제를 구상하기도 했다. 혁명기의 중국공산당은 1920년대부터 여러 민족의 자결권 원칙과 연방제 구상을 갖고 있었다. 그러나 중일전쟁 때부터 변하기 시작해 건국 시기에는 자결권을 부정하고 연방제가 아닌 단일제 공화국을 만들게 된다. 연방제의 구상에서 자치제로 변화한 것이다.[25]

이후 국민당이건 공산당이건 다민족 국민국가의 실현을 위한 지배구도를 창출하는 데서 한족과 소수민족의 관계가 관건이었다고 할 수 있다. 또한 청말 이후 당 관료와 지식인의 지속적인 ‘국민화’ 이데올로기 작업은 한족을 넘어 소수민족을 포함한 전체 국민을 중화민족의 외연으로 확장하는 것이었다. 이 작업은 천하 관념과 중화사상을 그대로 온존시킨 채 자본주의의 한 단위로서 국민국가 체제를 창출해야 하고 이에

25 저우언라이周恩來는 “어떤 민족이든 모두 자결권을 가지고 있다. 이것은 의심의 여지가 없다. 그러나 문제는 제국주의가 티베트, 대만, 심지어 신장을 분열시키려 하고 있다. (중략) 이 때문에 우리 나라의 명칭은 중화인민공화국이지 연방은 아니다. 우리는 연방이 아니라 오히려 민족구역자치를 주장한다”고 말한 바 있다. 周恩來, 〈關于人民政協的幾個問題〉(1957), 《周恩來選集》 下卷(人民出版社, 1984). 이후 덩샤오핑도 민족공화국연방제보다는 민족구역자치제의 우월성을 강조한 바 있다. 鄧小平, 〈一切從社會主義初級段階的實際出發〉, 《鄧小平文選》 제3권(人民出版社, 1993). 그리고 1984년 제6차 전국인민대회는 헌법에 다음가는 위치를 차지하는 기본법률 ‘중화인민공화국 민족구역자치법’을 통과시켰다.

걸맞은 '국민화' 작업을 진행해야 하는 기묘한 대립적 상황과도 밀접한 관련이 있다. 이것이 바로 중국 근대가 맞닥뜨린 특수한 곤경이었다.

4. 당대當代의 중화민족 해석—중화민족다원일체론

현재 중국은 한족을 제외하면 55개 민족으로 구성되어 있으며, 소수민족은 그 수에서 1억을 차지한다. 또 거주 지역은 민족 자치 지역의 면적을 합하면 전 국토 총면적의 64퍼센트가 된다. 거기다가 혼합 거주의 비율이 높고, 같은 민족이 여러 지역에 산재하여 거주하고 있다[26]는 것이 중국정부가 파악하고 있는 소수민족에 대한 객관적 상황이다. 이런 객관적 상황에 더해 소수민족은 주로 빈곤계층에 해당한다. 따라서 중국의 소수민족 문제는 기존의 문화적·종교적 문제에 더해 요즘 중국 최대의 사회 이슈가 되고 있는 빈곤 문제가 겹쳐져 이전보다 훨씬 복잡한 국면을 연출하고 있다고 할 수 있다.

중국사회과학원 초대원장과 중앙민족대학 총장을 지낸 바 있는 페이샤오퉁費孝通이 1989년에 제창한 중화민족다원일체구조론(이하 다원일체론)은 바로 이런 복잡한 국면을 기존의 모호한 중화민족 개념으로는 적절히 대처할 수 없다고 판단한 결과로 나온 것이다. 다원일체론은 개혁개방 이후 시장화가 가속화하는 가운데 혹시 발생할지도 모를 긴장 상황을 미연에 방지하고 국민의 통합과 질서를 어떻게 강화해갈 것

26 李瑞環, 〈要重視民族宗教問題(大序言)〉, 國家民族事務委員會, 《中國共產黨關於民族問題的基本觀點和政策幹部讀本》(民族出版社, 2000), 1~2쪽.

인가에 총체적으로 대응하고자 나온 이론적 결과물이라 할 수 있다. 하지만 이 다원일체론으로 중국 중앙정부가 유지해온 여러 민족의 평등, 민족자치정책, 각 민족 상층 리더와의 통일전선 구축이라는 민족정책이 변화한 것은 아니다.

이 정책들은 기본적으로 한족과 소수민족 간의 문화적 단위와 정치적 단위가 일치하지 않는 상황에서 나온 고육지책인 것이다. 개혁개방 10년이 지나면서 이러한 정책만으로는 한계를 느낀 중국정부로서는 소수민족을 포함한 중화민족에 대한 한층 완결적인 '국민화' 전략이 필요해진 것이다. 이런 필요성에 따라 나온 것이 바로 다원일체론이라 할 수 있는데, 이는 1989년 홍콩 중원대학의 태너Tanner 강좌에서 행한 학술강연을 통해 '중화민족다원일체격국中華民族多元一體格局'이라는 제목으로 발표되었다.[27]

그 내용의 대강은 "중화민족이란 현재 중국 영역 내에서 민족으로서의 공통인식을 갖는 11억 인을 가리킨다. 50여 개의 민족단위를 다원, 중화민족을 일체로 한다. 각각을 민족이라 부르지만 그 수준은 다르다. 국가 영역을 중화민족의 범위로 하는 것이 부적절할지 모르지만 국가와 민족은 다른 개념인 동시에 상호 관계하는 개념이다. 이 분류는 편의적인 것이며 현실의 정치논쟁을 피하기 위한 것이다. 크게 보면 양자의 범위는 기본적으로 대부분 일치한다고 할 수 있다. 중화민족이라는 것은 일개의 자각을 지닌 민족 실체로서는 100년 이래 중국과 서구열강이 대항하는 속에서 출현한 것이며 실체로서 존재하는 민족 실체는 수

---

27 費孝通, 〈民族研究—簡述我的民族研究經歷與思考〉, 《中華民族多元一體格局》(修訂本)(中央民族大學出版社, 2003), 13쪽.

천 년의 역사적 과정에서 형성되어온 것이다"[28]라는 것이다. 이에 따르면 "한족과 55개 소수민족은 하나의 등급에 속하며 그들은 서로 결합하여 중화민족을 이룬다. 중화민족은 56개 민족의 다원으로 형성된 일체이며 높은 단계의 공통체의식을 지닌 민족 실체"라고 할 수 있다.[29]

여기서 요점은 중화민족이 민족 실체라는 것이다. 이 말 속에서 페이샤오퉁은 56개 민족이 함께 있는 물리적인 총칭이 아니며 네 속에 내가 있고 내 속에 네가 있는 상호 불가분의 정체이며 공동운명체라는 점을 강조하려 한 것 같다. 또한 그는 민족공동체의식(동일성)의 다층성을 인정하고자 했으며 다원일체 구조 중에서 56개 민족의 하위基層 개념과 중화민족이라는 상위高層 개념을 확실히 구분했다고 할 수 있다. 페이샤오퉁은 다원일체론 속에서 한족은 다만 다원적 하위 개념 중 일원一元일 뿐이고, 다원이 결합하여 일체가 된 이후에는 한족이라고 할 수 없으며 중화민족이라고 해야 한다고 강조한다. 그리고 이것이 높은 단계의 공동체의식을 지닌 민족이며, 따라서 이것은 실제로는 일체이기도 하고 다원적 복합체라고도 할 수 있다는 것이다. 중국의 어떤 학자는 다원일체론이 최소한 이론적으로는 기존의 '대한족'이라는 말의 패권을 깼다고 할 수 있으며, 국가가 창도하는 민족 평등과 각 민족 공동번영 방침에 대한 역사 주석을 달았다[30]고 평가한 바 있다.

페이샤오퉁이 다원일체론을 통해 새롭게 정식화한 중화민족론은 중국 내 민족문제를 연구하는 중국학자들에게는 거의 '강령적' 문건이

---

28 費孝通, 〈中華民族的多元一體格局〉, 《費孝通集》(中國社會科學出版社, 2005), 259쪽.

29 費孝通, 〈民族研究—簡述我的民族研究經歷與思考〉, 13~14쪽.

30 張植榮, 《中國邊疆與民族問題》(北京大學出版社, 2005), 18~19쪽 참조.

되고 있다. 물론 발표 단계부터 국가가 어떤 식으로 개입하고 있는지는 단언할 수 없지만 현재 중국사회주의의 체질로 볼 때 다원일체론은 '국민화' 작업을 위해 국가가 의도적으로 기획했을 가능성도 배제할 수는 없다.[31] 이 같은 사실은 다원일체론이 나온 이듬해에 국무원국가민족사무위원회 소속 민족문제연구센터가 다원일체론을 테마로 하는 국제학술회의를 개최했을 때 "문혁 후 민족 연구의 발전을 집중적으로 보여준 것이며 중화민족의 새로운 연구의 제1보"[32]라는 공식적인 평가를 보여준 것으로도 확인된다.

여기서 중화민족이란 각 민족을 모두 포괄하는 의미에서 국민 범주와 동일하게 쓰였다고 할 수 있다. 물론 앞의 3절에서 말한 것처럼 신해혁명 이후 지속적인 '국민화' 이데올로기 작업을 거치면서 중화민족은 한족의 범주를 넘어 소수민족 전체를 포괄하는 개념으로 쓰이고 있었다고 할 수 있지만, 다원일체론으로 이러한 개념들을 새롭게 정교화하고 성문화한 것이라 하겠다.[33] 이 외에도 다원일체론이 나온 이후 중화

---

31 하지만 페이샤오퉁은 이 이론이 정치와는 별개라면서(費孝通, 〈中華民族研究的新探索〉, 費孝通 주편, 《中華民族研究新探索》, 1991, 1~6쪽) 1957년 이후 소수민족의 사회·역사 조사를 위해 현지에 파견되어 연구하면서 항상 자신을 곤혹스럽게 했던 문제를 털어놓은 적이 있다. 즉 한족이 소수민족의 사회·역사 발전에 어떤 작용을 했는가, 한족과 중국 내 모든 소수민족 안에 포함된 '중화민족'을 어떻게 보아야 하는가라는 문제였다(費孝通, 〈民族研究—簡述我的民族研究經歷與思考〉, 12쪽). 사실 이 곤혹은 소수민족이 한족과 분리될 수 없다는 중국의 특수성에서 나오는 것이라고 페이샤오퉁은 생각했다. 한족을 버려두고 어떤 소수민족을 중심으로 할 것인가, 만일 그렇다면 그러한 중화민족의 역사도 문제가 많다고 생각했다. 그렇지만 그는 과거 한족을 중심으로 한 중국의 역사 서술에도 계속 반감을 품고 있었다. 이렇게 지속적으로 생각해오던 오래된 주제를 문화대혁명을 거친 뒤 1989년 그의 나이 80이 넘어서 다시 정리해낸 것이 중화민족다원일체격국이라고 술회한 적이 있다(費孝通, 2003, 12~13쪽).

32 陳連開 정리, 〈怎樣理解中華民族及其多元一體〉(討論綜述), 《中華民族研究新探索》(中國社會科學出版社, 1991), 406~407쪽.

33 하지만 엄격히 말하면 1939년 마오쩌둥이 〈신단계를 논함〉에서 이미 중화민족은 중국 국경 내

민족 개념의 내포와 외연, 그리고 중화민족의 다원과 일체는 무엇을 의미하는가 등 논의가 분분했지만[34] 대부분의 논쟁은 허용된 '범위'를 벗어나지 못하고 있다.

어찌 되었든 이 이론은 신해혁명 시기 중화민족론의 계보를 이으면서도 국민통합의 필요성을 근대화의 문맥 속에서 다시금 강조하고자 한 것이다.[35] 이런 점에서 보면 중국 관방 쪽의 입장에서는 신해혁명 이후 맞닥뜨린 제국의 형태에 국민국가 의식을 불어넣어야 하는 이중적 난제가 현재까지도 지속되고 있는 것이다.

1980년대 중반부터 소수민족 지구의 구석구석까지 돈과 효율이 침투하고 경제통합이 갈수록 강화되고 있다. 이에 따라 최근 티베트 등지에서 일어나는 분쟁은 분리나 독립을 요구하는 것이기보다는 시장화[36]와 민주주의, 그리고 인권 문제를 둘러싼 것이 다수를 차지한다.[37] 자본이 문명이라는 이름으로 각 부문에 무차별적으로 침투하고 있는 현 상

의 각 민족을 대표하는 총칭이라고 말한 바 있다. 〈抗日戰士政治課本〉, 國家民委政硏室, 《民族問題文獻匯編》(中共中央黨校出版社, 1991), 807쪽.

34 陳連開, 〈民族硏究新發展的良好開端〉, 《中華民族多元一體格局》(修訂本)(中央民族大學出版社, 2003), 300쪽.

35 大崎雄二, 33쪽.

36 분권화, 시장화, 사유화로 대변되는 중국의 개혁과정에서 한족 중심의 연해지역과 소수민족이 밀집해 있는 서부지역의 격차가 확대되면서 소수민족의 불만이 커질 가능성이 높다. 이러한 발전 격차의 확대는 중앙정부의 재정권 약화 등으로 조절능력을 잃어가고 있는 상황에서 앞으로 더 악화될 가능성이 높다(이동률, 〈소수민족의 분리주의 운동 : 시짱西藏과 신장新疆을 중심으로〉, 《전환기의 중국사회 II》[오름, 2004], 311쪽 참조). 중국 중앙정부의 재정권 약화와 더불어 국가 능력의 약화에 대한 우려를 계속 지적하는 지식인으로 후안강, 왕샤오광, 왕후이가 있다. 王紹光, 〈'接軌'還是'拿來' : 政治學本土化的思考〉, 《思潮》(中國社會科學出版社, 2003) ; 왕후이, 〈중국 사상계의 현황과 현대성 문제〉, 《새로운 아시아를 상상한다》(창비, 2003) ; 胡鞍鋼·王紹光·康曉光, 《中國地區差距報告》(遼寧人民出版社, 1995).

37 毛里和子 편, 《中華世界の構造變動》(東京大學出版會, 2004), 23~24쪽 참조.

황으로 볼 때 앞으로 민족문제는 이전보다 훨씬 추상적이고 복잡한 국면을 만들어갈 것이다. 따라서 예전에 청대의 정치원리로 통했던 느슨한 형태의 통제방법인 방목적 치리治理의 경험은 하나의 '역사'로만 기억될 것이며, 현실에서는 오히려 다원일체론처럼 더욱 정교한 '국민화' 이데올로기에 힘입어 소수민족에 대한 관리와 통제가 전보다 더 시스템화·추상화할 것으로 보인다.

5. 다민족사회와 공존의 길

이상의 민족·중화민족담론을 통해 민족이라는 개념이 본래 매우 복잡하게 사용된다는 점을 감안하더라도 최근 거의 상식이 되다시피 한 '민족은 상상의 공동체'라는 앤더슨의 말이 현재 중국의 민족담론 안에서는 토론의 여지조차 없이 거부당하고 있다는 점을 알 수 있다. 이런 분위기가 형성된 데는 여러 가지 요소가 작용하고 있다.

첫째, 중국이 다민족국가라는 특수한 현실 때문일 가능성이 높다. 다민족국가의 현실에서 민족은 실체가 아니라 구성된 것이라는 언설은 민족 분열을 초래할 가능성이 없지 않다. 이런 사정 때문에 민족, 중화민족의 개념 자체가 그 내포와 외연을 불문하고 모두 서구 제국주의와의 긴밀한 관계 속에서 정의된다.[38]

---

38 중국에서 1990년대에 민족담론이 유행했는데, 그 핵심적인 이유 중의 하나가 바로 소련과 동유럽 파동이었다. 즉 소련으로부터의 민족 독립운동의 흐름이 중국에 영향을 끼칠지도 모른다는 지식인들의 위기감과도 밀접한 관련이 있는 것이다. 여기에서 민족주의는 이러한 위기를

둘째, 학계에서 근대화와 국민화가 매우 지체되어 있고 따라서 앞으로 이것을 실현해야 할 과제로 인식하고 있다는 점 또한 민족과 국민을 둘러싼 성찰적 논의를 근본적으로 막는 주요인이 될 수 있다. 또한 '사회의 지체된 국민화delayed nationalization of society'[39]에 민감하게 반응하는 중국정부의 존재는 이를 더 부추길 가능성이 높다.

셋째, 중국이 정치체제상 사회주의 국가라는 점에서 지식인들의 사고와 논의를 근본적으로 제약하고 있을 가능성이 높다. 이런 요소들이 복합적으로 작용해 민족은 실체라는 사실을 거듭 강조하게 만드는 것 같다.

'국민화'는 곧 일국적으로나 식민지 지역에서나 문명화의 다른 표현이라 할 수 있다. 이미 하나의 '원리'가 되어버린 이 도식은 중국의 경우에도 예외는 아니다. 전통 시대에 중화주의는 바로 유교의 예를 내용으로 한 '보편주의'의 문명으로 소수민족에게 다가갔다고 할 수 있다. 외부에서 어떤 다른 것이 들어와도 모두 삼켜버리는 블랙홀에 비유될 수 있었던 중화주의는 이제 자본주의와 결합하여[40] 중국의 전근대 시기뿐 아니라 현재까지도 국면마다 형태를 달리하여 긍정적 또는 부정적인 역할을 하고 있다.

더욱이 현재 사회주의 이데올로기가 통합의 원리로 더 이상 먹혀들

해소하는 하나의 이론적 무기로 받아들여졌다. 孫立平, 〈滙入世界主流文明—民族主義三題〉, 《民族主義與轉型期中國的命運》(時代文藝出版社, 2000), 375쪽.

39 Étienne Balibar, p. 92.

40 얼마 전 중국에서 친후이와 논쟁을 벌인 바 있는 셩훙 같은 이는 중화사상의 핵심인 천하주의로써 중국을 포함한 현대 자본주의체제를 설명한다. 盛洪, 〈天下主義與民族主義〉, 《民族主義與轉型期中國的運命》(時代文藝出版社, 2000).

지 않게 되면서 역사적 기억을 내장한 새로운 형태의 중화민족론이 출현하고 있는데, 이는 사실 인민의 응집력을 높이기 위해 변형시킨 국민론에 불과하다. 중국정부로서는 이것이 다시 사회통합의 원리로 역할해 줄 것을 기대해 마지않는다. 문화와 역사에 근거한 원초적 정체성이 강화되면 중화세계의 구심성이 높아지고 국가적 응집력이 강해져 국가로서는 불공정성을 개혁하는 속도를 그만큼 지연시킬 수 있기 때문이다.

그러나 19세기 말 20세기 초 중국 지식인들이 기대해 마지않던 명실상부한 21세기 대국의 면모를 갖추려면 사고의 대전환을 능동적으로 준비하지 않으면 안 되는 시점에 와 있다. 이제 역사적 기억이나 문화적 기억에만 의존하는 수동적이면서도 원초적인 형태의 정체성에만 의존하려 하지 말고 좀 더 다른 형태의 정체성을 적극적으로 고민해나가야 한다. 자기정체성은 이제 더 이상 원초적인 것이 아니라 만들어지는 것이기 때문이다.

그랬을 때만이 중화주의에 본래 내장되어 있을 수도 있는 '보편적 가치'가 현대적으로 계승, 발전될 수 있으며 소수민족에게도 '우리의 것'이 되어 보편으로 받아들여지게 된다. 소수민족이 그들 편에서 중국인으로서의 정체성을 적극적으로 취하게 하려면 평등과 차이가 공존하는 소수민족 정책이 필요함은 말할 것도 없다. 즉 소수민족의 '국민화' 지수는 소수민족을 통합하는 능력에 좌우될 것이다. 그 능력이란 물리적인 것이 아니라 한족을 중심으로 한 '보편주의'가 진정한 보편주의로 거듭나는 것을 의미한다.

중화주의가 습속화한 문화풍토에서는 "무엇인가가 외부에서 '왔다'는 얘기만 들릴 뿐 그 이후의 존재는 찾아볼 수 없게 된다"며 변화하기 힘든 중국의 현실을 개탄한 루쉰의 발언을 상기한다면, 중국에서 '다른 것'을 자기 안으로 흡수하는 것이 아니라 그들의 정체성을 인정하는 다양성의 실제적 승인이야말로 절실하게 요청되는 덕목이다. 소수민족과 공생의 길을 도모하는 것은 다민족국가에서 다문화주의, 다종교주의의 원리를 실제로 인정하는 등 통합의 제도와 법률에 대한 코페르니쿠스적 전환 없이는 불가능할 것이다. 이런 전환이 없는 한, 동아시아의 다른 나라들이 중국을 바라보는 '우려의 시선'은 계속 이어질 것이다.

출전

이 책에 실린 글들의 출처는 다음과 같다. 일부는 약간 수정했고 일부는 대폭 보완했으며, 필요한 경우 가능한 한 최신 정보에 근거해 내용을 업그레이드하려 노력했다.

1장 〈현대중국의 유학부흥과 '문명제국'의 재구축〉, 《시대와 철학》 23권 3호(2012년 가을).
2장 〈중국의 유학담론과 복수의 공공성—문화대혁명 시기 유학담론과 비교하여〉, 《시대와 철학》 25권 1호(2014년 봄).
3장 〈현대 중국의 보수주의 문화—신보수주의의 출현과 유학의 재조명〉, 《중국근현대사연구》 40집(2008년 12월).
4장 〈5·4 시기 신지식인 집단의 출현과 보수주의—신문화운동에 대한 보수주의의 초기적 대응〉, 《중국근현대사연구》 44집(2009년 12월).
5장 〈현대 중국 민족주의 비판—동아시아 인식을 중심으로〉, 《역사비평》 90호(2010년 봄).
6장 〈중국 민족주의의 구조와 성격〉, 《시대와 철학》 20권 4호(2009년 겨울).
7장 〈중국의 주변 문제, 티베트를 보는 다른 눈—한족 출신 양심적 지식인 왕리슝과의 대담〉, 《역사비평》 85호(2008년 겨울).
8장 〈현대 중국의 소수민족에 대한 '국민화' 이데올로기—중화민족론을 중심으로〉, 《시대와 철학》 17권 3호(2006년 가을).

참고문헌

강명구, 〈미국의 신보수주의 : 문화의 정치와 뉴스대중주의〉, 《지역연구》 2(1)(서울대학교 지역종합연구소, 1993).

강중기, 《양수명의 현대신유학》(서울대학교 철학과 대학원, 2000).

김건우, 《《사상계》와 1950년대 문학》(소명출판, 2003).

김승욱, 〈공자비판의 정치학〉, 전인갑 외, 《공자, 현대중국을 가로지르다》(새물결, 2006).

다카하라 모토아키, 《한중일 인터넷 세대가 서로 미워하는 진짜 이유》(삼인, 2007).

다케우치 요시미, 《일본과 아시아》(소명출판, 2004).

______, 〈중국의 근대, 일본의 근대〉, 《다케우치 요시미 선집 1》, 윤여일 옮김(휴머니스트, 2011).

딩쉐량, 《중국모델의 혁신》, 이희옥·고영희 옮김(성균관대출판부, 2012).

레베카 칼, 〈1919년 이후의 세계사가 쓰여질 수 있는가〉, 《1919년 : 동아시아 근대의 새로운 전개》(성균관대 동아시아학술원 국제학술회의, 2009년 2월).

마루야마 마사오, 〈일본의 내셔널리즘〉, 백낙청 엮음, 《민족주의란 무엇인가》(창작과비평사, 1981).

______, 〈제2장 래스키의 러시아혁명관과 그 추이〉(1947), 《현대정치의 사상과 행동》, 김석근 옮김(한길사, 2007).

______, 《현대정치의 사상과 행동》, 김석근 옮김(2007).

마이클 샌델, 《왜 도덕인가?》, 안진환·이수경 옮김(한국경제신문, 2010).

마크 셀던, 〈동아시아 지역주의의 세 시기〉, 《창작과비평》 144호(2009년 여름).

문성원, 〈해체와 윤리〉, 《해체와 윤리》(그린비, 2012).

민두기, 〈5·4운동의 성격〉, 《중국근대사론 1》(지식산업사, 1976).

______, 〈近代中國의 改革과 革命〉, 《중국근대사론 1》(지식산업사, 1976).

______, 〈전통사상과 현대중국의 이해〉, 《중국근대사론 1》(지식산업사, 1976).

______, 〈중공에 있어서의 공자비판과 진시황의 재평가〉, 《중국근대사론 1》(지식산업사, 1976).

______, 〈次植民地와 近代化〉, 《중국근대사론 1》(지식산업사, 1976).

______, 《시간과의 경쟁》(연세대학교 출판부, 2001).

배경한, 〈19세기 말 20세기 초 중화체제의 위기와 중국 민족주의〉, 《역사비평》(2000년 여름).

배경한, 〈19세기 말 20세기 초 중화체제의 위기와 중국 민족주의〉, 《역사비평》(2000년 여름).

백승욱, 〈동아시아 속의 민족주의—한국과 중국〉, 《문화과학》 52호(2007년 겨울).

백영서, 〈중국에 '아시아'가 있는가〉, 《동아시아의 귀환》(창비, 2000).

______, 〈주변에서 동아시아를 본다는 것〉, 《주변에서 본 동아시아》(문학과지성사, 2004).

______, 〈동아시아론과 근대적응·근대극복의 이중과제〉, 《창작과비평》 139호(2008년 봄).

______, 〈아흔살 5·4운동 '희미한 옛 민주의 그림자'〉, 5·4 90주년 베이징학술대회 참관기, 《한겨레》 2009년 5월 7일.

______, 《핵심현장에서 동아시아를 다시 묻다》(창비, 2013).

사이토 준이치, 《민주적 공공성》, 윤대석 외 옮김(이음, 2009).

성태용, 〈차분한 논어, 튀는 논어〉(서평), 《창작과비평》 111호(2001년 봄).

스튜어트 홀, 〈문화적 정체성의 문제〉, 《모더니티의 미래》(현실문화연구, 2000).

쑨리핑, 《단절》, 김창경 옮김(산지니, 2007).

앙리 르페브르, 《현대세계의 일상성》, 박정자 옮김(기파랑에크리, 2009).

양일모·조경란, 《중국 민족주의의 신화》(지식의 풍경, 2006).

아리프 딜릭, 〈역사와 대립되는 문화인가? : 동아시아 정체성의 정치학〉, 정문길 외 엮음, 《발견으로서의 동아시아》(문학과지성사, 2000).

앤서니 D. 스미스, 〈산업화와 인텔리겐차의 위기〉, 백낙청 엮음, 《민족주의란 무엇인가》(창작과비평사, 1981).

어니스트 겔너, 〈근대화와 민족주의〉, 백낙청 엮음, 《민족주의란 무엇인가》(창작과비평사, 1981).

에드워드 W. 사이드, 《저항의 인문학/인문주의와 민주적 비판》, 김정하 옮김(마티, 2008).

에레즈 마넬라, 〈동아시아 "윌슨주의 시기"—세계적 관점으로 본 3·1운동〉, 《1919년 : 동아시아 근대의 새로운 전개》(성균관대 동아시아학술원 국제학술회의, 2009년 2월).

오병수, 〈5·4세대의 권력화—호적집단의 사회자원과 그 권력적 작용〉, 《1919년 : 동아시아 근대의 새로운 전개》(성균관대 동아시아학술원 국제학술회의, 2009년 2월).

왕샤오밍, 〈'대시대'가 임박한 중국—문화 연구 선언〉, 왕샤오밍 외, 《고뇌하는 중국》, 장영석·안치영 옮김(길, 2006).
왕차오화, 〈90년대 중국사상계의 정신〉, 왕샤오밍 외, 《고뇌하는 중국》, 장영석·안치영 옮김(길, 2006).
왕후이, 〈중국 사상계의 현황과 현대성 문제〉, 《새로운 아시아를 상상한다》(창비, 2003).
위단, 《위단의 논어심득》, 임동석 옮김(에버리치홀딩스, 2007).
유장근, 〈동아시아 근대에 있어서 중국의 위상〉, 《근대 동아시아 국제관계의 변모》(혜안, 2002).
이남주, 〈중국의 대국전략으로의 전환과 민족주의〉, 《철학과현실》 62호(2004년 가을).
이동률, 〈소수민족의 분리주의 운동〉, 전성흥 편, 《전환기의 중국사회 2》(오름, 2004).
이홍종, 〈부시 행정부의 신보수주의〉, 《국민일보》 2003년 6월 3일.
임형택, 〈1919년 동아시아, 3·1운동과 5·4운동〉, 《1919년 : 동아시아 근대의 새로운 전개》(성균관대 동아시아학술원 국제학술회의, 2009년 2월).
장윤미, 〈중국부상과 중국모델론〉(현대중국학회 2011년 춘계학술대회 발표 논문).
전인갑, 〈총론 : 공자, 탁고적 미래 기획〉, 전인갑 외, 《공자, 현대중국을 가로지르다》(새물결, 2006).
정희준·서현석 외, 《미국 신보수주의와 대중문화 읽기》(책세상, 2007).
조경란, 〈중국 근대의 자유주의〉, 《중국 근현대 사상의 탐색》(삼인, 2003).
______, 〈중국 시민사회 담론의 초기적 특징—량치차오의 국민국가 인식의 시민사회적 함의를 중심으로〉, 《대동철학》(2003년 9월).
______, 〈중국 지식인의 현대성 담론과 아시아 구상〉, 《역사비평》 72(3)(2005).
______, 〈국학열풍…21세기 '중국의 존엄' 보여줄까〉, 《경향신문》 2008년 8월 20일.
______, 《현대 중국 사상과 동아시아》(태학사, 2008).
______, 《현대 중국지식인 지도—신유가, 자유주의, 신좌파》(글항아리, 2013).
______, 〈냉전시기(1950-60년대) 일본 지식인의 중국 인식—竹內好의 중국관 : 사상적 아포리아와 '좌파-오리엔탈리즘〉, 《사회와 철학》 28집(2014년 10월).
______, 〈중국 지식의 '윤리적' 재구성의 가능성—유학 '부흥'과 '비판'의 정치학에서 아비투스의 문제〉, 《중국근현대사 연구》 61집(2014).
______, 〈중국 탈서구중심주의 담론의 아포리아·20세기 국민국가와 중화민족 이데올로기의 이중성〉, 중국근현대사학회, 《중국근현대사연구》 제68집(2015년 12월).

조반니 아리기, 《베이징의 애덤 스미스》(길, 2009).
조성환, 〈中國近代民族主義의 理論形成과 政治戰略, 1895~1904〉, 한국사회사연구회 엮음, 《중국·소련의 사회사상》, 한국사회사연구회 논문집 18(문학과지성사, 1990).
진관타오·왕후이·조경란, 〈중국 지식인의 학문적 고뇌와 21세기의 동아시아〉, 《역사비평》 38(3)(1997).
진춘밍·시쉬옌, 《문화대혁명사》, 이정남·하도형·주장환 옮김(나무와 숲, 2000).
천광싱, 〈왜 대화합은 불/가능한가〉, 《제국의 눈》(창비, 2003).
첸리췬, 《내 정신의 자서전》, 김영문 옮김(글항아리, 2012).
______, 《망각을 거부하라》, 길정행·신동순·안영은 옮김(그린비, 2012).
______, 《모택동 시대와 포스트 모택동 시대 1949~2009》 하, 연광석 옮김(한울, 2012).
최갑수, 〈내셔널리즘의 기원과 특성〉, 《西洋史硏究》 제31집(2003).
최원식, 〈비서구식민지 경험과 아시아주의의 망령〉, 《제국이후의 동아시아》(창비, 2009).
크리스토퍼 심슨, 〈대학, 제국 그리고 지식생산〉, 부르스 커밍스 외, 《대학과 제국》, 한영옥 옮김(당대, 2004).
톰 네언, 〈민족주의의 양면성〉, 백낙청 엮음, 《민족주의란 무엇인가》(창작과비평사, 1981).
펑유란, 《펑유란 자서전》, 김시천·송종서·이원석·황종원 옮김(웅진지식하우스, 2011).
피에르 부르디외, 《예술의 규칙》, 하태환 옮김(동문선, 1999).
한나 아렌트, 《인간의 조건》, 이진우·태정호 옮김(한길사, 1996).
허칭리엔, 《중국은 지금 몇 시인가》, 김화숙 외 옮김(홍익출판사, 2004).
현택수, 《문화와 권력》(나남출판, 1998).
홍성민, 《문화와 아비투스》(나남출판, 2000).
홍칭보, 〈'불쾌한 중국'에 유쾌한〉, 《한겨레》 2009년 5월 30일.
히야마 히사오, 《동양적 근대의 창출》, 정선태 옮김(소명출판, 2000).

加加美光行, 〈現代中國の國家原理と民族問題のゆくえ〉, 《中國硏究月報》 第63卷 第1號(2009).
______, 《中國の民族問題》(岩波書店, 2008).
幹春松, 〈1973年的梁漱溟和馮友蘭〉, 《制度儒學》(上海人民出版社, 2006).
幹春松, 〈知識, 制度和儒家在現代社會中的生命力〉(陳壁生과의 對話錄), 《制度儒學》(上海人民

出版社, 2006).
甘陽,〈反民主主義的自由主義還是民主的自由主義〉,《二十一世紀》第39期, 1997年 2月.
______,〈中國道路：三十年與六十年〉,《讀書》2007年 6月.
______,〈當代中國的思想解放〉, 鳳凰衛視 "世紀大講堂" 講義 原稿,《人文與社會》(2009).
______,〈中國道路還是中國模式〉,《文化縱橫》2011年 第10期.
______,《文明·國家·大學》(三聯書店, 2012).
姜義華,〈激進與保守：與余英時先生商榷〉,《二十一世紀》第10期, 1992年 4月.
高柳信夫,〈梁啓超の'孔子'像とその意味〉,《中國における'近代知'の生成》(東方書店, 2007).
菅野敦志,〈中華文化復興運動にみる戰後臺灣の國民黨文化政策〉,《中國研究月報》第59卷 第5號(2005).
曠新年 ,〈學衡派對現代性的反思〉,《二十一世紀》第22期, 1994年 4月.
溝口雄三,〈もう一つの'五·四'〉,《思想》1996年 12月號.
金觀濤,〈百年來中國民族主義結構的演變〉,《二十一世紀》第15期, 1993年 2月.
金觀濤·劉青峰,〈新文化運動與常識理性的變遷〉,《二十一世紀》1999年 4月號.
金觀濤·劉青峰,〈中國文化的意識形態牢籠〉,《二十一世紀》1992年 2月號.
雷默,〈北京共識〉, 黃平·崔之元,《中國與全球化: 華盛頓共識還是北京共識》(社會科學文獻出版社, 2005).
雷頤,〈統制經濟在中國具有思想淵源〉, 何迪·魯利玲 編,《反思"中國模式"》(社會科學文獻出版社, 2012).
大崎雄二,〈中華人民共和國における國民統合と民族政策〉,《法政大學教養部紀要》第94號(1995).
鄧小平,〈一切從社會主義初級段階的實際出發〉,《鄧小平文選》第3卷(人民出版社, 1993).
梁啓超,〈國家思想變遷異同論〉(1901),《飮冰室文集》2冊 6卷(臺灣中華書局, 1983).
廖光生,《排外與中國政治》(明報出版社, 1987).
劉擎,〈誰在乎西方模式〉,《新世紀》2011年 第19期.
______,〈儒學復興與現代政治〉, http://www.aisixiang.com/data/56401.html
馬勇,《思想奇人 梁漱溟》(北京大學出版社, 2008).
毛里和子 編,《中華世界の構造變動》(東京大學出版會, 2004).
梶谷 懐,《〈壁と卵〉の現代中国論: リスク社会化する超大国とどう向き合うか》(人文書院,

2011).
梶谷 懷,《日本と中國, '脫近代'の誘惑》(太田出版, 2015).
方可成·龔方舟,《了解"左派""右派"—圖解政治 : 中國的左派VS右派》(政見CNPolitics.org, 2012).
裵毅然,〈自解佩劍 : 反右前知識分子的陷落〉,《二十一世紀》第102期, 2007年 8月.
白魯恂,〈中國民族主義與現代化〉,《二十一世紀》第9期, 1992年 2月.
柄谷行人,《帝國の構造―中心·周邊·亞周邊》(青土社, 2014).
______, 丸川哲史,〈帝國·儒教·東アジア〉,《現代思想》2014年 3月號.
費孝通,〈中華民族研究的新探索〉, 費孝通 註編,《中華民族研究新探索》(中国社会科学出版社, 1991).
______,〈中華民族的多元一體格局〉,《費孝通集》(中國社會科學出版社, 2005).
査建英,《八十年代訪談錄》(三聯書店, 2006).
砂山幸雄,〈ポスト天安門時代における中國ナショナリズム言說の諸相〉,《東洋文化》(東京大學東洋文化研究所, 2005).
史華慈,〈論保守主義〉,《近代中國思想人物論 - 保守主義》(時報出版事業有限公司, 1980).
山內昌之,《帝國と國民》(岩波書店, 2004).
山本有造,〈'帝國'とはなにか〉, 山本有造 編,《帝國の研究》(名古屋大學出版會, 2003).
西村成雄,《中國ナショナリズムと民主主義》(研文出版, 1991).
______,〈二○世紀中國を通底する'國民國家の論理'とナショナリズム·社會主義〉,《歷史評論》515(1993).
______,〈中國の國民國家〉,《歷史學事典》4(弘文堂, 1996).
緖形 康,〈自由主義の中國化〉,《中國-社會と文化》(中國社會文化學會, 2009).
石井知章,《中國革命論のパラダイム轉換》(社會評論社, 2012).
石川啓二,〈近現代中國における孔子評價の變遷-民族的アイデンティティの危機に關する研究ノート〉,《東京學藝大學國際教育研究》21(2001).
成中英,〈儒學復興與現代國家建設〉,《文化纵横》2012年 第2期.
盛洪,〈文明是什麼?〉,《戰略與嗎管理》1995年 第5期.
______,〈從天下主義到民族主義〉,《民族主義與轉型期中國的運命》(時代文藝出版社, 2000).
蕭功秦,〈當代中國新保守主義的思想淵源〉,《二十一世紀》第40期, 1997年 4月.

______, 〈戊戌變法的再反省—兼論早期政治激進主義的, 文化根源〉, 《激進與保守之間的動蕩》(時代文藝出版社, 2000).
______, 〈民族主義,儒家文化與中國的未來〉, 《與政治浪漫主義告別》(湖北教育出版社, 2001).
______, 〈中國民族主義的歷史回顧與前景展望〉, 《與政治浪漫主義告別》(湖北教育出版社, 2001).
______, 〈淸末以來中國現代化的三鐘兩難矛盾〉, 《與政治浪漫主義告別》(湖北教育出版社, 2001).
蕭功秦, 〈當代中國六大社會思潮的歷史與未來〉, 馬立誠, 《當代中國八種社會思潮》(社會科學文獻出版社, 2012).
蘇紹智, 《十年風雨—文革後的大陸理論界》(時報文化出版企業有限公司, 1996).
蘇雲峰, 〈民初之知識分子(1912-1928)〉, 《第一屆歷史與中國社會變遷硏討會》(下)(中央硏究院三民主義硏究所叢刊).
孫立平, 〈匯入世界主流文明〉, 《民族主義與轉型期中國的運命》(時代文藝出版社, 2000).
孫尙揚, 〈在啓蒙與學術之間 : 重估《學衡》〉, 《二十一世紀》1994年 4月號.
宋曉軍·王小東·黃紀蘇·宋强·柳仰, 《中國不高興-大時代,大目標及我們的內憂外患》(江蘇人民出版社, 2009).
梁啓超, 〈中國史敍論〉, 《飮氷室合集》(中華書局, 1989).
梁漱溟, 〈東西文化及其哲學〉, 《梁漱溟全集》 第一卷(山東人民出版社, 1989).
______, 〈我們政治上的第二個不通的路〉, 《梁漱溟全集》 第5卷(山東人民出版社, 1989).
______, 〈自傳〉, 《梁漱溟全集》 第1卷(山東人民出版社, 1989).
______, 〈中國文化之要義〉, 《梁漱溟學術論著自選集》(北京師範大學出版社, 1992)
楊春旭, 〈社會主義市場經濟與愛國主義精神〉, 《前沿》 2002年 第12期.
余英時, 〈中國知識分子的邊緣化〉, 《二十一世紀》 第6期, 1991年 3月.
______, 《錢穆與中國文化》(上海遠東出版社, 1994).
______, 《現代儒學論》(上海人民出版社, 1998).
______, 〈中國近代史思想史上的激進與保守〉, 《知識分子立場—激進與保守之間的動蕩》(時代文藝出版社, 2000).
鹽川伸明, 《民族とネイション》(岩波書店, 2009).
葉雯, 〈應區別政治的保守主義和文化的保守主義〉, 《二十一世紀》 第40期, 1997年 4月.

吳敬璉,〈前言：'中國模式', 還是過渡體制〉, 何迪·魯利玲 編,《反思"中國模式"》(社會科學文獻出版社, 2012).
吳國光,〈以理性民族主義抗衡 '围堵中國'〉,《二十一世紀》第34期, 1996年 4月號.
______,〈再論理性民族主義〉-答陳彦,《二十一世紀》1997年 2月號.
______ ,〈中國民族主義的歷史變遷〉, 林佳龍·鄭永年,《民族主義與兩岸關係》(新自然主義, 2001).
吳方,〈吳宓與〈〈學衡〉〉的文化保守主義〉, 許紀霖 編,《二十世紀中國思想史論》下卷(東方出版中心, 2000).
吳宓,〈論新文化運動〉,《國故新知論》-學衡派文化論著輯要, 孫尙揚·郭蘭芳 編(中國廣播電視出版社, 1995).
王柯,〈帝國と民族-中國における支配正當性の視線〉, 山本有造 編,《帝國の硏究》(名古屋大學出版會, 2003).
王力雄,〈西藏：二十一世紀中國的軟肋〉,《戰略與管理》1999年 第1期.
王思睿,〈中國道路的連續與斷裂及其他〉,《讀書》2007年 8月.
王紹光,〈'接軌'還是'拿來': 政治學本土化的思考〉,《思潮》(中國社會科學出版社, 2003).
王小東,《全球化陰影下的中國的道》(中國社會科學出版社, 1999).
______,〈當代中國民族主義論〉,《戰略與管理》2000年 第5期.
______,〈民族主義與民主主義〉,《民族主義與轉型期中國的運命》(時代文藝出版社, 2000).
王岳川,〈當代文化硏究中的激進與保守之維〉, 孟繁華 主編,《九十年代文存》(中國社會科學出版社, 2001).
王笛,〈淸末新政與近代學堂的興起〉,《近代史硏究》1987年 第3期.
汪精衛,〈民族的國民〉,《民報》1905年 第1期.
汪暉,〈中國現代歷史中的五四啓蒙運動〉,《二十世紀中國思想史論》上卷(東方出版中心, 2000).
______, (村田雄二郎 外 譯),《思想空間としての現代中國》(岩波書店, 2006).
______,〈東方主義, 民族區域自治與尊嚴的政治〉,《天涯》2008年 第4期.
______,〈中國道路的獨特性與普遍性〉,《上海國資》2011年 4月 12日.
汪暉·張天蔚,〈文化批判理論與當代中國民族主義問題〉,《民族主義與轉型期中國的運命》(時代文藝出版社, 2000).
劉黎紅,《五四文化保守主義思潮硏究》(中國社會科學出版社, 2006).

劉青峰,〈編者前言, 對歷史的再發問〉, 劉青峰 編,《文化大革命：史實與研究》(中文大學出版社, 1996).
尹保云,〈論民族主義的發展〉,《民族主義與轉型期中國的運命》(時代文藝出版社, 2000).
李大釗,〈厭世心與自覺心〉,《甲寅》第一卷 八號(1915年 8月).
李瑞環,〈要重視民族宗教問題(大序言)〉, 國家民族事務委員會,《中國共産黨關於民族問題的基本觀點和政策幹部讀本》(民族出版社, 2000).
李愼之,〈全球化與中國文化〉,《太平洋學報》1994年 第2期.
李永晶,〈現代中國におけるナショナリズム言說の諸位相〉,《中國研究月報》第59卷 第5號(2005).
李澤厚,〈李澤厚：我一直是孤獨的(訪談),《中國新聞週刊》第250期, 2005年 10月 31日.
任劍濤,〈中國人文與社會科學結構性危機〉,《二十一世紀》第111期, 2009年 2月.
林毓生,〈論梁巨川先生的自殺--一個道德保守主義含混性的實例〉, 許紀霖 編,《二十世紀中國思想史論》下卷(東方出版中心, 2000).
子安宣邦,《近代の超克とは何か》(青土社, 2008).
______,《帝國か民主か-中國と東アジア問題》(社會評論社, 2015).
蔣慶,《政治儒學：當代儒學的轉向,特質與發展》(三聯書店, 2003).
章炳麟,〈駁康有爲論革命書〉,《章太炎選集》(上海人民出版社, 1981).
張植榮,《中國邊疆與民族問題》(北京大學出版社, 2005).
張汝倫,〈重寫中國哲學史芻議〉, 彭永捷 註編,《重寫哲學史與中國哲學學科範式創新》(河北大學出版社, 2010).
張旭東,〈民族主義與當代中國〉,《民族主義與轉型期中國的運命》(時代文藝出版社, 2000).
______,〈離不開政治的文化自覺〉,《文化縱橫》第2期, 2012年 4月.
張旭東·劉擎 等,〈普遍性, 文化政治與"中國人"的焦慮〉(研究與批評),《天涯》2007年 第2期.
張靜,〈"新保守主義"學術取向〉,《二十一世紀》第39期, 1997年 2月.
章淸,〈自由主義與'反帝'意識的內在緊張〉,《二十一世紀》第15期(香港中文大學 中國文化研究所, 1993).
張灝,〈中國近代思想史的轉型時代〉,《二十一世紀》總第52期, 1999年 4月號.
______,〈中國近百年來的革命思想道路〉,《知識分子立場-激進與保守之間的動蕩》(時代文藝出版社, 2000).

———, 〈重訪五四-論"五四"思想的兩歧性〉, 《二十世紀中國思想史論》 上卷(東方出版中心, 2000).
鄭家棟, 〈'中國哲學'及び中國の思想的傳統の現代における難局〉, 《中國-社會と文化》 19號(2004).
———, 〈爲 '中國哲學'把脉〉, 彭永捷 註編, 《重寫哲學史與中國哲學學科範式創新》(河北大學出版社, 2010).
赵京兰, 《中国知識分子的知現代性論述與亞洲構想-以汪暉學術本土化戰略爲中心》, 何吉賢·張翔 編,《理解中国的視野- 汪暉學術思想論集(二)》(東方出版社, 2014).
趙汀陽, 《天下體系 : 世界制度哲學導論》(江蘇教育出版社, 2005).
佐藤愼一, 〈儒教とナショナリズム〉, 《中國-社會と文化》 1989年 4號.
朱建榮, 〈中國はどのよぅな東アジア共同體を目指すか〉, 《世界》 2006年 747號.
周恩來, 〈關于人民政協的幾個問題〉(1957), 《周恩來選集》 下卷(人民出版社, 1984).
周質平, 〈氣節與學術〉, 《二十一世紀》 2001年 8月號.
中國時報週刊記者, 〈大陸'新保守主義'的崛起—採訪蕭功秦〉, 《中國時報週刊》(臺北) 1992年 第4·5期.
中國青年報思想理論部 編, 〈蘇聯巨變之後中國的現實應對與戰略選擇〉, 《觀點訪談》 26(1991).
中島隆博, 〈國家のレジティマシ-と儒教中國〉, 《理想》 2009年 682號.
———, 《惡の哲學》(筑摩書房, 2012).
陳獨秀, 〈對於梁巨川先生自殺之感想〉, 《新青年》 第6卷 第1號.
陳來, 《二十世紀文化運動中的激進主義〉, 《知識分子立場-激進與保守之間的動蕩》(時代文藝出版社, 2000).
———, 〈孔子與當代中國〉, 《讀書》 2007年 11月號.
陳來·甘陽 主編, 《孔子與當代中國》(三聯書店, 2008).
陳連開, 〈民族研究新發展的良好開端〉, 《中華民族多元一體格局》(中央民族大學出版社, 2003).
陳宜中·陳明, 〈從儒学到儒教 : 陳明訪談錄〉, 《開放時代》 2012年 第2期.
陳曉明, 〈文化民族主義的興起〉, 《二十一世紀》 第39期, 1997年 2月.
秦暉, 〈自由主義與民族主義契合點在哪裡?〉, 《民族主義與轉型期中國的運命》(時代文藝出版社, 2000).
———, 〈"共同體本位"與傳統中國社會〉, 《傳統十論》(復旦大學出版社, 2003).

______, 〈中國的崛起和 "'中國模式'的 崛起"〉, 何迪·魯利玲 編, 《反思"中國模式"》(社會科學文獻出版社, 2012).

村田雄二郎, 〈中華ナショナリズムと'最後の帝國'〉, 蓮實重彥, 山內昌之 編, 《いま, なぜ民族か》(東京大出版會, 1996).

穐山 新, 〈中國における國民國家形成と儒教〉, 《現代中國》 2010年 第83號.

秋風, 〈文化强國, 除了復興儒家別無它路〉, http://www.aisixiang.com/data/60221.html

祝東力·瑪雅, 〈中國：文化大國的興衰與重構〉(對談), 《天涯》 2008年 第3期.

貝淡寧, 〈《論語》的去政治化—《于丹〈論語〉心得》簡評〉, 《讀書》 2007年 8月.

筆談 '人民儒學' 編者按, 《文化縱橫》(2012).

何家棟, 〈人權與族權的差異〉, 《戰略與管理》 1998年 第3期.

______, 〈中國問題語境下的主義之爭〉-就 "中國民族主義"與王小東商榷, 《戰略與管理》 2000年 第六期.

賀照田, 〈現代史硏究と現在の中國の思想と政治〉, 《中國21》 2009年 第30號.

許紀霖, 〈現代中國的自由主義傳統〉, 《二十一世紀》 第42期, 1997年 8月.

______, 〈反西方主義與民族主義〉, 張明 外 註編, 《民族主義與轉型期中國的運命》(時代文藝出版社, 2000).

許總, 〈"國學"的定位與文化選擇的"度"〉, 《中國文化硏究》 夏之卷, 2007年 第2期

胡鞍鋼·王紹光·康曉光, 《中國地區差距報告》(遼寧人民出版社, 1995).

胡偉希, 〈中國近現代的社會轉型與民粹主義〉, 《民族主義與轉型期中國的運命》(時代文藝出版社, 2000).

丸川哲史·孫歌, 〈東アジアが歷史を共有するのが可能するか〉, 高橋哲哉 編, 《歷史認識》(作品社. 2002).

黃萬盛, 〈啓蒙的反思和儒學的復興-二十世紀中國反傳統運動的再認識〉, 《開放時代》 2007年 第5期.

Adrent, Hannah, "The Jew as Pariah : A Hidden Tradition," *Jewish Social Studies*, No. 6, 1944.

Balibar, Etienne, "The nation Form : History and Ideology", *Race, Nation, Class*, Etienne Balibar and Immanuel Wallerstein(London·New York : Verso, 1991).

Bell, Daniel A., *China's New Confucianism: Politics and Everyday Life in a Changing Society*(Princeton and Oxford : Princeton University Press, 2008).

______, *The China Model: Political Meritocracy and the Limits of Democracy*(Princeton and Oxford : Princeton University Press, 2015).

Chang Hao, *Liang Ch'i-ch'ao and Intellectual Transition in China, 1890-1907*(Cambridge, Mass. : Harvard University Press, 1971).

Cho Keong Ran, "Contemporary Chinese Nationalism and Thinking of East Asia", *Journal of Northeast Asian History* Vol. 6, No. 2(2009).

Fewsmith, Joseph, *China since Tiananmen : from Deng Xiaoping to Hu Jintao*(New York : Cambridge University Press, 2008/2001).

Fletcher, Joshep, "Ch'ing Inner Asia C.1800", *The Cambridge History of China* Vol.10, Part 1(Cambridge : Cambridge University Press, 1978).

Gellner, Ernest, *Thought and Change*(London : Weidenfeld and Nicolson, 1964)

Huang, Philip C., *Liang Chi-chao and Modern Chinese Liberalism*(Seattle : University of Washington Press, 1972).

Kirby, William, "The Internationalization of China", *China Quarterly* 150(1997)

Sachsenmaier, Dominic, "Alternative Visions of World Order in the Aftermath of World War Ⅰ: Global Perspectives on Chinese Approaches", *Competing Visions of World Order Global Moments and Movements, 1880s~1930s*, Edited by Sebastian Conrad and Dominic Sachsenmaier(Palgrave Macmillan, 2007).

Tsering Shakya, "Blood in the Snows", *New Left Review*, No. 15(May/June 2002).

Wang Lixiong, "Reflections on Tibet", *New Left Review*, No. 14(March/April 2002).

Yongnian Zheng, *Discovering Chinese Nationalism in China : Modernization, Identity, and International Relations*(Cambridge : Cambridge University Press, 1999).

찾아보기

ㅅ

국가, 유학, 지식인

현대 중국의 보수주의와 민족주의

펴낸날 초판 1쇄 2016년 6월 30일

지은이 조경란
펴낸이 김현태

펴낸곳 책세상
주소 서울시 종로구 경희궁길 33 내자빌딩 3층(03176)
전화 02-704-1251(영업부), 02-3273-1333(편집부)
팩스 02-719-1258
이메일 bkworld11@gmail.com
홈페이지 www.bkworld.co.kr
등록 1975. 5. 21. 제1-517호

ISBN 979-11-5931-069-0 93100

이 도서의 국립중앙도서관 출판시도서목록(CIP)은 서지정보유통지원시스템 홈페이지 (http://seoji.nl.go.kr)와 국가자료공동목록시스템(http://www.nl.go.kr/kolisnet)에서 이용하실 수 있습니다.(CIP제어번호 : CIP2016015789)

이 저서는 2014년 정부(교육부)의 재원으로 한국연구재단의 지원을 받아 수행된 연구임 (NRF-2014S1A3A2043763).